부흥

부흥의 불 하나님 나라 완성

THE REVIVAL
부흥

윤학렬 감독

GOD'S CASTING — ONE SOUL

규장

프롤로그

하나님이 부흥자로 캐스팅하셨다

부흥은 감춰진 주님의 역사이다. 하나님은 내게 그 비밀을 '지금, 이 시대'에 알리라는 사명을 주셨다. 이 땅 어딘가에 감춰진 부흥을 찾아내고 불붙이는 것이 부흥자의 사명이다. 그 사명과 명령으로 이 글을 쓰고 있다.

부흥의 불은 선택된 사람들로부터 시작된다.

영접하는 자 그 이름을 믿는 자들에게는
하나님의 자녀가 되는 권세를 주셨으니 요 1:12

내가 너를 지명하여 불렀나니 너는 내 것이라 사 43:1

놀라운 일이다. 창조주가 나를 선택하신 것이다. "내가 너를 선택하여 부흥자로 캐스팅(casting)하였다"라고 말씀하신다. 부흥은 하나님의 자녀를 세우는 일이다.

나는 방송작가 출신의 영화감독이다. 1991년 동아일보 신춘문예로 당선해서, 그해 서울방송 TV(현 SBS)가 개국할 때 코미디 작가로 특채되었다. 그리고 2003년에 영화감독이 되었다. 이야기를 만드는 일을 직업으로 삼아 34년째 살고 있다.

우리가 일상적으로 사용하는 용어 중에 '캐스팅'(casting)이라는 단어가 있다. 캐스팅은 영화나 드라마에 출연하는 인물을 확정하는 일이다.

"새로운 작품의 주연배우는 캐스팅되었나요?"
"○○ 배우의 캐스팅이 확정되었나요?"

안부처럼 물어보는 말이 캐스팅이다. 그만큼 작품에서 캐스팅은 중요한 사항이다.

드라마나 영화에서 캐스팅만큼 중요한 단어가 또 하나 있다. '로케이션'(location)이다. '장소'를 의미하는 단어이다.

"로케이션 끝났어?"
"카페 찾는다더니, 카페 로케이션은 다 됐어?"

이는 촬영에 적합한 장소가 다 확정되었느냐는 뜻이다. 같은 카페라도 로맨틱, 스릴러, 휴먼 드라마, 시트콤, 다큐멘터리 등 이야기 장르에 따라 필요한 카페의 분위기와 느낌은 다를 수밖에 없다. 이렇게 촬영에 적합한 공간을 찾아내는 과정을 '로케이션 헌팅'(location hunting)이라고 한다. 직역하면 장소를 사냥한다는 의미이다.

하나님의 캐스팅과 로케이션

이처럼 이야기에 있어서 빠져서는 안 될 가장 중요한 두 개의 기둥이 사람과 장소이다. 하나님의 창조 역사에서도 사람과 장소가 중요한 기준이 된다.

성경에는 수많은 장소가 등장한다. 에덴동산, 헤브론, 갈멜산, 베들레헴, 겟세마네, 골고다 언덕, 실로암, 여리고 성, 다메섹 등 성경에는 수많은 장소가 기록되어 있다. 그리고 그 장소마다 캐스팅된 사람이 존재한다.

빨리 눈치를 채야 한다. 21세기 혼돈의 지구, 격변의 시대에 하나님은 한반도를 로케이션하셨다. 하나님의 계절에 한반도를 사용하기로 작정하셨다. 하나님의 무대 위로 한반도가 올려졌다. 그리고 이 땅의 청년 세대를 그분의 두 손에 올리셨다. 캐스팅하신 것이다. 두리번거리시며 그리스도 예수의 심장을 가진 사람들을 찾으시는 하나님이 바로 당신을 불꽃 같은 눈동자로 캐스팅하셨다.

이미지를 떠올려보라.
예수님이 두 팔을 펼치신 채 내 앞에 서 계신다. 그분의 펼치신 양손과 서 계신 발등의 구멍에서 보혈의 피가 뚝뚝 떨어져 흐르고 있다. 구멍 뚫린 그분의 두 손이 천천히 내 앞으로 다가오고 있다. 그리스도 예수의 손이 온 지구를 덮을 만큼 커진다. 그 손바닥 위에 우리 다음세대들이 올려져 있다.

한국의 노래가 세계의 노래이다. 한국의 애니메이션이 세계의 애니메이션이다. 한국의 이야기가 세계의 이야기이다. 한반도의 부흥이 세계의 부흥이다.

거대한 태풍 중심부에는 '태풍의 눈'이 있다. 상대적으로 날씨가 맑고 비바람이 불지 않는 '태풍의 눈', 강력한 소용돌이의 근원이 되는 핵심점이다. 21세기 부흥의 불이 활화산처럼 터지기 일보 직전이다. 대륙별로 부흥의 마그마가 끓어오르고 있다. 이제 하나님의 시간에 부흥의 활화산이 '쾅' 폭발하며 터져 올라올 것이다.

그 부흥은 우리가 지금껏 경험해보지 못한 것이 될 것이다. 전 인류가 동시에 성령의 임재를 경험하게 될 것이다. 일터, 배움터, 삶터에 부흥이 일어날 것이다. 21세기 마가의 다락방을 주실 것이다. SNS와 유튜브 실시간 스트리밍 등 미디어를 도구로 사용하는 대부흥이 온다.

그 부흥의 시작점, 그 '불의 눈'이 한반도에 있다.

일어나라 기도하는 부흥자들이여!

반만 년 이 땅의 감춰진 비밀이 벗겨진다. 'The Great Revival'(대부흥)이다.

이제부터 나에게 허락하신 그 부흥의 비밀을 함께 나누려고 한다. 부흥은 성령 하나님께서 선택하신 한 영혼(One Soul)으로부터 시작된다. 그 부흥을 위해 반드시 필요한 것이 있다. '즉시 바로'이다. 오늘, 지금, 이 순간 부흥을 위해 기도해야 한다.

24시간 부흥을 강청해야 한다. 건강한 성인 한 사람이 하루에 최소 1만 7천 번에서 많게는 2만 9천 번 숨쉬기를 한다고 한다. 그 호흡에, 우리의 들숨과 날숨에 부흥을 실어야 한다. 온유하고 겸손하신 성령 하나님께 부흥을 간절히 구해야 한다.

이 글을 읽는 당신이 바로 부흥자이자 부흥을 노래하는 기도자이다. 기도의 용사로 바로 지금 당신이 캐스팅되었다.

프롤로그

Part 1 하나님의 캐스팅

하나님이 사용하시는 사람 18 부흥의 시작 24 나를 캐스팅하신 하나님 29 하나님과 땅 33 부흥이 찾아오다 39 네가 하면 된다! 45 베들레헴 코드 50 선포하라, 부흥을 선포하라 59 예수의 불, 부흥! 62

Part 2 부흥의 범람 : 미국의 부흥 1

아주사 부흥 68 예수 혁명 71 애즈베리, 강물의 범람 74 성령님과 Z세대 81 부흥 - 함께 기도할 때 주신 선물 87 예수님과 커피 95 부흥은 시대를 뒤집는다 99 One Divine Moment 106 부흥을 위해 준비시키신 사람 113

Part 3 강력한 영적 저력 : 미국의 부흥 2

시카고 캠퍼스의 불, 휘튼 126 갈망 129 사명의 힘 138 부흥을 위한 기도 저축 142 부흥의 불을 되살려라 150 바로, 지금, 즉시 155 무디의 정신 160 돌아온 탕자의 변화가 부흥이다 162

차례

Part 4 부흥의 점화와 지속, 소멸 : 미국의 부흥 3

부흥은 기도로 점화된다 168 부흥은 생명이 살아나는 것 175 주님 손안에 있다 182 부흥과 선교 187 부흥의 불, 점화와 소멸 195

Part 5 영적 대각성의 역사 : 미국의 부흥 4

하나님의 갈망 204 간절한 기도와 부흥 213 영적 대각성의 비전 길 218 미국 부흥 여정의 클라이맥스 223 부흥의 다음 주자 237

Part 6 영광스런 부흥의 역사 : 영국의 부흥

부흥의 거대한 산맥 246 웨일스의 또 한 명의 광부 257 순교자 토마스의 유산 262 킹스턴역 앞 거리 전도자 266

Part 7 **하나님의 감춰진 계획** : 인도의 부흥

갈보리템플의 기적 272 거짓에 묶여버린 사람들 282
아미르의 눈빛 286 산꼭대기 교회와 시장통 교회 293

Part 8 **회개와 회복** : 이스라엘의 부흥

이스라엘의 평안을 구하라 306 갈멜산의 불 311
진정한 부흥은 회개 317

Part 9 **뿌려진 순교의 씨앗과 열매** : 아프리카의 부흥

나이지리아를 향해 324 기도의 아들, 아데보예 334
순교의 열매 341

Part 10 거대한 함성의 물결 : 브라질과 네팔의 부흥

브라질에 떨어진 부흥의 불 356 네팔에 맺힌 한 영혼의 열매 363

에필로그

Part 1
하나님의 캐스팅

1 하나님이 사용하시는 사람

2년 7개월 동안 세계 5개 대륙 120개 도시에서 성령 하나님이 캐스팅(casting)하신 부흥자들을 만났다. 전 세계 부흥기도자 130여 명을 만났다. 하나님은 그들을 통해 성령의 역사를 만들어가고 계셨다. 그들의 증언 한마디 한마디가 퍼즐 조각처럼 맞춰졌다.

하나님은 알려지지 않은 무수히 많은 증언자들을 사용하고 계신다. 그분은 단 한 순간도 쉬지 않고 행하고 계시며, 그분의 시선이 우리를 주목하고 있다.

그분은 '베들레헴 코드'를 사용하신다. 하나님의 아들이신 예수님은 가장 미천한 곳, 마구간에서 태어나셨다. 이 상징이 '베들레헴 코드'이다. 하나님은 가장 낮은 땅과 사람을 사용하신다. 심령이 가난한 자의 마음을 받아주신다.

하나님은 낮은 자를 캐스팅하신다

나와 친분이 있는 M 선교사님은 다리가 불편한 장애인 어머니와 지적 장애 아버지 사이에서 비장애인으로 태어났다. 출생 자체가 기적이다. 청년 시절, 낮은 자존감과 자살 충동, 불면과 우울에 사로잡혀 살았다.

하나님의 캐스팅! 극적으로 인격적인 하나님을 만났다.

군 복무 중 중증의 축농증으로 국군통합병원에서 수술을 받게 되었는데, 전신마취 중에 환상을 보았다. 예수님이 십자가에 못 박히시기 전 장면이었다. 골고다 언덕 한쪽에서 세 명의 로마 병사가 예수님을 주먹으로 때리고 발로 걷어차고 있었다. 이리저리 휘두르는 쇠갈고리 채찍이 쉬익 하며 허공을 가른다. 무릎을 꿇고 엎드려 계신 예수님의 등허리에 쇠갈고리가 박힌다. 로마 병사가 힘주어 채찍을 낚아채자 예수님의 살과 뼈가 떨어져 나간다.

그렇게 주님을 때리던 로마 병사의 얼굴들이 정면으로 보였다. 바로 M 선교사 자신의 얼굴이었다. 각기 다른 세 명의 로마 병사의 일그러진 얼굴은 모두 추악한 자신의 모습이었다.

수술 후 깨어나자마자 그는 링거병을 매단 채 병원 예배실로 달려가 통회하였다.

"내가 주님을 몰랐습니다. 내가 하나님을 몰랐습니다. 내가 예수님이 누구인지, 주님의 사랑이 무엇인지 몰랐습니다."

열등감과 자살의 영에 묶여 있던 청년에게 예수 보혈이 흘러내렸다. 하늘에서 손이 내려와 가슴에 붙어 있던 검은 결박을 우두둑 뜯어가셨다.

지금 그는 전 세계 열방에 청년 세대를 세우고 있다.

심령이 가난한 자를 캐스팅하신다

천정은 자매는 암 투병하며 160여 회의 항암치료를 받았다. 투병 중이던 11년 동안 암 병동에서 수천 명의 환우들에게 복음을 증거했다. 머리에서 발끝까지, 뇌를 비롯한 장기 전체에 암세포가 퍼져 있었다. 가슴엔 뼈주사를 맞고 옆구리에는 소변 주머니를 단 채로 복음을 증거하다가, 2025년 6월, 주님의 품에 안겼다.

내가 죽고 예수로 사는 삶, 부활하신 주님을 증거하는 부흥자였다.

"문제를 대하는 나의 태도가 바뀌면 그 질병이 부흥의 도구가 됩니다. 내 몸 전신에 퍼진 암세포 또한 주님이 주신 또 다른 캐스팅임을 믿어야 합니다."

천정은 자매의 말이다. 천정은 자매가 소천하기 4개월 전 마지막 인터뷰에서 이런 부탁을 했다.

"감독님, 제 장례식장에 올 때 가장 좋고 화려한 옷 입고 와주세요. 절대 슬퍼하지 마시고요. 장례식장에서 기뻐 찬양하셨으면 좋겠어요. 정말 천국 파티가 열렸으면 해요."

부흥자에게 흘러넘치는 평강의 기쁨이다.

부흥은 하나님께서 한 영혼을 찾아가시는 것이다. 하나님의 캐스팅, 한 영혼을 세우시는 일이다.

술집 마담으로, 도박 중독자로 살아가던 자매가 있었다. 우연히 천국과 지옥, 세상과 예수 그리스도에 대한 설교를 들었다. 들는 순간 '나는 지옥에 가겠구나' 알게 되었다. 그 순간 예수님의 보혈이 이 자매를 덮었다. 새벽예배를 통해 말씀이 믿어지기 시작했다.

그 자매의 전남편은 조폭에다 사채업자였다. 자매는 전남편을 위해 금식으로 기도했다.

"주님, 저를 찾아오셨듯이, 전남편이 주님을 만나게 해주세요. 주님이 누구인지 알게 해주세요."

비록 이혼했지만, 둘 사이에 딸 하나가 있었다. 어린 딸의 아버지인 남편의 영혼을 구원하기 위해 기도했다.

기도는 힘이 세다. 영혼을 향한 중보기도는 더더욱 그렇다. 오랜만에 찾아온 남편이 온화하게 변화된 아내의 모습을 보고 크게 놀랐다. 그리고 예수 복음을 들었다.

영접하는 자 곧 그 이름을 믿는 자들에게는
하나님의 자녀가 되는 권세를 주셨으니 요 1:12

하나님이 이 형제를 캐스팅하셨다. 죽었던 자, 하루하루 마약 중독으로 고통스럽게 살아가던 그에게 평강이 내려왔다.

"풀어 놓아 다니게 하라!"(요 11:44)

예수님의 말씀에 나사로의 붕대가 풀리듯 그를 묶고 있던 어둠의 사슬이 두둑 끊어지기 시작한다. 말씀의 힘이다.

말씀이 믿어지자, 통회자복하게 되었다. 거하시는 말씀으로 마약 중독에서 벗어나 가정이 회복되었다.

이제 이 부부는 평신도 사역자로 살아가고 있다. 뇌출혈과 위암 등 삶의 어려움이 그들을 찾아왔지만, 더는 문제에 묶이지 않았다. 오직 살아 계신 성령 하나님, 부활하신 예수님과 동행하며 천국을 소망한다. 부흥의 불이 두 사람에게 임했다.

부흥은 또 다른 한 영혼을 찾는 것이다. 캐스팅된 자가 또 다른 사람을 캐스팅하는 것이다.

인천공항에 가면 외국인들, 특히 무슬림들을 비롯해 타 종교를 믿는 이들에게 담대하게 복음을 증거하는 김대경 목사를 만날 수 있다. 그는 8년 전 췌장암 말기로 수술을 했다. 의사로부터 3개월 시한부 선고를 받았다. 그날부터 오직 예수님을 전하는 일에 하루 24시간을 올려드렸다.

"어디에서 오셨나요? 나는 간암으로 죽어가던 사람이에요.
혹시 천국과 지옥을 믿으세요?
만약 지금 죽는다면 천국에 갈 확신이 있으세요?
예수님이 나를 살려주셨어요.
오늘 제가 우연히 당신을 만난 게 아니에요.
성령 하나님이 우리를 창조하신 이유와 계획이 있어요.
하나님나라의 완성이에요.

나를 살려주신 예수님을 꼭 만나셔야 해요."

터번을 두른 시크교도가 멈춰 선 채 김대경 목사의 말을 듣고 있다. 예수 심장이 가져온 담대함이다. 김대경 목사의 말기 췌장암은 8년째 멈춰 있다.

2 부흥의 시작

　부흥은 하나님이 인간을 캐스팅하심으로 이뤄진다. 에덴동산의 아담은 흙에서 생기를 불어넣어 만드셨고, 하와는 아담을 잠들게 한 뒤 그의 갈비뼈를 취하여 만드셨다. 하나님이 인간을 캐스팅하셨다. 모든 기독교 가문의 선조들, 아브라함과 이삭과 야곱과 요셉도 하나님의 캐스팅이다.

　여리고 성곽 위에서 웃음 팔고 술 따르던 기생 라합과 정탐꾼 살몬의 만남도 하나님의 절묘한 캐스팅이다. 여리고 성은 '달의 성'이라 불렸다. 지면보다 낮은 지대로, 다른 지역보다 보름달이 더 높게 떠 보였다. 그 성의 사람들은 달을 신으로 받들며 절했다.
　그 땅을 정복하기 위해 살몬이 정탐꾼으로 들어갔다. 일평생 여리고 성을 들고나는 남자들의 노리개로 살아온 기생 라합에게 소망이 생겼다.
　'하나님을 만나면 이 지긋지긋한 삶에서 해방될 수 있으리라.'
　라합은 정탐꾼 살몬을 옥상 삼대 더미 속에 숨겨주었다. 그리고 성벽 위에 있던 자신의 담벼락에다 줄을 내려 살몬의 도망을 도왔다.

내린 줄에 살몬이 매달려 있다. 그 위로 줄을 움켜잡고 서 있는 기생 라합이 보인다. 라합은 줄에 매달린 살몬을 내려다보며 말한다.

"살몬, 당신들이 여리고 성을 정복할 때 나와 내 가족을 지키겠노라 여호와께 맹세하세요!"

절박한 순간이다. 바로 그 시각, 여리고 성의 군사들이 횃불과 창을 들고 낯선 정탐꾼을 찾기 위해 수색 중이다. '쾅쾅' 문을 두드리는 소리가 들린다.

어쩌면 기생 라합은 자기 가족들로부터 가장 큰 상처를 받으며 살아왔는지도 모른다. 웃음 팔고 몸을 팔아 먹고사는 딸을 둔 아비와 어미, 그리고 오빠와 동생들, 사랑하는 조카들까지. 기생 라합의 마음속 깊은 상처가 올라온다. 베들레헴 코드가 아프게 다가온다. 그래서 더욱 절실하다.

"살몬! 어서 대답해요! 맹세하세요!"

여리고 성벽 줄에 매달린 살몬이 고개를 들고 라합을 바라보며 말한다.

"당신의 집 창문에 붉은 줄을 내려요. 그리고 당신의 가족들은 집 밖으로 나가지 않고 머물러 있게 하고요. 절대로 이 일을 다른 사람에게 말하지 마세요."

하나님은 이처럼 두 사람을 극적으로 만나게 하시고, 부부가 되게 하셨으며, 보아스를 아들로 주신다. 보아스는 나오미의 며

느리인 이방 여인 룻을 취해 오벳을 낳는다. 오벳이 이새를 낳고, 이새는 이스라엘 통일왕국의 왕 다윗을 낳았다. 이 흐름은 마침내 예수 그리스도에게로 이어졌다.

극적인 반전의 반전. 이 땅은 하나님이 다스리시는 캐스팅의 역사이다.

하나님의 캐스팅과 로케이션

당신은 어떤가? 81억 인구 중에 예수 그리스도를 믿는다는 것이 우연일까? 당신이 기독교인으로 살아간다는 것과 대한민국에 태어난 것 역시 하나님의 절묘한 캐스팅이다. 당신의 교회, 부모님과 가족들, 사랑하는 사람들, 자녀들, 학창 시절의 친구들, 그리고 함께 일하는 동료들과의 만남. 이 모든 것이 하나님의 계획 안에서 이뤄진 일들이다. 당신이 지금 이 책을 읽고 있는 것 역시 절대 우연이 아니다.

우리가 처한 지금의 모든 상황이 하나님의 뜻을 이루기 위한 하나님의 캐스팅이다.

내 삶은 나의 문제가 아니라 주님의 문제이다.
나는 하나님으로부터 나와서
그리스도 예수 안에서 캐스팅되었다.
그리스도 예수를 삶으로 나타내는
부흥자로 살아가는 것이다.

예수님이 인간으로 오셨다. 창조주가 자신이 창조한 피조물을 살리기 위해 인간의 모습으로 오셨다. 말도 안 되는 이타적 사랑의 본체가 예수 그리스도이시다. 가장 낮은 모습으로, 베들레헴 말구유에서 태어나셨다. 마구간이란 장소가 로케이션되었다.

부흥은 현재성이다. 부흥은 입체화, 현실화, 시각화된 진리이다. 창조주가 우리의 죄를 대속하시기 위해 십자가에 못 박혀 죽으신다.

예수의 정맥과 동맥 사이, 혈관과 뼈 사이로 녹슨 못이 박힌다. '쾅' 하고 로마 병사의 망치가 녹슨 쇠못을 내려칠 때마다 뼈가 으스러지고 살점이 으깨진다. 검붉은 피가 진액처럼 흘러나온다.

그 못 박힘과 죽음을 보며 마침내 사탄은 이 땅과 인간 모두가 자신의 소유가 되었다고 생각했다. 하지만!

십자가에 못 박혀 죽었던 예수님, 죽은 줄 알았던 예수님, 그리스도 예수께서 부활하셨다. 이것이 위대한 반전이다. 부활하신 예수! 살아 계신 예수! 성령으로 오신 예수! 그래서 예수 피는 생명을 살리는 피이다. 그 피가 부흥이다.

그리스도의 심장을 가진 부흥자

마침내 오순절 날 마가 다락방에서 120명의 성도들을 캐스팅하시고, 그들에게 최초 부흥의 불을 내려주셨다. 불의 혀처럼 갈라진 성령세례가 불같이 바람같이 임재하였다(행 2:3 참조).

그 후 몇 달이 지나 사도행전에 기록된 대로 스데반 집사가 복음을 증거하다가 돌에 맞아 죽는다. 종교재판이자 집단 살해 현장의 관리인이자 보고자였던 율법주의자 사울을 하나님이 전격적으로 캐스팅하신다. 그의 학문적인 기질과 신념에 대한 몰입감을 하나님이 다 사용하신다. 가장 극악한 핍박자였던 사울이 다메섹 도상에서 바울로 캐스팅된 것이다. 이 또한 극적이다.

그는 가말리엘학파 바리새인 출신이다. 유대인 중의 유대인이었던 사울이 바울이 되어 그가 가지고 있던 로마 시민권을 도구로 유럽과 온 열방에 복음을 증거하다가 순교한다.

열두 제자는 예수 그리스도께서 길거리 캐스팅으로 세운 자들이다. 그들도 순교했다.

하나님은 예수 그리스도의 심장을 가진 부흥자를 통해 하나님의 나라를 완성하신다. 오순절 마가 다락방의 성령세례 이후 모든 기독교 역사는 부흥의 불을 통해 하나님나라의 완성을 향해 달려갔다.

예수님은 초림과 재림 시대를 견인하시기 위해 부흥을 허락하셨다. 나는 2023년 3월 미국 애즈베리대학교 대강당에서 그 부흥의 불을 만났다.

그 불은 하늘이 땅을 만지는 불이다. 하나님은 불을 던져, 불의 사람을 캐스팅하신다. 그 불을 받은 사람의 심장에는 예수의 불이 타오른다.

3 나를 캐스팅하신 하나님

나는 무당들을 인간문화재로 만들어주던 방송작가였다.

전후 세대인 아버지가(아버지는 1935년생이시다) 쏟아내신 언어폭력으로 나는 말을 심하게 더듬었다. 나보다 한 살 많은 형과 한 살 아래의 배다른 형제들이 있었고, 결손의 아픔 때문인지 몽유병까지 앓고 있던 소년이었다.

아버지는 나를 세 가지 호칭으로 부르셨다. 평상시에는 "야, 너"라고 부르셨다. 화가 나셨을 때는 "이놈의 새끼"라고 부르셨다. 가끔 급하실 때야 "학렬아" 하고 내 이름을 부르셨다. 아버지는 유독 내게 불친절하셨다. 내가 그 비밀을 알기 전까지 나는 영문을 몰라 아팠다.

가정을 가진 유부남이 자신의 신분을 속이고 다른 여성과 교제를 시작했다. 그리고 내 어머니는 나를 가지게 되었다. 아버지는 내 출생을 반대하셨지만, 어머니는 배 속의 생명을 지키셨다. 중학교 2학년 때 본가 할아버지 산소에 성묘하러 갔다가 비석 뒤에 내 이름 위아래로 다른 형제들의 이름이 새겨져 있는 것을 보았다. 어린 나이였지만 모든 비밀이 하나로 맞춰졌다. 예닐곱 살 정도로 기억되는 어느 날 처음 만난 친가 식구들, 그분들의 낯선 눈빛, 나를 앞세운 채 어쩔 줄 몰라 하시던 어머니의 긴장된 모습이 스쳐갔다.

비밀을 알고 난 뒤에는 더 아팠다. 하나님을 만난 후, 하나님께서 내 아버지의 아픔을 깨닫게 해주시기 전까지 아버지는 나에게 두려운 분노의 대상이었다.

고통 속으로 찾아와주신 하나님

유독 긴장을 많이 하는 나를 달래기 위해 어느 날부터인가 어머니는 동화책을 읽어주셨다. 어머니가 읽어주시는 이솝 이야기, 흥부와 놀부, 미운 오리 새끼 같은 동화를 볼 때면 마음이 안정되었다.

그렇게 책을 읽다 보니 일기를 쓰게 됐다. 열등감이 크고 자존감이 낮은 소년에게 글쓰기는 상처를 객관화시키는 유일한 도구가 되었다. 그 결과 소년은 이야기를 만드는 대학으로 진학했다. 문예창작 중에 극본을 만드는 희곡을 전공했고, 25세에 동아일보 신춘문예로 등단하여 정식 작가가 되었다.

마음이 병든 소년은 자신의 상처를 감추기 위해 코미디 작가가 되었다. 다른 사람에게 웃음을 주는 일이 직업이 되었지만, 실상 청년 본인의 삶은 불행했다.

분노, 이놈이 삶의 에너지가 되었다.

분노하고, 누군가를 미워하고, 저주하는 것에 안타깝게도 동력이 실린다. 분노를 먹고 자란 소년은 분노를 토해내는 아비가 되었다. 이것이 어둠의 저주이다. 내 힘으로는 끊어낼 수 없는 고통 속에서 살아가고 있었다.

젊은 시절, 이상하게 나는 기독교인들이 싫었다.

내가 어릴 때 외할머니는 내 손을 이끌고 점집을 전전하셨다. 내가 태어난 해는 1966년 말띠의 해다. 흐릿한 기억 속인데, 외할머니가 나를 아주머니 무당에게 데려갔다. 두툼한 몸집에 눈매가 날카로운 무당이 어린 나를 내려다봤다.

"고놈, 신줄력이 있네."

방송작가로 활동하던 시기에 나는 무속인들과 교류하기 시작했고, 그들을 알리는 일에도 관심을 갖기 시작했다. 더군다나 나는 희곡을 전공했다. 연극은 제의로부터 시작된 예술 아닌가. 한국의 전통 굿을 예술로 승화시키는 일에 보람을 느끼며 매진했다. 그렇게 일하다 근심으로 속을 태우는 동료들을 보면 용한 무당을 소개해주기도 했다.

유유상종이라고 해야 할까, 미신을 믿고 우상을 숭배하는 사람들은 그들끼리 쉽게 만난다. 나의 아내는 일본 불교 창가학회가 세운 일본 창가대학을 나온 불자였다. 장모님은 창가학회의 한국 지역 책임자 중의 한 분이었다.

그때는 왜 그렇게 기독교인들이 미웠는지 모르겠다. SBS에서 작가로 활동할 때인데, 아마도 올네이션스 경배와찬양팀이 여의도에서 집회를 하던 90년대 초반으로 기억된다. 포장마차에서 술을 마시다가 하스데반 선교사와 청년들의 찬양 소리가 들려올 때마다 욕을 해댔다.

그러던 내게 하나님이 찾아와주셨다. 나를 캐스팅해주셨다. 무속인이 투자하여 동업하던 프로덕션의 부도를 피해 달아난 강남금식기도원으로 성령 하나님이 찾아오셨다. 상처와 두려움과 저주와 분노로 죽어가던 나에게 예수님이 찾아오셔서, 그 보혈의 피로 나를 캐스팅하셨다.

나는 죄인 중의 죄인이다. 예수님을 욕했고, 예수 믿는 사람들을 핍박했다. 그런데 그런 죄인을 하나님이 캐스팅하신 것이다. 그 덕분에 나는 어둠의 생리와 속성, 그리고 중독 끝에 자살로 이어지는 마귀의 전략을 누구보다 잘 알게 되었다.

4 하나님과 땅

하나님은 자신이 사용하실 땅을 로케이션하신다. 콕 집어 정하신다.

한반도 땅은 반만년 역사 중에 복음이 들어오기 전까지 어둠의 역사였다. 나무와 별과 바다와 하늘의 신, 단군에게 빌던 우상의 민족이었다. 동네마다 입구에 지하대장군, 천하대장군 장승이 서 있었다. 장승은 그 지역을 다스리는 토속 신의 또 다른 상징이다. 그뿐인가. 동네 어귀에는 서낭나무가 존재했다. 일월성신을 신으로 받들고 치성을 드리던 민족이었다. 어둠은 창조의 능력이 없다.

우리나라는 지정학적으로는 반도 국가이다. 삼면이 바다로 둘러싸여 있다. 대륙으로의 진출은 역사적으로 돌궐과 말갈, 명나라, 청나라 등에 의해 막혔고, 바다 건너에는 일본 왜구가 도사리고 있었다. 끊임없는 외적의 침입으로 한반도는 신음했다.

임진왜란 당시에 조선의 재상 유성룡이 지은 징비록(懲毖錄)에 보면, 굶주림에 지친 백성들이 서로의 살을 뜯어 먹고, 심지어는 자식까지 잡아먹는 끔찍한 일이 벌어졌다는 기록이 나온다. 척박한 땅이다. 슬픔이 자라나 한(恨)으로 승화된 나라이다.

삼국지(三國志) 위지(魏志) 동이전(東夷傳)에 보면 중국에서 우리를 가리켜 '동이라는 오랑캐가 있는데 춤과 노래에 능한 민족'이라 칭했다. 고단하고 척박한 삶이 춤과 노래로 이어졌다. 노동의 고단함을 이겨내기 위한 각종 노동요가 존재했다. 조선인들의 삶에서 노래와 춤은 한(恨)의 정서로 이어져 내려왔다.

하나님은 상처투성이인 한반도를 150년 전에 캐스팅하셨다. 지금 이때를 위해 반만년을 준비케 하셨다. 그 춤과 노래가 이제 K-팝, K-드라마, K-무비, K-애니메이션, K-푸드 등의 한류로 이어져 전 세계를 지배한다.

150년 전 저주의 땅 조선에 하나님의 불꽃 같은 시선이 머물렀다. 언더우드(Horace G. Underwood), 아펜젤러(Henry G. Appenzeller), 셔우드 홀(Sherwood Hall), 전킨(William M. Junkin) 등 당대 최고의 청년들이 사도행전 1장 8절의 말씀으로 증인의 불을 받았다.

> 모든 민족을 제자로 삼아
> 아버지와 아들과 성령의 이름으로 세례를 베풀고
> 내가 너희에게 분부한 모든 것을 가르쳐 지키게 하라
> 볼지어다 내가 세상 끝날까지 너희와 항상
> 함께 있으리라 하시니라 마 28:19,20

이 말씀으로 부흥의 불을 받은 부흥자들이 이 땅에 파송되었다. 약관의 청년 선교사들이 부흥자로 이 땅에 들어와 학교와 병원과 교회를 지으며 예수님을 전했고, 순교했다. 풍토병으로 어린 자녀를 가슴에 묻고, 아내와 사별하면서까지 조선을 사랑으로 품었다. 놀라운 하나님의 캐스팅이다.

생명을 살리는 불

부흥, 즉 'Re-vival'은 생명을 살린다는 뜻이다. 본래 십자가는 저주의 부산물이다. 중죄인을 죽이는 처형의 도구였다. 그런 십자가에 예수님이 달려 죽으셨다. 그 예수의 피로 십자가는 저주의 상징이 아닌 축복의 상징이 되었다. 생명의 상징이 되었다.

예수의 피가 생명을 살린다. 십자가의 복음이 생명을 살린다. 부흥의 불을 받으면 다시 살아난다.

2008년, 나도 다시 살아났다. 그날 나만 알 수 있는 하나님의 방법으로 그분은 나를 캐스팅하셨다.

하나님이 살아 계시면 만나달라고 강청했다. 부르짖었다. 살려달라고 매달렸다. 끊어낼 수 없는 출생의 고통과 두려움과 중독의 굴레에서 벗어나게 해달라고 매달렸다.

강남금식기도원 바닥에서 잠이 들었다. 새벽 예배가 끝날 무렵, 내 혀가 말려 돌아가고 입술에서 전혀 알아듣지 못할 말들이 터져 나왔다. 그리고 크고 울림 같은 말씀이 들려왔다.

'성경책을 펼쳐 보아라!'
펼쳐진 성경책의 사도행전 1장 8절 말씀에 내 눈이 고정되었다.

오직 성령이 너희에게 임하시면 너희가 권능을 받고
예루살렘과 온 유대와 사마리아와 땅끝까지 이르러
내 증인이 되리라 하시니라 행 1:8

나는 글을 써서 밥을 먹고 사는 방송작가 출신의 영화감독이다. 그런 내 눈에 그날따라 이상한 점이 눈에 들어왔다. 내가 펼쳐 든 성경책의 모든 문장 끝에 마침표가 없다는 점이다.

문장 끝에는 원칙적으로 마침표가 붙게 되어 있다. 대통령 연설문에도, 기자의 칼럼에도, 학생들의 자기소개서에도, 형사가 범죄인을 심문한 조서에도, 헌법재판관의 판결문에도 모든 문장 끝에는 마침표가 붙어 있어야 한다. 그런데 내 손에 들린 성경책에는 그 어떤 문장에도 마침표가 없었다.

하나님이 말씀으로 살아서 내게 오셨다! 어제도, 오늘도 동일하신 하나님의 말씀이 살아서 오셨다! 마침표가 붙어 있지 않은, 지금도 여전히 진행 중인 그 말씀이 바위를 부서뜨리는 불로 내게 달려오셨다!

'사랑하는 내 아들아, 내가 너를 지명하여 불렀다. 너는 내 것이라.'

하나님이 그날 나를 캐스팅하셨다. 사도행전 1장 8절의 말씀으로.

하나님은 땅을 로케이션하시고, 사람을 택정하여 캐스팅하신다. 그리스도 예수 안에서 캐스팅하신다. 이것이 부흥의 역사이다. 하나님이 하시는 일이다.

우리는 그가 만드신 바라 그리스도 예수 안에서
선한 일을 위하여 지으심을 받은 자니
이 일은 하나님이 전에 예비하사 우리로 그 가운데서
행하게 하려 하심이니라 엡 2:10

부흥의 축을 이루는 두 개의 큰 기둥이 있다. 다시 말하지만 바로 땅과 사람이다.

이 글은 2023년 3월부터 2025년 6월까지 2년 7개월간의 부흥의 불을 기록한 보고서이다. 과거의 지난 역사를 들춰내는 것이 아니라 바로 지금 세계 곳곳에서 타오르고 있는 부흥에 대한 오늘의 기록이다. "내가 불을 땅에 던지러 왔노니"(눅 12:49)라고 하신, 예수가 던진 부흥의 불에 대한 기록이다.

이 글의 또 하나의 목적은 이 글을 읽는 분들, 바로 당신이 하나님께 선택되어 캐스팅된 부흥자라는 사실을 알리기 위해서다. 그리고 하나님이 로케이션하신 한반도의 중요성을 알리고 싶다.

이 책의 시작부터 끝까지 수도 없이 '캐스팅'이란 단어가 언급될 것이다. 하나님이 당신을 예수의 피로 캐스팅하셨다.

"너희가 내 안에 거하고 내 말이 너희 안에 거하면 무엇이든지 원하는 대로 구하라 그리하면 이루리라"라고 하신 요한복음 15장 7절의 말씀으로 성령 하나님이 캐스팅하셨다. 이미 한반도에 부흥의 불이 떨어졌다.

정치적으로 격동의 시간을 보내고 있다. 사회적으로는 어느 때보다 극심한 갈등으로 첨예하게 부딪히고 있으며 범죄는 날로 극악해져가고 있다. 우리나라에서도 오래 갈등을 빚어온 차별금지법이 제정되려는 움직임이 있다. 인간의 힘으로는 어찌할 수 없는 지경이다.

역설적으로 악이 관영한 이 시즌이야말로, 부흥의 불이 허락된 절호의 기회이다. 하나님은 마지막 때에 한반도를 무대의 주인공으로 올리셔서, 하나님나라의 완성을 이루려고 하신다.

그 역사에 당신을 캐스팅하셨다. The Great Revival, 대부흥 대추수의 주인공으로 캐스팅하셨다!

5 부흥이 찾아오다

2023년은 원산 부흥 120주년이 되는 해였다. 2022년 8월쯤 기독교방송 작가팀과 회의 중에 원산 부흥과 관련된 이야기가 나왔다.

"감독님, 내년 2023년이 원산 부흥 120주년인 것 아시죠? 아무도 기록물을 안 만드는 것 같은데, 윤 감독님은 어떠세요?"

아차 싶었다.

'그래, 한반도가 쓰임 받는 표징으로 원산과 평양의 대부흥을 주셨는데, 내년이 원산 부흥 120주년이구나. 그런데 왜 또 나야? 아, 좀, 다른 사람들이 만들라 해!'

나는 애써 말머리를 돌렸다.

"지금 하고 있는 작품들이 많아서요. 그리고 그건 기독교방송에서 만들어야지. 북한 인권 영화 시나리오는 어느 정도 진행 중이에요?"

나는 희곡을 전공했고, 코미디 전문 작가 출신의 영화감독인데, 주님을 영접하고 난 뒤로 하나님은 세상일을 하지 못하게 막으셨다. 그나마 동성애를 막고자 제작한 유튜브 영화 〈이프패밀리〉 작업을 4년 동안 해오던 터였다. 솔직하게 제작 과정의 여러 어려움으로 몸과 마음이 지친 상태였다. 그래서 원산 부흥과 관련된 영상 작업은 기독교방송국에서 감당하는 것이 맞는 일이라 생각했다.

애써 외면하고 싶었던 캐스팅

또 다른 거절의 동기가 있었다. 글을 쓰고 이야기를 만드는 사람에게는 몇 가지 원칙이 있다. 어떤 작품이건 자세히 보는 첫 시선이 있어야 한다. 흘끔 보거나 그냥 보는 것이 아니라 자세히 보아야 한다. 자세히 보아야 그 일이 내 가슴에 담기고, 그 담긴 마음이 이야기로 발전된다.

나는 원산 부흥을 가슴에 담아두지 않았다. 하나님의 캐스팅을 애써 외면했다. 그런데 이럴 때마다 하나님은 포기하지 않으시고 세 가지 방면으로 다시 캐스팅하신다.

먼저는 기도하는 중에 감동을 주신다. 환상을 주시거나 마음에 음성으로 다가오시기도 하고, 갑자기 생각나게도 하신다.

두 번째는 성경을 읽을 때 혹은 다른 신앙 서적을 읽을 때 문장이나 단어로 다시 한번 캐스팅을 확인케 하신다. 많은 경우는 성경 구절을 통해 주신다. 기도 응답을 성경 구절로 받은 일은 반드시 열매로 이어진다. 과정은 어려울지라도 말이다.

1973년 김준곤 목사는 'EXPLO74' 대회를 준비하고 있었다. 부목사와 100여 명의 CCC 간사들은 김준곤 목사에게 전기도, 식수도, 잠자리도 없는 여의도 광장에서 30만 명이 모여서 먹고 자면서 예배를 드린다는 것은 현실적으로 어렵다며, 집회가 불가한 이유를 수천 개 모아서 전달했다.

"목사님, 그들을 어디서 재우고, 어찌 먹이며, 나라가 허락을 하지 않을 터이고, 심지어는 북한이 공격할 수도 있습니다."

"그래요, 그런데 나는 여러분과 생각이 다릅니다. 성령 하나님이 말씀으로 응답을 주셨어요. 스가랴서 4장 6절의 '만군의 여호와께서 말씀하시되 이는 힘으로 되지 아니하며 능력으로 되지 아니하고 오직 나의 영으로 되느니라'라는 말씀으로 응답해주셨어요."

끝내 김준곤 목사는 모두에게 금식기도를 권면했고, 부정적인 것들을 파쇄하셨다. 말씀으로 기도하고 돌파된 성회는 민족 복음화와 10만 선교사의 비전을 이루는 계기가 되었다.

마지막 세 번째는 대언자의 입술이다. 목회자의 설교일 수도 있고, 주변 지인과 대화 중에 반복되는 말씀일 수도 있고, 생전 처음 본 사람의 입술을 통해서도 사명은 확인된다.

아마도 나는 더 이상 힘든 기독교 영상을 제작하는 것보다, 한 시즌 쉬면서 다른 일을 도모하는 것이 옳다고 스스로 생각했는지도 모르겠다. 아무튼 2022년 10월에 내게 찾아온 '부흥'이란 단어에 나는 집중하지 않았다. 애써 모른 척 외면했다.

그 당시에 나는 〈골 때리는 그녀들〉이란 예능 프로그램에 마음이 가 있었다. 여성 출연자들이 팀을 이뤄 (풋살에 가까운) 축구 경기를 하는 스포츠 예능 프로그램인데, 현재까지 5년째 방송 중이다. 여자 축구 예능이라니, 낯설고 생경하다. 그런데 이 말도 안 되는 프로그램에 시청자들이 반응하기 시작했다. 평생 축구공 한 번 차본 적 없는 사람들의 경기는 헛발질투성이에, 정말 눈 뜨고 볼 수 없을 정도의 살아 있는 코미디였다. 그런데 프로그램에 생명력이 들어차기 시작했다.

나는 〈골 때리는 그녀들〉의 인기를 보고, 그 출연진들의 축구장 밖의 삶을 의인화시켜 영화로 만들려고 했다. 기획하자마자 주변의 반응도 뜨거웠다. 내가 제일 잘 만들 수 있는 코미디 장르이고 전 국민이 다 아는 프로그램이다 보니 별다른 홍보를 할 필요가 없었다. 무엇보다 코로나19로 지친 국민들에게 건강한 웃음을 줄 수 있는 기획이었다.

그런데 변수가 생겼다. 2023년 2월 영화 제작 지원에 소극적이던 자치단체장이 선거법 관련 혐의로 재판 중 검찰의 구형을 받게 되었다. 이 일을 빌미로 모든 결제가 멈췄다. 더군다나 지역 예산으로 영상 콘텐츠 제작에 지원했을 경우 그 결과가 예상에 못 미치게 되면 시 의회를 통해 문책 사항과 관련자 감사거리가 될 수 있다는 부정적인 여론이 터져 나오기 시작했다. 그렇게 6개월 동안 불철주야 야심 차게 기획했던 〈골 때리는 그녀들〉의 영화 제작은 한순간에 멈춰 서게 됐다.

또다시 부흥이 찾아왔다

사람이 아무리 그 일을 행하려 해도 하나님이 허락하지 않으시면 이뤄지지 못한다. 바로 그 주 주일날 예배를 마치고, 같은 교회에 다니던 안수집사 여섯 명이 내 사무실을 방문했다. 교회에서 5분 거리에 있는 사무실이어서 간혹 교인들이 찾아와 차담을 나누곤 했다.

그렇게 찾아오신 분들과 이야기를 나누다가 2023년 2월부터 미국 켄터키주에 있는 애즈베리대학(Asbury University)에서 일어난 부흥에 대한 이야기가 나오게 되었다. 실시간 유튜브로 2주가 넘게 중계된, 끊이지 않는 예배 현장의 이야기였다.

이것이 하나님이 허락하신 오순절 마가 다락방의 부흥과 동일한 부흥이라면, 만약 120년 전 원산과 평양의 부흥과 동일한 부흥이라면, 그 부흥의 불에는 목적이 있을 것이었다. 그 부흥의 진위를 확인해볼 필요가 있다는 결론이 내려졌다.

또다시 부흥(Re-vival)이 나에게 찾아온 날이다. 갑자기 강한 호기심이 들기 시작했다.

"감독님, 직접 다녀오셔야겠는데요!"

"아휴, 제가 일정이 안 돼요."

"감독님, 계좌 한번 확인해보세요."

함께 이야기를 나누던 K 집사님이 미국행을 주저하던 나에게 그 자리에서 비행깃값을 송금해주었다. 성령 하나님의 캐스팅이었다.

나를 기록해다오!

내 기질의 특성은 강한 호기심이다. 호기심이 작동되면 반드시 그곳을 방문하거나 그 대상을 만나야 한다. 오랜 작가 생활로 다져진 현장감이다.

내가 그 장소를 직접 방문해보고 글을 쓰면, 보지 않고 상상으로 글을 쓰는 것보다 훨씬 입체적이다. 예를 들자면, 외과 의사를 직접 만나지 않고도 여러 자료 조사를 통해서 외과 의사의 하루를 그려내는 시나리오를 집필할 수 있다. 그러나 직접 외과 의사를 만나 인터뷰한 내용을 바탕으로 글을 쓰면, 진짜 살아 있는 의사가 언어로 만들어진다. 그래서 작가와 감독에게는 발로 뛰는 것이 습관화되어 있다. 하나님은 나의 오래된 기질을 캐스팅하셨다.

항공권값이 후원된 3일 뒤에 나는 애틀랜타로 가는 비행기에 몸을 실었다.

6 네가 하면 된다!

애즈베리로 가서 누구를 만나야 하는지 섭외가 관건이었다. 나는 미국에서 복음 통일을 위해 헌신하고 있는 기드온동족선교회 박상원 목사에게 연락을 드렸다.

"목사님, 윤 감독입니다. 급하게 애즈베리를 다녀와야 하는데, 목사님은 어디 계세요?"

"마침 애틀랜타에서 집회가 있는데, 안 그래도 나도 애즈베리에 가봐야겠다고 생각했어요. 집회 마치고 같이 갑시다. 애틀랜타로 오세요."

복음 통일과 북한을 위해 오랫동안 고와 낙을 함께 나눈 분이 었기에 선뜻 동행하자 하신다.

미국 동부 고속도로를 따라 끝없는 평야가 펼쳐진다. 그 평야를 달리며 나를 캐스팅한 부흥의 불을 만나기 위해 쉼 없이 기도 했다.

모든 부흥은 기도하는 무리의 기도로부터 시작된다. 내가 다니고 있는 파주 삼마교회는 모세오경 훈련으로 전 성도를 무장시키는 교회이다. 내가 애즈베리 부흥의 진위를 파악하기 위해 미국으로 간다고 하자, 담임목사님과 모세오경 성경훈련팀이 출발 전에 합심으로 기도해주었다.

영적 전쟁의 원리

부흥은 하늘이 땅을 만지는 것이다. 또한 아브라함이 아비멜렉으로부터 사들인 우물을 되찾는 현장이기도 하다. 고대 근동의 우물은 생명과 직접적인 관계가 있다. 우물이 있어야 가족과 가축이 광야에서 살아남을 수 있다. 물이 나올 만한 곳을 찾아 우물을 파게 되면, 그곳에 마을이 생겨나고 공동체가 번성하게 된다. 물은 생명이다. 그래서 우물을 놓고 크고 작은 전투와 전쟁이 벌어지기도 한다.

아브라함 때 파놓은 우물들은 아들 이삭이 되찾는다. 그런데 그 과정이 만만치 않다. 창세기 26장을 보면, 그랄 왕 아비멜렉의 땅 블레셋 사람들과 이삭의 사람들이 우물 에섹(다툼)을 놓고 싸운다.

이삭은 분쟁의 소지가 있자, 싯나(논쟁)로 이동한다. 그곳에서 새로운 우물을 파지만 이번에도 그랄 족속과 소유권을 놓고 논쟁하게 된다. 다시금 그들을 피해 세 번째 르호봇(넓은 장소, 풍성함)으로 가 우물을 판다. 그리고 마침내 브엘세바(맹세의 우물, 일곱 우물)에서 화평의 조약을 맺고 최종적으로 우물을 얻게 된다. 영적 전쟁이기 때문이다.

세상은 생명이 터지지 못하도록 우물을 메우려 한다. 다음세대의 생명이 그 안에 있다. 하나님나라의 사람들이 생육하고 번성하고 창대해지는 것을 어둠은 결코 용납하지 않기 때문이다. 그래서 부흥의 불이 떨어졌을 때 방해가 시작된다. 이것이 생명 전쟁, 영적 전쟁의 원리이다.

애즈베리 부흥의 역사

애즈베리대학의 방문을 앞두고 몸을 뒤척이며, 애즈베리 부흥의 역사를 살펴봤다. 애즈베리대학은 1905년부터 무려 아홉 번의 연속되는 부흥의 임재가 있었다. 대부분 정해진 계획 없이 채플이나 기도 모임 중에 자발적으로 시작되었다는 것이 공통적인 특징이다. 규칙이 아닌 불규칙, 인간의 정해진 계획이 아니라 전격적인 성령 하나님의 역사라는 뜻이다.

첫 부흥은 1905년 폭풍우가 몰아치던 2월에 기숙사 기도 모임으로 시작되어 학교 전체로 퍼져나갔다. 회개와 성결의 주제가 강하게 나타났다. 1904년에 있었던 영국 웨일스 부흥의 불이 이곳으로 왔다. 분출된 활화산의 용암이 지글지글 끓으면서 대지를 이동하듯, 부흥의 불길을 떠올리면 이해가 쉬울 듯하다.

1908년 2월에도 한 학생의 기도를 통해 부흥이 시작되어 약 2주간 지속되었다. 중보기도와 개인적인 회개가 강조되었다. 애즈베리대학 부흥의 특징 또 하나는 주로 봄학기를 시작한 직후인 2월 전후로 부흥이 시작되었다는 점이다.

1921년 2월에도 부흥회 마지막 날, 한 학생의 간증으로 시작하여 다른 학생들의 간증이 3일간 이어졌다. 개인의 죄 고백과 회개가 특징이었다.

1950년에도 2월 7일에 시작된 예배가 118시간 동안 멈추지 않고 이어지는 부흥을 주셨다. 간증과 회개가 주를 이루었으며, 수만 명의 방문객에게 영향을 미쳤다. 한국 전쟁이 일어났던 그해였다.

1958년 3월에도 한 학생의 금식기도 모임에서 시작되어 63시간 동안 예배로 이어졌다.

1970년 2월 3일, 너무나도 큰 캠퍼스 부흥이 시작되었다. 그 부흥은 채플 설교 시간에 교수가 학생들에게 간증하도록 권면하면서 시작되었다. 무려 185시간 동안 지속되었으며, 미국 전역의 수많은 대학과 교회로 확산되는 기폭제가 되었다.

이 부흥의 특징은 애즈베리의 다른 부흥과 마찬가지로 학생들이 주도했다는 점과 함께 한국의 부흥과 직접 연결되어 있다는 것이다. 1973년 빌리 그래함의 여의도 100만 집회의 시작이 바로 이 캠퍼스 부흥과 연결되어 있고, 그다음 해에 선포된 'EXPLO74'의 태동 역시 1970년 애즈베리 부흥의 불로부터 시작된 것이다.

1992년, 연례적인 성결 콘퍼런스 마지막 날, 한 학생의 진솔한 죄 고백과 회개가 불씨가 되어 127시간 동안 기도와 찬양이 이어졌다.

2006년 2월에도 학생 채플을 통해 시작되어 4일간 기도와 찬양이 계속되었다.

드디어 2023년 2월 8일 수요일, 채플이 끝난 후 자발적으로 남은 학생들의 기도와 찬양으로 새로운 부흥이 시작되었다. 이 부흥은 약 16일 동안 지속되었으며, 시간으로 환산하면 약 384시간이다. 소셜미디어를 통해 전 세계로 알려지면서 수만 명이 방문했다. 특정 지도자 없이 Z세대 학생들이 중심이 되어 기도, 찬양, 회개, 간증이 이어졌다는 점이 가장 큰 특징이고, 전 세계에 실시간으로 중계되었다.

이 정도 되면 애즈베리대학은 부흥의 불덩어리 진원지나 다름없었다. 숙소에서 기도하는데, 내 영이 성령 충만함으로 반응하기 시작했다. 무엇보다도 부러운 점은 미국의 대다수 대학은 성령 하나님이 임재하셨던 부흥과 관련된 기록을 철저하게 남겨두고 보존해두었다는 점이다.

'부흥' 하면 한반도인데, 우리 교회사는 그런 부흥의 역사를 남기는 데 인색했다. 한반도야말로 부흥의 불덩어리 땅인데 말이다.

'네가 하면 된다…!'

성령 하나님의 음성이 감동으로 다가온다.

7 베들레헴 코드

전쟁으로 폐허가 된 땅에서 미군들이 먹다 버린 잔반으로 끓인 꿀꿀이죽을 먹으며 허기진 가난을 이겨냈다. 전쟁으로 과부와 고아가 넘쳐나던 지구상 최대 빈국이었던 대한민국, 우리가 유일하게 할 수 있었던 일은 하나님께 기도하는 것이었다.

온 마음을 다해 베들레헴 코드로 심령이 가난해진 내 할머니, 내 어미의 기도가 이 한반도에 주님의 시선을 고정하도록 역사했다. 식음을 전폐한 강청의 기도, 주인의 상에서 떨어진 부스러기라도 간구하는 어미의 절박한 심정이 한반도의 산과 강과 들에 메아리쳤다. 산과 골마다 찬양이 울려 퍼지고, '주여 삼창' 통성의 부르짖는 기도가 넘쳐났다.

기도밖에 할 것이 없었던 나라가 대한민국이다. 하나님은 그 기도에 부흥으로 화답해주셨다. 기도할 때 부흥의 불을 주셨다. 축복의 불을 주셨다. 능력의 불을 주셨다. 기적의 불을 주셨다. 기도자들을 캐스팅해서 세우셨다.

날이 밝자마자 유튜브 영상으로만 봐왔던 애즈베리대학 캠퍼스로 들어섰다. 애즈베리 출신으로 렉싱턴에서 목회하고 있는 이

현구 목사가 안내해주셨다.

1차선 도로를 사이에 두고 신학대학과 일반대학이 마주하고 있는 작은 대학교였다. 학교에서 운영하는 호텔과 샌드위치 가게, 중국음식점, 그리고 편의점 한 곳을 제외하고는 도심에서 멀리 떨어진 미국의 전형적인 소읍 모습 그대로였다.

바로 이 앞마당에서 미국 전역과 세계 여러 나라에서 온 5만여 명의 기도자들이 2주 동안 운집해서 예배를 드렸다니!

예배가 드려졌던 휴즈강당(Hughes Auditorium)의 정문은 굳게 닫혀 있었고, 1,600여 명의 학부생과 대학원생들이 각자 수업을 받기 위해 이동하고 있었다. 3월 초인데 날씨가 추워서 입김이 날 정도였다.

캠퍼스 곳곳에서 십여 명씩 무리를 지어 학교 홍보 직원으로부터 지난 2월에 이곳에 있었던 부흥에 관해 설명을 듣고 있었다. 서너 그룹 정도가 눈에 들어왔다. 남미 계통의 성도들과 미국 한인교회에서 오신 교포 성도들, 유럽에서 오신 한인 성도들이 삼삼오오 모여 기도하고 있는 모습도 눈에 들어왔다.

나중에 듣게 된 것인데, 이렇게 부흥이 끝나고 난 뒤에도 찾아오는 사람들의 80퍼센트 이상이 한국계 기독교인이라고 한다. 그만큼 우리에게는 부흥의 유전자가 존재한다.

성령세례를 받은 한국 성도들의 심장은 부흥의 심장이고, 그 핏속에는 부흥의 불이 펄떡펄떡 살아 움직인다. 부흥 이야기만 해도 눈물이 핑 돈다. 부흥을 입술에 올리기만 해도 심장이 쿵쿵 뛰기 시작한다.

부흥은 성경의 말씀이 살아나 펄떡이며 움직이는 것이다. 부흥은 경험해본 자만이 그 기쁨과 감격을 선포할 수 있다.

성령님이 직접 이끄시는 만남의 축복

비탈진 캠퍼스 위에서 이 목사님의 오래된 은사인 한국계 물리학과 김 교수님이 내려오셨다. 10년 전 스승과 제자 관계였던 두 분도 오랜만에 만나는 듯했다.

"이 목사, 어서 와요."

"교수님, 잘 지내셨죠? 이쪽은 서울에서 오신 윤 감독님이에요."

"수학을 가르치는 김종현입니다."

교수님과 인사를 마친 뒤에 나는 휴즈강당 계단 아래에서 부흥을 설명하고 계신 듯한 백인 목사님과 그 설명을 듣고 있는 사람들에게로 다가갔다. 곧이어 이 목사님이 통역을 위해 합류하셨다.

"한국에서 오신 유명한 영화감독인데, 애즈베리 부흥을 알아보기 위해 오셨어요."

나를 과분하게 소개하신다. 그러자 안내를 맡고 있던 백인 목사님의 두 눈이 커지면서, 안 그래도 영향력 있는 외부 방문객이 오면 홍보 담당자가 꼭 알려달라고 했다면서 잠시만 기다려달라고 하고는 사라졌다.

마침 애즈베리 대학원에서 공부하고 있는 김하진 목사가 합류하면서 애즈베리신학대학교 총장인 티모시 테넌트(Timothy C. Tennent)와의 급작스러운 만남이 성사되었다.

보통 대학의 총장을 만나려면 사전에 방문 목적과 신분과 인터뷰 목적을 전달하고 몇 단계의 확인 과정을 거친 뒤에야 가능한데, 이런 즉석 만남이 이뤄지는 것을 보아선 분명 성령님이 개입하고 계신 것이 확실했다.

신학대학교 총장실은 교정이 바로 보이는 1층 잔디밭 건너편에 있었다. 비서의 안내를 받아 들어가니 오래된 앤티크 가구와 즐비하게 꽂혀 있는 여러 고서들로 작은 도서관을 방불케 했다.

키가 작고 왜소한 체격에 안경을 쓴 티모시 총장이 책상 가득 책과 논문을 펼쳐 놓은 채 우리를 기다리고 있었다.

한국에서 온 다큐멘터리 감독의 방문에 티모시 총장은 자신의 주요 논문이 부흥사인데, 그중에 평양대부흥에 관한 연구도 있다면서 그와 관련된 기록을 보여주었다. 그리고 애즈베리에서 부흥이 시작된 그날부터 부흥을 마감했던 마지막 날까지의 여러 여정을 짧은 시간 동안 나누었다.

티모시 총장과 대화를 나누면서 알게 된 또 한 가지 놀라운 사실은, 그가 18세기 미국 부흥의 아버지 조나단 에드워즈(Jonathan Edwards)의 8대손이란 것이다. 부흥은 가문을 따라 전이되고, 확산되고, 증가된다. 아브라함과 이삭과 야곱과 요셉이 이어지듯이, 한국의 부흥자들 역시 부흥의 불을 따라 전이되고, 확산되고, 증가된다.

인터뷰가 끝날 무렵 총장님이 물으셨다.
"촬영은 언제부터 하나요?"
"아마도 8월 안에 올 듯합니다."
왜 그랬을까? 아무 준비도 안 된 상황에서 입술로 먼저 선포해 버린 셈이다.

짧은 만남을 마치고 나오자, 작은 대학교 안에선 이미 나의 방문이 입소문을 타고 빠르게 확산 중인 듯했다. 2월 한 달 내내 수만 명의 방문객을 맞이했던 대학 홍보 담당자 애비 로븐은 환한 미소로 자신이 경험한 온유하고 겸손하신 성령님에 대해 이야기해주었다.
"만약 촬영팀이 오게 되면 인터뷰도 가능하고, 우리 대학 부흥과 관련한 영상을 공유하셔도 돼요."
묻지도 않았는데, 최대한 도움을 주신단다. 그러면서 이렇게 물으신다.
"혹시 내일 시간 있으세요?"
"그럼요. 모레까지 이곳에 있습니다."
"잘됐네요. 내일 저녁 7시에 홈커밍데이에 초대할게요. 부흥을 경험한 백여 명의 학생들이 최초로 모이는 간증 모임이에요."

"우와, 정말요? 감사합니다."

티모시 총장에 이어서 홍보 담당자 애비까지, 일사천리로 진행되는 일들에 작은 흥분이 계속되었다. '성령님이 역사를 만들어가시는구나' 직감적으로 알 수 있었다.

건물을 나와서 휴즈강당으로 가기 위해 건물 코너를 도는데, 마치 로맨틱 영화의 남녀 주인공이 부닥치는 장면처럼 우리 일행도 누군가와 딱 부딪히게 되었다. 키가 190센티미터는 돼 보이는 어느 교수님과 그의 수행비서였다. 바닥에 떨어진 서류를 수행비서가 줍는 사이에 키 큰 교수님이 우리에게 미안하다고 먼저 사과를 건네왔다. 그런데 통역을 하던 이 목사님이 반갑게 손을 내밀며 인사하는게 아닌가.

"닥터 케빈 브라운, 반갑습니다."

애즈베리대학 휴즈강당에서 384시간의 부흥을 가장 낮은 모습으로 섬긴 애즈베리대학교의 총장 케빈 브라운(Kevin Brown)이었다.

"이쪽은 한국에서 온 유명한 영화감독인데, 애즈베리대학의 부흥을 취재하러 오셨어요. 방금 신학대학교 티모시 테넌트 총장님과 홍보 담당자 애비를 만나고 나오는 길입니다."

"영광입니다. 귀한 분들이 방문하셨네요."

신학적 선배이자 애즈베리 부흥의 시작과 끝을 함께 나눈 리더십 중에 한 명인 티모시 신학대 총장을 먼저 만나고 왔다는 말에 케빈 브라운은 이미 나를 신뢰하는 눈빛으로 쳐다보며 자신의 명함을 먼저 건네주었다.

"케빈 브라운 총장입니다."

아무런 사전 연락이나 조율도 못 했는데, 불과 두 시간 만에 두 명의 총장과 홍보 담당자를 만나게 하시다니, 성령께서 그분의 방법으로 다시 한번 나를 책임지시는 것이 느껴졌다.

"꼭 방문해주세요. 오시면 온유하고 겸손하신 성령님이 이 대학을 얼마나 사랑하시는지 말씀드릴게요."

우리는 식사를 위해 교직원 식당으로 이동했다. 식당에 들어가 막 식사를 하려고 하는데, 식당 대각선 방향에서 한국계 선교학 교수인 김삼 교수가 반갑게 인사를 하며 다가오셨다.

김삼 교수는 요르단 의료선교사인 남편과 함께 오랫동안 중동에서 복음을 증거하다가, 2017년부터 북미주 인턴 서브 선교사이자 애즈베리대학에서 선교학을 가르치는 교수로 부임하였다.

"저는 원래 도시락을 싸 가지고 다녀서 교직원 식당에는 일 년에 한두 번 올까 말까인데, 오늘 윤 감독님을 만나네요. 시간 괜찮으시면 식사 마치고 난 뒤에 제 연구실에서 커피 마시고 가세요."

하나님의 캐스팅의 또 다른 비결은 만남의 축복이다.

김삼 교수의 연구실은 휴즈강당 바로 아래 지하층에 있었다. 한 평 남짓한 교수실에서 부흥의 불이 시작된 첫날부터 마지막 날까지 학생들의 반응과 성령님의 사랑에 대해 들었다.

최초 부흥을 견인한 18명의 기도자 학생들 대다수가 김삼 교수의 선교학 강의를 듣는 제자들이었다.

"학생들 대다수가 시간과 공간이 초월되는 특별한 경험을 했어요. 저도 그렇고요."

김삼 교수와의 인터뷰 내내 영적 갈망과 소망이 터져 나왔다.

그 부흥의 불을 내가 담아 올 수만 있다면!

부흥은 부르짖는 자에게 주신다.

"눈을 감았다 떴는데 하루가 지나 있었죠. 아침에 시작된 예배가 단 몇 분 지난 줄 알았는데, 열 시간이 지나 있었어요. 채플에 참가한 학생들의 고백이에요."

지난 75년 동안 총 9번의 부흥의 불이 있었던 휴즈강당 지하가 한국인 김삼 교수의 교수실인 것도 놀라웠지만, 최초 기도자들의 담당 교수를 이렇게 쉽게 만나게 된 것도 너무 놀랍고 절묘했다. 역시 하나님의 캐스팅이었다.

부흥의 불을 담아가게 하소서

그날 오후 나는 휴즈강당에 들어가 강대상 바로 아래 바닥의 카펫에 이마를 댄 채 누웠다. 장시간의 긴장과 피로를 그냥 주님 품 안에 맡겨드린 채.

384시간 동안 연속되던 그 부흥의 불을 내가 취하고 싶었다.

"주님, 만나주세요."

조금 더 깊게 주님을 만나고 싶었다. 그리스도 예수 안에서 기도하기 시작했다. 더 깊게 주님을 호흡했다.

"주님, 이 귀한 불을 저에게 부어주세요. 부족하고 더럽고 깨어진 그릇이지만, 불쌍히 여기시어 죄인 중의 죄인인 저에게 부어주세요. 저는 이 불을 담아갈 그릇이 되지 못한 자라는 사실을 잘 압니다."

얼마나 엎드려 있었을까, 온몸에 온기가 느껴졌다.

"성령 하나님, 깨어진 저를 받쳐주세요. 성령의 두 손으로 저를 받쳐주시면, 제가 이 부흥의 불을 담아가서 조국 대한민국의 청년들에게 던지겠습니다."

자격이 안 되는 자인 것을 알지만, 간절한 마음으로 주님께 간구했다.

회개의 본질은, 주님이 어떤 분인지를 모르고 살아왔다는 사실을 먼저 아뢰는 것에 있다. 애즈베리의 첫날은 휴즈강당에서의 기도로 마무리했다.

8 선포하라, 부흥을 선포하라

애즈베리에서의 둘째 날 저녁에는 드디어 부흥을 직접 경험한 백여 명의 학생들이 모이는 홈커밍데이에 초청받아서 갔다. 전날 만났던 홍보 담당자 애비의 초청이었다.

간단한 다과와 커피를 마신 후에 학생들은 큰 원으로 둥글게 둘러 앉아서 자신이 만난 성령 하나님의 사랑을 자발적으로 고백했다.

사진 촬영과 녹음이 안 된다고 사전에 안내받았기에 간증하는 장면을 기록하지는 못했지만, 행사 직전과 직후에 인터뷰를 허락하는 학생들과 이야기를 나눌 수 있었다.

바로 그 자리에서, 논란의 대상이 되었던 동성애 학생의 간증도 들을 수 있었다. 그 학생은 러시아계 유학생이다.

"러시아와 우크라이나가 전쟁 중이어서 마음이 우울했는데, 하나님이 사랑하셔서 이런 부흥을 주셨어. 나는 하나님을 마음껏 자랑하고 싶어."

나는 그의 간증을 하나님께 올려드리며 기도했다. 내 마음에 슬픔이 차오르기 시작했다. 주님이 주시는 마음인 것 같았다.

'어찌할꼬, 어찌할꼬! 악의 관영을 어찌할꼬!'

동성애에 대한 근본적인 회개 없이 예배 중에 받은 은혜만을 나누다 보면, 자칫 모든 동성애자들을 하나님이 축복하시는 것으로 오해할 수 있겠다는 생각이 들었다.

미국은 성전환과 동성애가 합법화된 나라이다. 동성애가 잘못이라고 말하면, 오히려 차별주의자, 극단적인 혐오주의자로 몰리게 된다. 미국 장로교단(PCUSA)은 동성애 목사 안수를 허용했으며, 동성애 목사들이 정식으로 활발하게 활동하는 나라가 미국이다. 미국은 동성애 같은 죄를 죄라고 말할 수 없는 땅이 되어버렸다. 주님은 그곳의 현실을 직접 보게 하셨다.

'사랑하는 아들아, 이곳에 시작된 부흥의 불이 소멸된 이유를 알겠니? 너에게 부흥을 알리게 하겠다. 선포하라! 선포하라! 선포하라!'

부흥의 불, 예수 그리스도의 사랑의 불

학생들의 간증 시간 내내 눈물이 흘렀다.

간증이 끝나고 최초 설교자 목사님과 교목과 찬양을 했던 학생까지 간단한 인사를 나누며 8월에 촬영팀이 왔을 때 진행할 인터뷰 섭외까지 일사천리로 마칠 수 있었다.

8월에 촬영하러 오지 않으면 안 될 정도로 만나는 사람들마다 신묘할 정도로 촬영 섭외가 이루어지고 있었다. 하나님이 이끄시는, 하나님의 방법이다.

그날 저녁에도 나는 휴즈강당으로 향했다. 학생들에게는 매일 접할 수 있는 예배실이지만, 한국에서 온 나에게는 이 공간에서 드리는 기도가 남다를 수밖에 없었다. 감사와 눈물만 흐른다.

나는 부르짖었다. 부흥을 강청했다.

"주님, 부흥의 불을 나에게 주시면 제가 조국 강산에 부흥을 선포하겠습니다! 전 세계 열방에 주님이 행하시는 일을 알리겠습니다!"

"주님만을 자랑하게 해주세요. 주님의 영광이 드러나게 해주세요!"

그 순간 온유하고 겸손하신 성령의 따뜻한 빛이 나를 감싸기 시작했다. 이대로 주님 품에 안긴 채 그냥 천국에 가면 좋겠다는 생각이 들었다. 한 시간이 넘는 주님과의 교제를 통해 내 안에 부흥의 비전이 들어왔다.

'사랑하는 내 아들아, 사랑한다.'

부흥의 불은 예수 그리스도의 사랑의 불이다.

9 예수의 불, 부흥!

애즈베리대학에 다녀온 뒤로 내 삶에 변화가 생겼다. 하루 24시간 종일 부흥만을 생각한다는 것이다. 애즈베리대학에서뿐만 아니라 미국 전역과 전 세계에서 하나님이 행하고 계시는 일들을 알려야 했다. 기회가 주어지는 대로 〈부흥〉 영화 제작의 중요성과 '호모 미디어쿠스'(미디어를 사용하는 인간) 시대에 왜 부흥을 기록하는 것이 필요한가를 설명했다. 무엇보다도 미디어 300 용사 청년들이 목양되어서 하나님이 지금 이 땅에서 행하고 계신 일들을 증거해야 한다고 선포했다.

부흥을 선포하니, 부흥을 갈망하는 교회와 공동체들과의 만남을 허락해주셨다. 나는 생명을 걸고 맹세할 수 있다. 부흥을 선포할 때마다 성령 하나님이 '즉각 바로' 반응하신다.

내가 불을 땅에 던지러 왔노니… 눅 12:49

예수의 불은 뜨겁다. 예수의 불은 머리로 들어와 가슴에 떨어진다. 가슴에 떨어진 불은 온몸으로 퍼져가는데, 단전 아래로 모여

들어 꺼지지 않으면서 말씀으로 타오른다. 이 말을 확인하고 싶으면, 말씀으로 예수의 불을 묵상하면 된다.

말씀으로 증인의 불을 묵상하라.
"오직 성령이 너희에게 임하시면 너희가 권능을 받고 예루살렘과 온 유대와 사마리아와 땅끝까지 이르러 내 증인이 되리라 하시니라"(행 1:8).

말씀으로 능력의 불을 묵상하라.
"믿는 자들에게는 이런 표적이 따르리니 곧 그들이 내 이름으로 귀신을 쫓아내며 새 방언을 말하며 뱀을 집어올리며 무슨 독을 마실지라도 해를 받지 아니하며 병든 사람에게 손을 얹은즉 나으리라 하시더라"(막 16:17,18).

말씀과 함께 '지금 즉시 바로' 부흥을 선포하기 바란다.
파주 순복음삼마교회, 인천의 대일교회, 마포의 길교회, K선교회, 한동대 팀과 함께 부흥을 기도했다. 7시간 기도로 부흥을 노래했다. 한반도 전 지역의 금요철야의 회복을 간구했다. 많은 이들이 〈부흥〉 영화 제작을 위해 함께해주었다. 재정 후원으로, 기도로.
순식간에 내가 선포한 대로 8월에 미국 촬영을 다녀올 수 있는 길이 열리게 됐다.

감춰진 기도 덕분에

하나님이 부흥을 계획하시는데, 그 부흥이 현상으로 일어나기 전에 반드시 부흥을 갈망하는 사명자들의 기도 모임을 허락하신다. 기도할 때 하나님이 역사하신다.

모든 부흥에는 대표성을 띤 한 사람이 존재하지만, 사실 그 한 사람이 세워지기 전에는 수많은 시간 무릎 꿇던 감춰진 중보기도자들의 기도가 있었다. 내게 주신 사명은 단순한 부흥의 현장을 촬영하는 것이 아니라 하나님께 올려드리는 기도를 기록하는 것이다. 그 기록을 통해 그 기도의 불이 다른 지역으로 확산되는 것이 부흥이다.

120일 동안의 촬영 준비 기간 동안 성령 하나님은 특별한 만남을 허락해주셨다. 하늘의 우물이란 뜻의 천정(天井) 재단 Y 이사장님과의 만남이 없었다면, 그토록 장시간 미국 대륙을 마름모꼴로 횡단하며 촬영하지 못했을 것이다. 그리고 수많은 중보기도자들의 기도가 촬영을 시작하게 했고, 진행하게 했다. 그들과 함께 기도할 때마다 나라와 민족을 위한 간구가 터져나왔다. 특별히 부흥을 기도할 때마다 하늘의 우물에서 기름 부음이 흘러나왔다.

> 너희는 주께 받은 바 기름 부음이 너희 안에 거하나니 아무도 너희를 가르칠 필요가 없고 오직 그의 기름 부음이 모든 것을 너희에게 가르치며 또 참되고 거짓이 없으니 너희를 가르치신 그대로 주 안에 거하라
>
> 요일 2:27

하나님은 모든 순간을 기적 같은 만남을 통해 이끄신다. 우주와 우주가 충돌하는 것이다. 과거와 오늘과 미래가 만나는 것이다. 부흥의 불을 가진 사람과의 만남은 불과 불이 만나는 것이어서 더 큰 불로 확장된다. 이것이 만남의 축복이다.

이 기록에 성령의 불이 담기길 기도한다. 이 책을 읽는 분들에게 부흥을 사모하는 불이 던져지기를.

드디어 부흥의 1차 여정이 시작됐다.

8월 29일부터 10월 2일까지 34일간 미국의 10개 지역이 로케이션되었다. 미국 서부의 LA 아주사 거리의 부흥을 기점으로 동쪽으로, 다시 서쪽으로, 아래로, 다시 위로 마름모꼴을 그리며 먼 거리를 이동해야 했다. 평균 3일 간격으로 10개 지역을 촬영하는 고된 일정이었다.

나라가 워낙 크다 보니 먼 거리는 미국 국내선 비행기를 이용하였고, 차량으로 이동하는 지역도 있었는데, 길게는 12시간 운전을 해서 이동해야 하는 곳들도 있었다. 미국 지역에서만 40여 명의 부흥자를 촬영했다. 하나님의 캐스팅, 하나님의 로케이션이다!

Part 2

부흥의 범람

: 미국의 부흥 1

10 아주사 부흥

1900년부터 1910년까지 20세기의 첫 10년은 오대양 육대주에 부흥의 불이 전이되고, 확산되고, 증가되던 아주 중요한 시즌이었다.

아주사 부흥의 주역인 시무어(William J. Seymour) 목사는 흑인 노예의 아들로 태어나 어린 시절 천연두를 앓은 후유증으로 얼굴엔 곰보 자국이 남았고, 왼쪽 눈의 시력을 잃은 시각장애인이었다. 정식 신학교에 다니지도 못했다. 오순절 계통의 성경학교와 찰스 파함(Charles F. Parham)이 개설한 단기 성경학교에서 들은 강의가 전부였다. 그곳에서 그는 구원과 성화, 방언이 수반되는 성령세례를 배웠다.

흑인은 백인과 함께 예배를 드릴 수 없다는 짐크로우법(인종차별법)으로 인해 직접 설교와 예배에 참여하고 싶어도 할 수 없었다. 얼마나 예배에 참석하고 싶었던지, 친분이 있던 백인 목회자에게 교회 창문을 열어달라고 부탁하기도 했다. 시무어는 예배당 밖 복도에서 까치발을 뛰면서 열린 창문을 통해 선포되는 복음을 들었다.

그 간절함에 하늘이 땅을 만지시는 부흥이 임했다. 성령 하나님의 카이로스 시간은 오직 주님의 주권이다. 그 주권은 간절함에만 반응하신다.

아주사 거리에 임한 쉐키나 영광

1906년 4월 9일 LA 보니 브래가 214번지의 한 가정집에서 시무어 목사가 주도한 예배에 성령님이 찾아오셨다. 방언과 예언과 신유와 치유가 일어나기 시작했다. 소문을 듣고 찾아오는 사람들이 많아지자, 4일 뒤인 4월 14일부터 아주사 거리 길모퉁이에 버려진 교회 건물에서 정식 집회가 시작됐다.

사람들이 집회장에 들어오면 하나님의 권능으로 고꾸라졌다. 도시 전체가 요동쳤다. 예배 장소 위로 하나님의 영광이 불과 기둥으로 임하는 쉐키나 영광이 15미터 이상 솟구쳐 마치 불이 난 것 같은 착시 현상을 일으켜 소방차가 출동하기도 했다.

1931년까지 아주사 예배가 올려졌다.

남가주 부흥의 역사 전문가인 강순영 목사(JAMA 원로 대표)의 말씀이다.

"인종 차별이 극심했던 시기에 기존 교회 예배와 다른 점은 라틴, 흑인, 백인 등 다양한 인종이 함께 어우러져 드린 열린 예배였고, 긴 설교 대신 찬양과 기도와 간증이 우선되었으며, 형식에 얽매이지 않다 보니 여성들에게 사역의 참여를 허용했다는 점입니다."

역시나 성령의 역사를 피조물인 인간이 강제하지 않은 게 가장 큰 특징이다.

　아주사의 부흥은 근대 오순절 성령 운동의 시작을 알림과 동시에 도시 부흥의 기초와 20세기 기독교 역사의 전환점이 되었다.

　그 역사적 현장에서 최초의 예배가 드려졌던 보니 브래가 214번지 가정집은 현재 기념관으로 유지되고 있다. 그 모퉁이 건물 앞 리틀도쿄 인근에는 이곳이 아주사 부흥의 불이 임했던 곳임을 알리는 표지판이 세워져 있다.

　과거 부흥이 있었던 장소를 찾아가는 것은 단순한 역사 탐방이 아니다. 오늘, 지금, 바로 이 순간 부흥을 얻기 위해 걷는 기도이다. 나는 매 순간 부흥을 선포했다. 모든 촬영지마다, 만나는 사람마다 부흥만을 외쳤다.

　하나님은 나와 같이 지극히 낮고 부족한 사람의 기도에도 응답하신다. 나는 성령 하나님을 자랑하고 싶다. 그분의 사랑을 많은 이들에게 알리고 싶다.

11 예수 혁명

아주사 부흥의 촬영을 마친 후에 1970년대 초 '예수 혁명'(Jesus Revolution)을 이끈 척 스미스(Chuck Smith) 목사의 갈보리채플로 이동했다. '예수 혁명'은 캘리포니아 해안을 중심으로 히피 문화권 젊은이들에게 복음을 전파하며 급성장한 영적 각성 운동이다.

1970년은 미국 내 반전 운동이 정점에 이르던 시기로, 히피 문화의 확산과 함께 마리화나 같은 마약이 급격히 확산되었으며, 동성애가 공론화되는 등 성(性)과 사회 규범에 대한 인식이 급격히 변화하던 해였다. "금지된 모든 것을 금지한다"라는 구호로 상징되는 포스트모던적 사고가 확산되기 시작한 것도 이 무렵이다.

'예수 혁명'의 부흥자들은 사회 반항적이고 기존의 모든 질서를 거부하는 청년들을 사랑으로 품었다. 히피, 서퍼, 마약중독자, 동성애자들을 인격적으로 대했다. 교회의 문을 열었고, 바닷가 앞에서 대형 침례를 행했다.

그들이 원하는 음악을 받아들여 전통적인 찬송가 대신 록과 포크음악을 수용했다. 이후 이들의 음악은 CCM으로 발전했다. 청년들을 대상으로 한 새로운 부흥이 마약과 공허함을 이겨내는 영적 각성 운동을 이끌어냈으며, 이 부흥 운동은 〈예수 혁명〉(2023)이라는 제목의 영화로 만들어져서 미국 기독교인들에게 다시 한 번 부흥을 갈망하게 했다.

겸손과 부흥

지극히 존귀하며 영원히 거하시며 거룩하다 이름하는 이가
이와 같이 말씀하시되 내가 높고 거룩한 곳에 있으며
또한 통회하고 마음이 겸손한 자와 함께 있나니
이는 겸손한 자의 영을 소생시키며
통회하는 자의 마음을 소생시키려 함이라 사 57:15

겸손이 부흥과 관련되어 있다. 해변이 바라다보이는 곳에서 "하나님께로 돌아서서 하나님의 말씀 앞에 떨게 되는 것이 부흥이다"라는 선포를 들었다. 말씀이신 하나님이 친히 그 말씀을 쓰셨기 때문에, 하나님의 말씀을 두려워하는 것보다 더 그분의 말씀을 잘 배울 수 있는 방법은 없다.

내 삶을 주관하시는 하나님의 방법에 응답하는 것이 부흥이다. 하나님의 방법에 무릎을 꿇는다. 두 손을 들어 올린다.

내 이름으로 일컫는 내 백성이 그들의 악한 길에서 떠나
스스로 낮추고 기도하여 내 얼굴을 찾으면

내가 하늘에서 듣고 그들의 죄를 사하고

그들의 땅을 고칠지라 대하 7:14

'내 백성'은 교회를 의미한다. 교회가 악한 길에서 떠나면 부흥이 온다. 그 부흥은 겸손에서 나온다. 결국 교회가 겸손을 회복해야 한다. 열정도 중요하지만, 겸손이 먼저 와야 한다.

그 겸손한 마음으로 마음을 바꾸고 돌이키는 것이 회개이다. 하나님은 "마음이 가난하고 심령에 통회하며 내 말을 듣고 떠는 자"(사 66:2)를 돌보신다. 겸손한 자, 회개하는 자, 세상에서 돌이키는 자에게 하나님이 부흥을 허락하신다.

"마음을 바꾸고 돌이키는 것이 회개이다."

12 애즈베리, 강물의 범람

정확하게 5개월 만에 애즈베리를 다시 찾았다. 다섯 명의 촬영팀도 함께했다. 첫 방문은 꽃샘추위가 한창인 3월이었는데, 초록이 무성한 8월의 마지막 주에 애즈베리에 다시 입성했다.

대학 안에 있는 호텔로 숙소를 정했다. 숙소가 캠퍼스 안에 있으니 시간 나는 대로 휴즈강당에 들어가 기도할 수 있었다. 새벽 산책 시간을 비롯해서 아침, 점심, 저녁 아무 때고 시간이 날 때마다 들어가 기도했다. 거기서 기도할 때 요한일서 2장 27절 말씀을 주셨다.

> 너희는 주께 받은 바 기름 부음이 너희 안에 거하나니
> 아무도 너희를 가르칠 필요가 없고
> 오직 그의 기름 부음이 모든 것을 너희에게 가르치며
> 또 참되고 거짓이 없으니
> 너희를 가르치신 그대로 주 안에 거하라 요일 2:27

이번 일정은 부흥과 관련된 촬영이 목적이다. 하지만 나 스스로 부흥의 현장을 진단하려 하지 않고, 성령께서 허락하신 일들이

무엇인지에 집중했다. 자세히 보며 마음에 담아두려 애썼다. 오직 주의 기름 부음이 모든 것을 가르쳐주시기를 기도하며.

지난 120년 동안 윌모어 애즈베리대학이 세워진 이 땅에 정확하게 아홉 번 이상의 부흥이 있었고, 그 기간은 공교롭게도 학기가 시작된 직후인 2월에 집중되어 있었다.

케빈 브라운(Kevin Brown) 총장은 이 일을 가리켜 '강물의 범람'이라는 표현을 사용했다. 애즈베리라는 강에 봄이 되면 강물이 흘러넘치는 현상이 벌어진다. 강은 어디론가 흘러가야만 한다. 애즈베리의 학생들과 교직원들은 부흥의 강이 잘 흘러가도록 한 발 뒤로 물러나 있었다. 오직 예수님만 돋보이도록 자신들을 철저하게 감췄다.

급진적인 겸손

케빈 브라운은 인터뷰 내내 배고픔을 강조했다.

"이곳에 재학 중인 학생과 교직원들은 모두 배고픔을 가지고 있었습니다. 욥과 같은 갈망이죠."

또 하나님을 만나기 위해 지난 2월 이곳에 방문한 모든 분들에게도 동일한 갈증이 있었다고 했다.

"이곳 애즈베리에 오신 분들의 공통적인 현상은 급진적인 겸손이 었습니다."

'급진적인 겸손'이란 표현이 마음에 와닿는다. 겸손의 최상급이란 느낌마저 든다.

의에 주리고 목마른 자는 복이 있나니
그들이 배부를 것임이요 마 5:6

"2월 8일 첫 예배가 지속되는 현상이 보이자, 그날 오후 대학 내 총장단을 비롯한 리더십들이 모였지요. 일체의 대학 일정을 취소하고 주님이 행하고 계신 특별한 일들에 대해 온전히 맡겨드리자고 했습니다. 질서를 유지하되, 규칙을 앞세워 강제하지 않도록 주의했습니다. 예배 시간을 정해놓거나, 특히 유명 외부 인사를 선포자로 세우거나 알려진 외부 찬양단을 참여시키지 않도록 했어요. 최대한 성령님이 자유롭게 운행하시도록 했죠."

맞다. 부흥의 주인공은 성령님이시다. 놀라울 정도로 균형 잡힌 리더십이다.

나는 대한민국의 부흥을 믿는다. 곧 불이 떨어진다. 그곳이 금요철야 중인 어떤 교회가 될지, 어느 공동체의 수련회 장소가 될지 모르지만, 분명 부흥을 주신다고 약속하셨다. 그 부흥이 임했을 때, 인간이 성령님보다 앞서서는 절대로 안 될 일이다.

그 일들을 위해 나에게 이런 기록을 허락하셨는지도 모르겠다. 부흥을 주시기 전에 이 책을 먼저 주신 이유가 바로 이것이라고 믿는다.

'나보다 앞서지 말아다오! 내가 너희의 땅을 기경할 것이다!'

배고픔이 옮긴 부흥의 불꽃

케빈 브라운의 증언이 이어졌다.

"이 작은 마을에서 시작된 부흥의 불이 영적인 굶주림을 안고 이곳을 방문한 사람들에 의해 타지역으로, 미국 전역과 전 세계로 확산되는 것이 애즈베리의 사명이라고 생각했습니다.

배고픔을 가진 5만 명이 이곳으로 모였고, 미국 내 280개 대학의 학생 리더들이 이곳을 경험했습니다. 언어가 다른 이들이 땅끝에서부터 모여들었습니다. 하나님은 새 일을 행하십니다. 우리가 그 일에 참여할 수 있었습니다.

불은 높이가 가장 높을 때 가장 밝습니다. 우리는 몇 주일 동안 영적으로 가장 밝은 모닥불을 가질 수 있었습니다. 그러나 불의 온도는 불이 타오르고 난 뒤, 불씨로 변할 때가 가장 뜨겁습니다.

저는 개인적으로 부흥이 끝난 2주 동안 이 땅 아래 모든 것이 다 사라진 것처럼 보였습니다. 그러나 실제로는 점점 뜨거워지고 있었습니다. 이곳의 예배를 경험한 사람들이 다른 지역으로 날아가 어디서든 배고픈 심령을 만나고 있으며, 주님을 향한 고백을 불러 일으키고 있습니다. 일종의 횃불인 것이지요."

성령의 임재를 불의 크기로 설명하자 부흥이 시각화되고, 현실화되었다.

"이 시대에 젊은 세대로, 청년으로 산다는 것은 어려운 일입니다. 지난 2월에 우리의 예배를 취재하기 위해 팟캐스트를 운영하는 비기독교 청년들이 방문했습니다. 5만 명이 모여 드리는 우리의 예배를 보고 취재한 후에 떠나기 직전, 그들의 마지막 말은 '하나님이 살아 계시다는 것을 알게 되었다'라는 고백이었습니다.
큰 변화입니다. 우리는 자신을 비울 때 충만해집니다. 부흥은 나를 비우는 것입니다. 그리고 그분으로만 채워지도록 다 내어드리는 것입니다. 다음세대에게 투자해야 합니다. 그들을 준비시켜야 합니다. 미래의 변화가 그들로부터 오게 하세요.
우리는 팬데믹 이후 정치, 경제, 사회, 문화, A.I. 등 모든 영역에서 지금껏 경험해보지 못했던 속도와 역동성, 소용돌이를 겪고 있습니다. 그 소용돌이 안에서 우리는 나를 붙잡아줄 자리를 찾아야 합니다. 그렇게 할 수 있는 단 한 분은 예수 그리스도밖에 없습니다. 캠퍼스의 영적 온도를 올려야 합니다. 또 유지하기 위해 기도해야 합니다."

잔디밭 교정 위에서 케빈 브라운의 힘찬 선포가 이어진다. 나뭇잎과 바람과 교정을 오고 가는 학생들과 따가운 햇살마저도 우리 촬영에 동참했다. 햇살 사이로 수업을 받기 위해 이동하는 청년들이 상큼하다.

"20세기 프랑스의 철학자이자 기독교인인 시몬 베유는 '기도는 혼합되지 않은 관심'이라고 말했습니다. 기도는 하나님과의 교통이자, 청원입니다. 그러나 가장 중요한 것은 관심입니다. 모든 것에서 하나님의 영광을 인식하는 것입니다.
'이 놀라운 공간을 보라, 이 아름다운 사람들을 보라, 하나님의 형상을 가진 자들을 보라'라고 하면서요. 이런 것이 부흥을 가져오는 기도입니다. 관심을 갖는 것입니다.
'주의 말씀은 내 발에 등이요 내 길에 빛이니이다'(시 119:105)라는 시편 기자의 말은 A.I. 시대인 오늘날 우리 심중에 새겨야 할 말씀입니다. 성경은 수천 년 동안 빠르게 변화하는 세상을 충실하게 헤쳐나가는 방법들을 돌 속에 박아둔 금처럼 감춰두었습니다. 변해가는 이 순간에도 변하지 않는 것이 말씀입니다."

"신약성경의 '회개'는 헬라어로 '고백'이라는 뜻을 가지고 있습니다. 또한 '동의한다'는 뜻도 포함됩니다. 내가 회개한다는 것은 하나님께 동의한다는 의미이며, 그분이 누구이신지에 내가 누구인지로 동의한다는 것입니다.

우리에게는 성령님이 필요합니다. 하나님 보좌 우편에 계신 그리스도를 대신하시기 위해 지금 내 안에 오신 성령 하나님을 환영하고 인정하고 동의해야 합니다. 내 삶으로 초대해야 합니다. 성령 하나님의 '선한 일'(엡 2:10)을 위해 살아야 합니다."

놀랍게도 어제 묵상한 말씀을 케빈 브라운이 나눈다. 그는 자신이 경험한 부흥에 대해 혼신을 다해 증언했다.

인터뷰를 마치고 교정을 걸어 내려갔다. 부흥의 불은 소멸되고 다른 곳으로 이동했지만, 성령의 바람은 여전히 캠퍼스 안에 불고 있었다. 나는 두 팔을 벌렸다. 온몸을 다해 성령의 바람을 들이마시고 내뱉으며 호흡했다.
부흥에 있어서 전제되어야 하는 회개는 주님의 뜻에 동의하는 것이다. 동의란 말을 곱씹어본다.

13 성령님과 Z세대

점심 식사는 교내에 있는 샌드위치 가게 서브웨이에서 팀원들과 함께했다. 교정의 길마다 작은 삼각형으로 된 깃발이 꽂혀 있는 게 보였다. 삼각 깃발에는 크레이그 키너(Craig S. Keener) 교수의 얼굴이 그려져 있었다. 며칠 뒤 있을 세미나의 홍보 플래카드인 듯했다.

미국의 오리지널 서브웨이를 먹는다. 한국에서 먹던 것보다 조금 짜다. 미국의 햄버거나 피자도 짠 편이다. 의외로 우리가 미국인들보다는 싱겁게 먹는구나, 하는 싱거운 생각이 스쳐 지나갔다.

오후에는 애즈베리대학의 교목인 그렉 하셀로프(Greg Haseloff) 목사를 인터뷰했다. 날이 무덥고 따가워서 야외가 아닌 실내에 자리를 잡았다. 인터뷰 시작 전에 그가 기도했다.

"하늘에 계신 우리 아버지, 우리를 향한 놀라운 사랑에 감사드립니다. 하나님께서 우리를 찾으시고, 우리에게 주의 임재를 경험케 하시니 너무나 감사드립니다. 주께서 계속해서 잃어버린 자들을 찾으시고 예수님을 알고자 하는 이들을 주께로 가까이 이끄시니 감사드립니다.

이 제작진과 다큐멘터리를 위해 기도합니다. 주님, 주께서 부어주심으로 주님이 행하신 일들에 대한 증언을 모아가면서, 주께서 우리를 구원하러 오셨다고 선언한 구름 같은 증인들과 함께 메아리칠 수 있기를 기도하고 있습니다.

부서진 세상에 주님만 드러나시기를 기도합니다. 기록되고 있는 이야기를 하나로 엮어주시고, 이 이야기들이 주님의 것들을 많이 담아낼 수 있기를 기도합니다. 예수님의 이름으로 기도합니다. 아멘."

이 기도 안에 애즈베리의 마음이 다 담겨 있었다.

부흥을 경험한 사람들의 특징 중의 하나는, 그들이 사용하는 언어가 하늘에 닿아 있는 듯 성령으로 충만하다는 것이다. 급진적인 겸손, 하나님께 동의하는 것, 구름 같은 증인들의 메아리, 부서진 세상에 드러나는 주님의 뜻 같은 말들이다.

성령님과 Z세대의 만남

애즈베리대학에서 학생 채플은 일주일에 세 번 드려진다. 2월 8일 예배에는 유대인 출신의 설교자가 로마서 12장의 사랑과 실천에 관한 메시지를 전했다. 특별히 9절의 '거짓 없는 마음으로 진실하게 사랑하라'라는 말씀을 전했다고 한다. 찬양대의 찬양이 끝나고, 예배를 마친 후에 35명의 학생들이 남아서 기도를 드렸다.

"애즈베리대학에서 예배가 끝난 후 남아서 기도하는 일은 매번 벌어지는 일입니다. 그러나 그날은 특별했습니다. 학생들이 남아서 11시까지 찬양과 기도를 드렸을 때 성령님이 정말로 임재하기 시작했습니다.

누군가 휴즈강당 안으로 들어서면 그는 성령님의 임재를 즉각 알 수 있었습니다. 인간이 감당할 수 없는 육중한 힘이 머리를 숙이게 했습니다. 모두가 온유하고 겸손하신 성령님의 음성과 임재를 직접 경험하게 되었고, 두세 시간 후에는 핸드폰으로 룸메이트나 친구들을 초대하기 시작했습니다.

소문을 들은 학생들이 몰려들었고, 그날 저녁부터 휴즈강당 안에 찬양이 가득 채워졌습니다. 다른 20여 개 대학 캠퍼스에서 학생들이 찾아왔고, 16일간 매일 24시간 내내 휴즈강당과 다른 예배실, 잔디밭과 학교 전체가 예배 처소가 되었습니다.

하나님께서 매우 독특한 방식으로 한 세대를 만나고 있다는 걸 느꼈습니다."

그렉 하셀로프의 눈이 촉촉해지기 시작했다.

"그들은 Z세대입니다. 소셜 미디어와 소셜 네트워크가 생활화된 청년들이지요. 우리는 부흥의 불씨와 뜨거운 숯불이 전 세계 교회에 퍼질 것이라 믿었습니다."

부흥의 목격자 그렉 하셀로프는 하나님께서 새로운 방법으로 그 영을 부어주고 계셨다고 했다. 휴즈강당은 아침, 점심, 저녁 세 번의 예배와 찬양과 무리의 기도로 채워졌다고 했다. 그리고 그 사이사이 학생들의 간증 시간도 있었다.

복음을 알게 된 청년들이 치유되고, 구원을 받고, 화해하는 모습을 보면서, 그리고 타지에서 온 5만 명의 방문객들을 섬기는 지역주민과 인근 교회의 모습을 통해서 교수진과 교직원, 학생들과 지역사회 전체가 치유를 경험했다고 한다.

또한 이 부흥을 경험한 학생들이 미국 내 다른 대학들로 달려가 지금까지도 부흥을 전하고 있다.

"2월 26일, 16일째 되는 날에는 미국 내 280개 대학에서 동시에 연합 예배를 드렸죠. 이번 부흥 기간에 인도네시아 미전도 종족과 파라과이 미전도 종족에 예배 장면이 실시간으로 전송되면서 그곳 파송 선교사들을 통해 현지에서도 동일한 성령님의 역사가 임재했습니다.

우리 중 많은 사람이 교회를 위해 기도하며, 하나님께서 이 세상에서 독특한 방식으로 움직이고 계시다는 것을 느낍니다. 우리는 내일이 어떻게 될지 정확히 알지 못하지만 이 세대에 하나님의 큰 움직임이 필요하다고 믿습니다.

세상에는 많은 부서짐이 있지만, 그와 동시에 예수님의 복음과 예수님이 우리의 희망이라는 부활의 진리를 듣고자 하는 갈망도 존재합니다. 그분이 세상의 소망이시며, 우리의 기도입니다. 그리고 이 부흥으로 하나님이 하신 일이 무엇이든 간에, 우리는 하나님께서 양극화와 갈등을 경험하고 있는 Z세대를 통해 부흥을 더 확대시키시는 것을 보았습니다.

우리는 계속해서 인종 차별과 세상의 타락과 무너짐을 경험하고 있습니다. 그리고 무너진 세상은 치유와 해답을 가져올 소망을 찾고 있습니다. 우리의 기도는 하나님께서 시작하시는 일에 집중되어야 합니다. 부흥 사건을 목격한 Z세대의 영적 배고픔은 점점 더 커질 것입니다. 그들이 서로에게 증인이 되고, 하나님의 사랑과 그리스도 예수 안에 있는 소망을 세상에 증거하는 자가 되기를 기도하고 있습니다. 이 세대에 전 세계의 각성이 일어나기를 기도합니다."

그렉 하셀로프는 부서진 세상이라는 단어를 강조해서 사용했다. 인터뷰를 마치고 숙소로 돌아와 묵상하며 이런 생각을 해보았다.

'만약 한반도에 부흥의 불이 떨어진다면, 온유하고 겸손하신 성령의 임재가 전 세계에 실시간으로 생중계가 되겠지.'

전 세계가 동시에 반응할 것이다. 네팔 고산족도, 남미 아마존에서도, 인도 국경에서도, 이스라엘 예루살렘에서도, 영국 웨일스에서도, 미국 뉴욕과 워싱턴, 애틀랜타와 알래스카에서도, 그리고 북한 땅에서도. 나는 조국과 한반도의 사명에 대해 생각했다.

부흥의 비밀들이 한 꺼풀씩 벗겨진다. 나는 기록자이다. 이 감춰진 비밀을 잘 기록해서 부흥을 모르는 이들에게 전해야 한다.

도파민에 중독된 한국의 기독교인들을 다시 깨워야 한다. 쇼츠와 밈과 유튜브에 중독된 자들, 술과 마약과 음란과 인터넷 도박에 묶인 자들을 풀어놓아 다니게 해야 한다.

부서진 세상을 만지는 하나님의 손길을 구한다. 구멍 뚫린 예수의 손이다.

문득, 모든 것이 평온하다. 저녁에는 캠퍼스를 가득 채운 깃발의 주인공, 신약학을 가르치는 크레이그 키너 교수와의 늦은 인터뷰 일정이 잡혀 있다. 어떤 우주를 주실지, 만남에 대한 기대가 차오른다.

14 부흥 – 함께 기도할 때 주신 선물

대학 내 관사에 위치한 크레이그 키너(Craig S. Keener) 교수의 자택은 2층 목조건물이었다. 케냐 난민 출신의 사모님은 해가 진 시각에도 마당에서 낮에 수확한 곡식을 털고 계셨다. 키너 교수는 구멍이 송송 뚫린 러닝셔츠를 입고 계셨다. 촬영 팀을 반갑게 맞이해주시고, 거실로 안내해주셨다. 거실 사방 벽면은 책으로 가득 차 있었다.

구멍 난 러닝셔츠가 민망하셨던지, 이내 파란색 티셔츠로 갈아입고 나오셨는데, 그 옷도 낡아 해진 티셔츠였던지라 별반 다르지 않았다. 성서학자로 유명한 교수님 내외의 소박한 삶이 인상적이었다.

"주님, 당신은 놀라우십니다. 당신은 경이로운 분이십니다. 당신의 은혜에 감사합니다.

부흥은 주님이 주신 선물입니다. 우리가 만들 수 있는 것이 아닙니다. 이것을 통해 주님이 높임 받으시길 원합니다. 우리가 성령님을 의지하오니, 하나님께서 우리의 높임을 받으소서. 하나님이 기뻐하시는 대로 사용하옵소서. 예수님의 이름으로 기도합니다. 아멘."

키너 교수의 기도로 인터뷰가 시작되었다. 그리고 이어서 부흥을 설명하기 시작했다.

"우리는 성경에서 다양한 움직임을 봅니다. 민수기 11장에 보면 사람들이 예언하는 장면이 나오는데, 거기에서 우리는 성령이 부어지는 것을 봅니다. 또한 사무엘이나 엘리야나 엘리사가 젊은 선지자들을 가르치는 선지자 학교에서 성령이 부어지는 것을 봅니다. 그리고 우리는 신약성경에서 그러한 성령의 부어짐을 완전히 새로운 규모로 봅니다. 왜냐하면 사도행전 2장에는 요엘서의 말씀을 인용하여 '내가 내 영을 모든 육체에 부어주리니'라고 기록되어 있기 때문입니다.

여기저기 몇 명의 선지자만 있는 게 아닙니다. 요엘은 '너희의 자녀들은 예언할 것이요 너희의 젊은이들은 환상을 보고 너희의 늙은이들은 꿈을 꾸리라'(행 2:17)라고 선언합니다. 그래서 그것은 성별과 인종의 벽을 무너뜨립니다. 모든 것이 하나님의 백성을 위한 것입니다."

키너 교수의 입술에서 나온 사도행전 2장 17절의 말씀이 나에게 날카롭게 날아 들어왔다.

함께 기도하니 성령이 부어진다

키너 교수가 무언가 생각을 받는 듯 느리게 말문을 열었다.

"우리는 전 세계 여러 지역의 다양한 부흥을 보고 '이것이 부흥의 역사인가요? 저것이 부흥의 역사인가요?'라고 묻습니다. 그러나 우리는 고민할 필요가 없습니다. 우리가 어떻게 부르든 간에 그것이 하나님으로부터 온 것이면 받아들여야 합니다.

사도행전에서 하나님은 그분의 영을 부어주시고, 실제로 언어를 부어주십니다. 이런 모습이 사도행전 2장과 10장에 기록되어 있지요. 우리는 하나님께서 그의 백성을 집단적으로 채우시는 것을 봅니다. 사도행전 13장 52절은 '제자들은 기쁨과 성령이 충만하니라'라고 말합니다.

사도행전을 보면 패턴이 있습니다. 우리는 사도행전 1장 14절에서 '마음을 같이하여 오로지 기도'하는 것을 보게 됩니다. 그리고 사도행전 2장에서는 '그들이 다 성령의 충만함을' 받는 것을 볼 수 있지요. 사도행전 4장은 2장의 반복과 같습니다. 거기서도 우리는 '함께 기도하니 성령이 부어지는 것'을 보게 됩니다.

사도행전 8장 14-17절에서는 '예루살렘에 있는 사도들이 사마리아도 하나님의 말씀을 받았다 함을 듣고 베드로와 요한을 보내매 그들이 내려가서 그들을 위하여 성령 받기를 기도하니 … 두 사도가 그들에게 안수하매 성령을 받는지라'라고 말합니다.

대부분의 경우 하나님의 백성이 성령을 위해 기도할 때 집단적으로 성령이 임합니다."

단순한 진리지만, 객관화되어 들으니 훨씬 큰 울림으로 다가온다. 부흥의 현상이 논쟁과 논란으로 소멸의 단초를 제공하지 않으려면 반드시 성경 말씀의 적용이 선포되어야 한다.

키너 교수의 큰 눈이 성령으로 촉촉이 적셔지고 있었다.

"물론 그것은 개인적으로도 마찬가지입니다. 누가복음 11장 13절에서 예수님은 '너희 하늘 아버지께서 구하는 자에게 성령을 주시지 않겠느냐'라고 말씀합니다."

그래, 구하면 주신다. 진리는 단순하다. 부흥을 구하자. 그럼 주신다. 다시 키너 교수의 확신에 찬 울림이 선포된다.

"우리는 하나님께서 온갖 다양한 방식으로 부흥을 행하시는 것을 봅니다. 그리고 성령 하나님은 우리가 일하는 방식에 얽매이지 않습니다. 미국의 역사에서 이런 임재 혹은 부흥이 많이 일어났지요. 성경은 항상 교만한 자를 멀리하죠. 그분은 부서지고 비천한 자들과 가까이 계십니다. 웨일스 부흥은 가난한 광부들 사이에서, 아주사 거리 부흥은 미국에서 노예로 태어난 사람들 사이에서 시작되었어요. 1967년 아프리카 나이지리아에서 내전으로 수백만 명이 죽었습니다. 그런데 그 절박함으로 아프리카 청년들이 부흥하지요. 베트남 전쟁으로 수백만 명에 달하는 베트남과 미국의 청년이 죽고 불구가 됩니다. 역시 그 절박함 속에서 '예수 혁명'이라는 대학생 부흥이 일어나죠. 큰 깨어짐과 아픔이 있을 때, 하나님께서 그의 영을 부어주시고 부흥을 주십니다."

키너 교수가 증언하는데, 갑자기 방글라데시의 한 소녀가 머릿속에 스쳐 지나갔다. 방글라데시의 작은 마을인 다울랏디아는 세계 최대 집창촌 중 하나다. 그곳에 2천여 명의 몸을 파는 여인들이 살고 있다. 가난한 부모에 의해 팔려 오거나, 그곳에서 태어나 대를 이어 몸을 팔며 살아간다.

가장 악함이 흘러넘치는 그곳에, 아버지가 누군지도 모르는 한 생명이 태어났다. 그 아이도 자라나 어미처럼 몸을 팔며 살아가야 했지만, 하나님이 그 아이를 만나주셨다. 하나님의 캐스팅이다. 천지 사방이 막혀 있지만, 뚫린 하늘을 보며 기도한다. 부흥을 사랑하게 된다. 그 절묘함이 인격적이다.

부흥은 극적인 힘을 가지고 있다. 아무것도 할 수 없을 때 하나님의 '한순간'(One Divine Moment)이 시작된다. 상상해보라. 예수님의 피 묻은 손이 갑자기 쑤욱 내려와 내 심장을, 당신의 심장을 움켜잡으신다. 당신의 심장을 움켜잡으신 예수님의 그 손을 마음속에 그려보라.

다음세대를 일으키는 부흥

"부흥의 형태는 다양합니다. 일주일 걸릴 때도 있고, 몇 년이 걸릴 때도 있습니다. 하지만 동일한 것은 하나님께서 그분의 영을 부어주시고, 사람들이 성령으로 변화되고 능력을 받는다는 것이지요. 이 대학에 1905년, 1950년, 1970년에도 대표적인 부흥이 있었죠. 애즈베리 부흥의 특징 중 하나는, 선교를 위해 한 세대를 준비시키신다는 것입니다."

키너 교수의 말을 통해 깨닫는다. 부흥은 언약이다. 부흥은 계약서이다. 다음세대를 준비하겠느냐는 물으심이다. 한반도에 부흥을 주신다. 다음세대를 일으키라 요청하신다. 부흥의 목적은 복음의 증거이다. 사명 완성을 위해 부흥을 주시는 것이다.

"개인적으로 2023년 2월 8일부터 3일간은 별 느낌이 없었습니다. 하나님은 다양한 방법으로 사람들에게 감동을 주시니까요. 다만 영광 받기에 합당하신 거룩하신 하나님께 영광을 돌리는 것입니다. 예배, 설교, 찬양, 무엇을 섬기든 하나님의 영광과 경이로움을 방해하지 않도록 다른 사람의 관심을 끌지 않게 주의를 기울였어요. 성령이 소멸되지 않도록 말입니다.
4일째부터는 길을 걷기만 해도 하나님의 성령을 강력하게 느낄 수 있었습니다. 1970년과 동일한 임재였습니다. 휴즈강당에서 몇 블록 떨어진 곳에서도 동일한 임재를 느낄 수 있었습니다.
부흥이 흘러간 곳에는 회심이 나타납니다. 하나님께서 성령을 부어주실 때 그것은 끝이 없습니다. 시작입니다. 예수 그리스도의 이름으로 변화를 일으키게 하실 목적이 있습니다. 사람들이 희망이 없다고 말할 때가 하나님께서 하나님이심을 보여주실 때입니다. 하나님의 권능이 온 땅이 미칩니다."

거실 가득 감동이 찾아온다. 성령님의 임재이다. 키너 교수도, 촬영팀도 영적인 빛 앞에 엎드린다.

"사람들이 희망이 없다고 말할 때도 하나님은 언제나 준비되어 계십니다. 이 세대의 젊은 사람들이 많이 굶주려 있습니다. 그들은 자신이 무엇에 굶주려 있는지도 모릅니다. 성령 하나님은 단지 이전 세대의 전통을 물려주는 것이 아니라 하나님의 갈망을 필사적으로 나눠주십니다.

애즈베리는 옥토입니다. 사람들은 굶주려 있습니다. 대학은 지난 70년대 혹은 80년대에도 캠퍼스 부흥을 위해 매년 기도회를 열었습니다. 부흥을 기념하기 위해 2023년 2월 23일에도 기도회가 예정되어 있었지요. 그런데 2월 8일에 부흥이 터진 겁니다. 미국 전역으로, 다른 대학 캠퍼스로 확산될 대행 서비스가 구축된 것이죠. 이것은 애즈베리에 대한 것이 아니라 하나님에 대한 것입니다.

부흥은 한 곳에만 국한되지 않습니다. 한 세대가 부흥을 경험할 수도 있고, 아니면 우리만 경험할 수도 있습니다. 한 세대의 부흥 이후 다른 세대 전통으로 이어지거나, 다음세대는 율법주의가 될 수도 있습니다. 그러나 하나님은 부흥이 하나님에 대한 새로운 경험이길 원합니다. 오랜 가죽 부대 전통에서 일어날 수도 있고, 아니면 전혀 새로운 방법으로도 일어나지요. 주님이 주시길 간절히 기도하는 것입니다. 주님께 돌아오십시오. 하나님의 나라가 오니 주님께 돌아오십시오."

돌아오는 것을 '회개'라 말하던 키너 교수가 갑자기 촬영팀을 축복한다.

"당신의 사명의 횃불을 교회에 전달하기 위해 이들을 세웠습니다. 당신의 마음과 성품을 세상에 드러내게 하소서. 말씀과 성령을 향한 불을 주소서. 주님만이 공로를 인정받을 자격이 있으신 분이시기에, 우리는 최선을 다할 뿐입니다. 당신을 신뢰합니다. 당신은 우리의 최선을 뛰어넘고, 우리가 요구하거나 생각할 수 있는 모든 것을 훨씬 뛰어넘는 일을 행하십니다. 주님, 우리에게 성령을 부어 주소서. 오, 주님! 오, 주님! 당신의 아들 예수 그리스도의 이름으로 그분의 영광을 위해 기도드립니다. 아멘."

인터뷰 자체가 부흥회가 되었다. "우리 함께 기도합시다"라는 키너 교수의 말에 우리는 소리 높여 부르짖는 기도를 했다. '주여'를 외치며 애즈베리대학 관사 안에서 성령의 불을 강청했다. 불과 몇 시간 전까지 일면식도 없는 사이였던 키너 교수와 촬영팀이 한마음이 된다.

애즈베리 하늘 가득 별이 쏟아져 내려온다.

15 예수님과 커피

애비 로브(Abby Laub, 2023년 당시 커뮤니케이션 담당자)는 아직 어린 두 아이의 어머니였고, 애즈베리대학에 온 지 2년밖에 안 되었다. 그는 홍보 담당자로서 학생들의 변화된 삶을 직접 목격했다.

"저는 본능적으로 이건 성령님이 주도하시는 일이라고 생각했습니다. 그것은 선물이자 축복이었습니다. 처음에는 반신반의하던 언론인들이 예배 현장에 와서 말문이 막히는 것을 보았습니다.
예배 이틀째인 목요일 이른 아침이었어요. 30여 명의 학생들이 휴즈강당에서 밤을 새워 기도했고, 또 다른 학생들은 자고 있었습니다. 창문을 통해 따스한 햇볕이 들어오고 있었죠. 결코 잊지 못할 평화가 내려오고 있었어요.
강당으로 들어간 저는 '학생들이 아직도 여기 있네'라고 생각하며 뒷자리에 앉아 기도했습니다. 오전 7시에 출근하는 직원들도 강당으로 막 들어오던 참이었어요.
갑자기 강대상 위로 한 남학생이 올라가 음란물 중독과 우울증에 대해 고백했습니다. 남학생의 고백을 들은 다른 학생들이 음란과 우울증에 대한 대적기도와 함께 남학생을 축복했습니다. 그 학생의 고백 이후 다른 학생의 고백이 이어졌습니다. 뒷자리에 있던 스태프가 '하나님이 학생들의 고백을 이끄시는 것 같아요'라고 말했습니다. 하나님이 그 공간을 완전하고 자유롭게, 평화스럽게 통치하셨습니다. 아침 내내 학생들의 고백이 이어졌습니다."

복음의 도구가 된 소셜미디어

역시 부흥의 중요한 요소 중 하나는, 주님 앞에 고백하는 일이다. 홍보 담당자답게 애비 로브는 이어서 소셜미디어 플랫폼의 역할에 대해 말했다.

"캠퍼스 부흥이 있기 전까지 원수 마귀가 소셜미디어를 사용하여 현실을 조작하고 파괴하고 중독시켜 사망으로 이끌고 있었어요. 그런데 이번 부흥에 있어서는 소셜미디어가 부흥을 단숨에 전 세계로 알리는 역할을 했어요. 이건 하나님만이 하실 수 있는 일인 것 같습니다. 저희는 이 사실을 겸손하게 받아들이고 있습니다. 마치 하나님이 '모두가 놀랄 만한 내 영광을 위해 이 부흥을 전 세계에 퍼뜨려야 한다'라고 작정하신 것 같았죠. 보다시피 이곳은 아주 작은 곳입니다. 그런데 순식간에 전 세계에서 5만 명의 사람들이 몰려왔다고 생각해보세요."

애비 로브의 말에 4만 5천 명이 꽉 찬 상암동 서울월드컵경기장의 모습이 떠올랐다. 그 사람들이 이 작은 마을로 일순간에 찾아와 주차도 해야 했고, 먹고, 자고, 용변도 봐야 했다.

애비 로브가 인터뷰를 이어 나갔다.

성령님과 섬김

"사람들이 묻더군요. 부흥이 있던 그때를 생각하면 떠오르는 것이 뭐냐고요. 전 '예수님과 커피'라고 답했습니다. 우리가 한 것이 아무것도 없어요. 우린 5만 명의 방문객을 맞이할 여력도, 준비도 되어 있지 않았거든요. 이건 완전한 돌발 상황이었지요.

그러나 주님이 모든 것을 채워 나가셨어요. 예배자 외에 다른 여러 사람들이 찾아왔어요. '나는 울타리 설치하는 회사를 운영합니다'라고 자신을 소개하거나 '이곳에 이동식 화장실이 필요하군요. 나는 그것을 제공할 수 있습니다'라고 말했습니다.

잔디밭 마당에 갑자기 음식이 차려지기도 하고, 식수와 도넛, 핫도그 같은 것들이 쉴 새 없이 공급되었어요. 수천 명의 식사가 제공되기도 했고, 아주 사소한 작은 것까지도 공급되었습니다. 이건 오직 전적으로 하나님의 은혜입니다.

우리는 부족한 사람들이고 수적으로도 아주 미비해요. 여긴 작은 마을이라 지원이 너무 제한되어 있었어요. 그래서 모든 것이 채워지는 것을 보는 것만으로도 정말 겸손해지고 놀라게 되었지요."

"이곳을 방문한 사람들은 저에게 '예배를 드리기 위해 직장을 그만두었어요'라고 말하거나 '여기에 오려고 끔찍한 남자친구와 헤어졌어요'라고 말했어요. 모든 것을 제쳐두고 온 거예요. 그들이 그냥 떠나온 것은 '자기 십자가를 지고 나를 따르라'라는 말씀 그대로입니다.

물론 또 다른 사람들도 있었지요. 교회를 떠났거나, 그저 친구를 따라와서 어찌할 바를 모르는 사람들도 있었습니다. 저를 인터뷰한 어느 기자 중 한 사람은 제게 '저는 교회에 가본 적 없는 무신론자입니다. 여기서 무슨 일이 일어났는지 설명해주셔야 합니다. 저는 전혀 이해할 수 없는 일이기 때문이에요'라고 말하더군요. 저는 그냥 '성령님이 하셨어요'라고 말했습니다."

성령 하나님은 인격이시다. 나는 영화, 드라마를 만드는 사람이다. 제작 현장에서 감독이 갖춰야 할 가장 큰 연출력은 전체를 보는 눈이다. 성령님이 행하시는 일이 점점 입체화된다. 주님이 더 사랑스럽게 느껴진다. 부흥이 현실화되고 실재화된다.

우리에게 부흥을 주셨다. 이제 기도를 드리는 일만 남았다. 주님은 부흥을 위해 준비해야 할 사항들을 알려주고 계신다. 내가 드러나지 않아야 한다. 오직 성령님만 높아지시고 마음껏 사용하시도록 기도한다. 그때의 부흥을 떠올릴 때 '예수님과 커피만 떠오른다'라고 했던 애비처럼, 나도 애비를 떠올리면 '예수님과 커피'가 생각난다. 성령님과 섬김이다.

16 부흥은 시대를 뒤집는다

티모시 테넌트 총장은 캠퍼스 내 자택으로 우리를 초대했다. 인자하고 후덕한 인상의 사모님이 다과를 내오셨다. 소설 《허클베리 핀의 모험》에 나올 법한 전형적인 미국식 환대이다. 티모시 총장은 2009년부터 애즈베리대학 신학대 총장으로 재직하다가 2024년에 은퇴하셨다.

신학자답게 부흥의 뿌리부터 설명해주신다.

"1800년대 이곳에서 일어난 부흥은 '켄터키 레드리버 부흥'이라고 하는데, 이는 무디의 학생자원운동(SVM : Student Volunteer Movement) 등에 많은 영향을 미쳤습니다. 학생자원운동은 '이 세대 안에 세계 복음화를 이루자'라는 구호와 함께, 세계에 복음을 증거하기 위해 수천 명의 청년 선교사들을 열방으로 파송했지요. 학생자원운동의 선교사들이 19세기 한국 복음화에 가장 큰 축을 이루었습니다."

맞는 말이다. 19세기 조선은, 그야말로 성령의 불로 로케이션된 땅이었다. 학생자원운동 출신의 대표적인 선교사들을 보라.

성령의 불에 캐스팅된 주연급 등장인물들이다.

사무엘 마펫(Samuel Moffett, 마포삼열), 다니엘 기포드(Daniel L. Gifford), 윌리엄 베어드(William M. Baird), 윌리엄 포사이드(William H. Forsythe) 선교사가 학생자원운동 출신이며, 1903년 원산 부흥의 주역 로버트 하디(Robert A. Hardie) 역시 학생자원운동의 영향을 받아 선교사가 되었다.

부흥은 시대를 뒤집는다

다시 티모시의 증언이 이어진다.

"20세기 웨일스 부흥과 아주사 부흥, 그리고 한반도의 핵심적인 일들이 1900년대 초반에서 1905년을 거쳐서 학생들의 갱신과 부흥으로 연결되지요. 나는 미국의 1차 대각성 운동의 윌리엄 테넌트와 길버트 테넌트의 후손인 것이 자랑스럽습니다.

부흥이 일어나면 분열과 새로운 도전에 부닥칩니다. 모든 부흥의 현상 중에 일어나는 일입니다. 오래전 장로교단에서 부흥이 일어났을 때 옛 빛과 새 빛이 충돌했지요. 회심의 중요성, 영적 체험과 기도의 중요성에 대한 논쟁이 일어나요. 확실한 것은 부흥의 전복성(顚覆性)입니다. 부흥은 시대를 뒤집습니다. 전통을 새것으로 만듭니다. 질서를 재정립합니다. 즉, 기존의 질서를 뒤집어 새롭게 바꾸는 일이지요.

하나님의 일들을 표면적으로 드러내시는 방법을 보면, 애즈베리 부흥은 1차 대각성 당시 조나단 에드워즈가 강조한 원리들과 일치합니다. 기도, 회개, 죄의 고백, 성경 읽기, 간증 등으로 이어진 1차 대각성은 18세기에 일어난 일입니다. 부흥은 인간이 조작할 수 없지요. 다만, 이러한 부흥이 있기 전에는 반드시 2,3년의 준비 기간이 있었습니다."

부흥을 위해 준비해야 한다. 기도자를 세워야 한다. 사명이 불의 혀처럼 들어온다. 찻잔을 가져다 입술을 적신 티모시 박사가 다시 말한다.

"제 사무실에선 창문 너머로 휴즈강당이 보입니다. 지난 2월 8일 자크 미어크립스(Zach Meerkreebs) 목사가 로마서 12장으로 사랑에 관한 설교를 끝낸 뒤였어요. 학생들이 제 방에 들이닥치더니 이렇게 외쳤습니다.
'총장님, 채플이 끝나고 난 뒤 얼마 되지 않아 부흥이 일어났어요!' 나는 당장 강당으로 향했어요. 그리고 부흥 첫 주말에 휴즈강당 뒷자리에 앉아 기도했습니다. 주말 이후 밀려드는 사람들을 보면서, 이 일이 점점 커지고 있다고 생각했어요. 정말 많은 사람이 찾아왔습니다. 영적으로 배고픈 사람들이 '윌모어로 가야 한다. 하나님께서 윌모어에서 만나주실 거야'라면서 찾아온 것입니다.
나는 케빈 브라운 총장(일반대 총장)과 이 일을 어찌 처리할지 논의했어요. 우리는 공간 확보를 위해 일반대와 신학대를 다 개방하기로 했습니다. 모두 다요. 신학대 강당과 카페테리아, 체육관까지요. 영적으로 배고픈 사람들에게 모든 공간을 내주었습니다. 그들에게 필요한 물품 조달에 어려움이 있었지만, 하나님의 행하심에 대한 기대와 흥분이 있었습니다.

그리고 물론 저는 항상 기도의 자리에 있었지요. 밤마다 이곳을 찾아온 사람들의 삶을 하나님이 만지시는 것을 보았습니다. 용서하지 못할 사람에 대한 용서도 있었습니다. 로마서 5장 8절 말씀처럼, 하나님이 먼저 내려오셔서 우릴 만나주셨지요.

제일 먼저 찾아오신 분이 성령님이십니다. 첫 게스트예요. 그래서 이번 부흥은 급진적인 겸손이지요. 우린 그럴 자격이 없지만, 그분이 먼저 우리를 만나주셨습니다.

젊은이들과 노인들의 간구는 달랐지만, 많은 사람이 마귀의 억압과 속박에서 벗어나 구원받고 치유됐습니다. 부흥의 가장 큰 유산은 참된 회개입니다. 변화된 삶이 오는 것입니다.

제가 알고 있는 갱신의 좋은 점은 학생들 자체입니다. 우리는 삶의 변화와 거룩을 회복하는 데 앞장섰습니다. 그것이 바로 부흥의 증표입니다. 학생들은 상대적으로 순수합니다. 하나님은 그 순수를 사용하십니다. 삶이 변화되지 않으면 부흥이 없습니다.

경험도 아니고, 얼마나 많이 애통해하는가도 아닙니다. 생각하는 방식, 삶의 방식을 근본적으로 바꾸시는 것입니다. 하나님께서 많은 사람에게 그렇게 하셨다고 믿습니다. 미국 사회의 모든 기관은 큰 스트레스에 직면해 있습니다. 이러한 절망의 사람들을 더 신성하게 열리게 하는 것이 부흥의 역사입니다. 단 2주 만에 사람이 만들어낼 수 있는 이벤트가 아니지요. 부흥은 성령의 대로(大路), 즉 큰길을 의미하기도 합니다.

하나님의 일은 조용한 단계에서 일어납니다. 아주사 부흥도 새로운 전복성이 있었지요. 노예제도 이후 지속되던 인종 차별을 무너뜨린 것입니다. 여성의 참여, 자유로운 부르짖음, 방언과 찬양 등입니다. 그 부흥에 대한 비판도 있습니다. '진정성이 없다, 감정적이다' 같은 비판들이요. 그런데 열매를 보세요. 오늘날 10억 명의 오순절 기독교인들이 세워졌습니다."

그는 확신에 찬 어조로 말을 이어갔다.

"우린 거룩한 혼란에 대비해야 합니다. 하나님이 움직이실 때 혼란스럽죠. 하나님의 뜻에 따라 기꺼이 인내해야 합니다. 존 웨슬리, 길버트 테넌트, 조나단 에드워즈 같은 첫 대각성 운동의 주인공들은 당대 기득권자들의 비난을 인내해야 했습니다.

그런데 이 갈등마저도 하나님의 일의 일부인 걸 알아야 합니다. 따라서 우리는 너무 성급하게 비판하지 말아야 합니다. 인내심을 가져야 하죠. 해 뜰 때는 선교를 하고 해질 때는 분석하라는 말이 있죠. 강대상에서 하나님이 하신 일에 순종하는 것입니다.

이번 부흥은 전 세계에 실시간 중계된 최초의 부흥입니다. 소셜미디어에 난타당한 Z세대를 이번 부흥을 통해 하나님이 사용하신 거죠. 모든 부흥은 땅이 완전하게 부패할 때, 그 긴박과 절박감 속에서 터져 나옵니다.

부흥의 불 이후에 '감정주의'라는 비판도 감내해야 합니다. 우리의 감정과 우리의 의지 모두를 다 사용하시는 주님이십니다. 모든 것이 복음주의적인 통로입니다.

하나님의 임재가 우리 캠퍼스에 자주 나타나지요. 번개도 같은 장소에 두 번 치기는 어려운데, 부흥이 이곳에서 자주 있다는 사실은, 하나님이 젊은이들을 사랑하신다는 뜻입니다. 부흥에 열려 있는 전통 덕분이기도 합니다."

나는 부흥의 전통을 내게 주어진 생명이 다하는 그날까지 알릴 것이다. 한반도의 부흥의 불을 알릴 것이다.

오랜 세월 부흥을 묵상한 신학자의 입술이 다시 열린다.

"많은 부흥이 한 세기의 시작과 끝을 열어 갑니다. 영적 시즌을 말하는 것입니다. 16세기 종교개혁은 엄청난 부흥이었습니다. 기존 질서를 송두리째 뒤엎은 부흥이었지요. 그 지대한 역할을 인쇄기가 했습니다. 말이 글로 전환되어 퍼졌기에 가능했습니다. 대부흥에 도구가 사용됩니다.

이번 부흥은 세계 역사상 최초의 소셜미디어 부흥입니다. 청년들의 간증이 소셜미디어를 타고 전 세계에 공감을 형성했습니다. 물론 비공개로 진행된 죄에 대한 회개와 간증들도 있었지요.

2월 26일 이후, 우리는 부흥을 연장할 기회가 많았습니다. 3천 명 이상을 수용하는 대형 렌트를 치자거나, 다른 마을에서 숙박하게 하고 버스로 이동하여 참여하게 하자는 등 분산과 편의에 관한 많은 의견이 나왔지요. 그러나 우리는 성령님에게 맡겨드렸습니다. 부흥은 하나님이 온 세상에서 일하고 계시다는 증거입니다."

지성과 영성을 겸비한 티모시 총장의 한마디 한마디가 심중에 박혀 울렸다.

호텔 숙소로 돌아왔다. 하지만 모든 세포와 감각이 부흥만을 흡수하고 있어 격동으로 잠을 이룰 수 없다. 새벽녘에 잠시 잠이 들었다.

밤사이에 놀라운 은혜가 부어졌다.

"와서 보라, 가서 전하라.
부흥은 시대를 뒤집는다. 전통을 새것으로 만든다.
삶이 변화되지 않으면 부흥은 없다."

17 One Divine Moment

　윌모어 외곽에 사는 로버트 콜만(Robert E. Coleman)을 인터뷰하기 위해 우리는 초목 지대를 가로질러야 했다. 차량으로 30분 남짓 달려서 잘 정돈된 단층 주택 앞에 도착했다. 푸른 잔디와 꽃들이 만발한 집 앞에 드넓게 펼쳐진 목초지가 인상적이었다.

　풍채가 건장한 로버트 콜만이 보조 지팡이를 짚은 채 반갑게 우리를 맞이해주셨다. 카메라가 준비되는 동안 가벼운 이야기를 나누었다.

　촬영 당시 로버트 콜만은 95세로 파트타임 요양보호사의 도움을 받아 지내고 있었다. 마침 일과를 마치고 퇴근하는 요양보호사가 로버트 콜만이 치매 증상이 있어서 했던 말을 또 하고 또 한다며 귀띔해주었다.

　촬영을 한다고 하니, 겉옷을 갈아입고 나오셨다. 찾아오는 사람이 없어서 대화에 굶주리셨는지, 소파 한쪽을 가리키며 아내가 저 소파에서 잠자듯 하늘나라로 소천했다고 말씀하신다.

　로버트 콜만은 20세기 후반과 21세기 기독교 복음주의 사상에 지대한 영향을 미친 신학자이자 교육자요 저술가이다. 일평생 성령에 취해 살아온 사람이다. 크레이그 키너 교수님 덕분에 로버트 콜만을 인터뷰할 수 있었다.

고든콘웰신학교에서 전도학 교수로, 휘튼대학교 빌리 그래함 센터의 학장을 지냈으며, 로잔 세계복음화위원회의 창립 위원 중 한 명이다. 빌리 그래함과 함께 복음주의 신앙을 전 세계에 선포했던 《주님의 전도 계획》과 《주님의 제자훈련 계획》의 집필자이기도 하다. 하나님은 너무나도 선명하게 로버트 콜만을 캐스팅하셨다.

- 1950년 애즈베리대학 학생으로 부흥을 경험했다.
- 1970년에는 신학대학원 교수로 부흥을 경험했다.
- 그리고 2023년 95세의 나이에 기도자로 부흥을 경험했다.

한 사람의 인생에 성령님의 동일하신 임재를 세 번씩이나 목격하게 하시니, 이것이야말로 큰 은총이 아닐 수 없다.

한 시대를 풍미했던 위대한 복음 전도자, 그가 살아온 95년의 세월이 성큼성큼 나에게로 다가온다. 온몸으로 부흥을 증거했던 로버트 콜만의 발밑을 충성스런 반려견 한 마리가 지키고 있었다.

본격적으로 인터뷰가 시작됐다. 그는 애즈베리 부흥의 산증인이다. 그는 1970년의 부흥을 먼저 떠올렸다. 영적인 긴장감이 내 안에 감돈다.

하나님의 한순간

"부흥은 하나님의 한순간, 'One Divine Moment'입니다."

'하나님의 한순간'이라는 말에, 내 머리에서부터 심장까지 은혜가 부어진다. 하나님의 한순간이 부흥이다. 터질듯한 마음을 어떻게 해야 할지 모르겠다.
'오, 예수님! 나를 어떻게 좀 해주세요. 주여, 주여, 주여!'
속으로라도 이렇게 외칠 수밖에!

"학생들의 자발적인 죄 고백과 회개, 뜨거운 찬양과 기도가 185시간 동안 계속되었지요. 학생들 누구나 각자가 서 있는 그 자리에서 부흥이 시작되었어요."

흐릿했던 노교수의 눈빛이 '리바이벌'이란 단어 한마디에 빛나기 시작한다. 치매 환자인 콜만에게 무슨 기적이 일어나고 있는 것일까? 조금 전까지 느리고 힘없던 거구의 초라한 노인에게서 뿜어져 나오는 성령의 불을 본다.

"리바이벌은 생명을 살리는 것입니다. 난 애즈베리대학에서 27년 동안 학생들을 가르쳤어요. 또 다른 세 개의 대학에서 목회자들과 신학생들을 가르쳤지요. 나는 부흥과 전도 그리고 제자 양육을 전했어요. 부흥을 경험한 청년들만이 예수의 심장을 가지고 복음을 전할 수 있어요."

전도를 이야기하다가 다시 노교수의 두 눈에 눈물이 고인다. 부흥의 감격이 가져다주는 눈물이다.

"부흥이 일어나면 서로가 서로를 제자화합니다."

경험한 은혜의 시간들과 수많은 기적의 순간들이 가감 없이 토해지기 시작한다. 95세 치매 환자인 로버트 콜만의 입술에서 흡사 헛소리 같기도 한 도무지 종잡을 수 없는 소리들이 봇물 터지듯 쏟아져 나온다. 자신만이 기억하는 지역과 인물이 뒤섞인 여러 교회들의 부흥과 청년들의 변화를 이야기한다. 확인할 수 없는 지명과 사람들이다.

그런데 그의 눈에 고여 있는 감격의 눈물을 통해 은혜를 받는다. 영광을 기억하는 눈이다. 주님의 부흥을 목격한 자의 눈이다. "보라 너희는 두려워 말고 보라 너희를 인도한 나를"이란 찬양이 마음으로부터 흘러나왔다.

불꽃처럼 빛나던 그의 눈빛이 다시 흐려진다. 이내 창틀 앞에 놓인 사진을 보더니 알 수 없는 이야기를 또다시 시작한다. 그의 모습을 보며 내 눈에서 눈물이 흐르기 시작했다. 주님의 사랑에 눈물이 흐른다.

그의 정신을 돌려 질문에 집중할 수 있도록 1950년 애즈베리 부흥으로 초점을 환기시켰다. 로버트 콜만의 흐릿했던 눈동자가 다시금 빛난다. 그 눈동자 동공 안에 바로 윌모어 애즈베리대학 캠퍼스의 교정이 펼쳐졌다.

"1950년은 내가 애즈베리신학교를 다닐 때였죠."

로버트 콜만의 얼굴이 상기된다. 스무 살의 청년으로 돌아간다. 갑자기 그가 울먹인다.

"부흥이 일어났을 때 나는 휴즈강당 안에 있었습니다. 점심을 먹고 나서 한동안 그곳에 앉아 있는데, 설교하는 사람은 없었고 간증하는 사람들만 있었습니다. 사람들은 간증하기 위해 줄을 서 있었습니다. 저는 이와 같은 일을 본 적이 없습니다. 그것은 하나님의 실제적인 움직임이었습니다. 신학교 행정 건물에서부터 부흥이 있는 강당까지, 모두 하루 종일 기도했습니다."

오, 주 예수님! 백발에 가까운 95세의 로버트 콜만의 두 눈에 스무 살에 찾아오신 성령님이 다시 오신다. 마흔 살에 찾아오신 성령님으로 은혜가 가득 차 올라오기 시작한다. 한평생 동행하셨던 '나의 성령님'이시다. 살아 계신 분이시다.

그도 울고, 나도 운다.

"1970년 내가 교수일 때도 동일한 부흥이 있었습니다. 2023년 지난 2월에도 동일한 부흥을 보았습니다. 부흥을 보게 되면, 오직 부흥에 순종하는 삶을 살아가게 됩니다."

콜만의 목소리가 낮고 강하게 터져 나온다.

"당신이 부흥 속에 살고 있을 때 예수님은 실존하는 분이십니다. 나는 매일 성경을 읽습니다. 청년일 때도, 95세인 지금도. 부흥에 있어 성경이, 말씀이 중요합니다.
부흥이 일어나면 전도와 선교는 필수적으로 뒤따릅니다. 예수의 심장은 복음을 전하는 능력입니다. 부흥은 실제적인 경험이자 예수님과 동행하는 것입니다. 진짜예요."

부흥과 관련된 이야기를 5분 정도 나누다 보면 다시 사변적인 이야기로 넘어간다. 그 덕분에 그의 아들 이야기, 딸 이야기, 빌리 그래함의 이야기 등등의 여담을 들을 수 있었다. 나는 주님께 기도했다. '주님, 당신의 종 로버트 콜만의 정신을 맑게 해주세요.' 그러다가도 부흥의 질문을 던지면 그의 눈에 불꽃이 일렁인다.
콜만이 다시 말한다.

"우리가 살고 있는 이 땅의 상황이 악화되고, 나라는 주님께 멀어지고 있습니다. 심지어 죄인조차도 불안해하는 지경에 이르렀지요. 이 모든 것의 해결은 하나님께로 돌아가는 것입니다. 우리가 하나님께로 돌아가야 합니다. 그래서 부흥을 주시는 것입니다.
하나님의 사명과 세상 사이에는 항상 충돌과 긴장이 도사리고 있습니다. 부흥은 악한 이 땅에 살아 계신 주님을 드러내시는 그 시작입니다."

잊을 수 없다. 성령의 불로 출렁이던 그의 눈빛을. 십자가의 사랑을 경험한 사람만이 보일 수 있는 빛이다. 치매로 인한 어려움에도 '리바이벌'이란 단어에 반응하던 그 심장의 소리를 마음에 담는다. 예수님의 마음이다.

"주님의 영광 가운데 하늘이 열리고 그 영광의 날에 구름을 타고 돌아오시는 주님을 볼 것입니다. 이 자녀들이 부흥의 실재로 인해 가슴 뛰게 하옵소서."

그의 마지막 기도가 오래 남았다.

18 부흥을 위해 준비시키신 사람

티모시 테넌트 총장과 인터뷰하면서 홍 투 레오우(Hong Too Leow) 목사에 대한 이야기를 들었다. 티모시 총장의 표현에 따르면, 그는 애즈베리 부흥을 준비하며 중보기도의 사명을 다한 자였다.

"그는 부흥을 위해 기도하라는 피켓을 목에 걸고 몇 년 동안 이 마을을 행진했지만, 사람들은 그가 왜 이곳에 있는지 이해하지 못했습니다. 말레이시아대학 교수이자 이곳 애즈베리대학의 교환 교수까지 역임했던 그가 왜 거리의 샌드위치맨(몸 앞뒤에 포스터가 붙은 판자를 둘러메고 다니는 사람을 일컫는 말)이 되었나요?"

그는 "회개하라 부흥을 위해 기도하라"라고 쓰인 피켓을 샌드위치맨처럼 목에 두른 채 매일 이곳 애즈베리에 있었다.

그를 인터뷰해야 했다. 그런데 내가 미국에서 촬영 중일 때, 홍 투 레오우 목사는 한국 방문 중이시란다. 이럴 땐 몸이 하나인 것이 너무나 아쉽다.

성령 하나님께 기도로 일정을 알려드린다. 성령님이 촬영에 지장이 없도록 다른 팀을 준비하셨다는 감동을 주신다. 마침 유기성 목사님을 만나기로 했다는 홍 목사님의 일정을 확인했다. 그래서 온누리교회 출신의 선교사 팀에 외주 촬영을 부탁드렸다. 감사하게도 흔쾌히 촬영에 참여해주기로 했다.

부흥을 선포하라

"제 이름은 '홍 투 레오루'입니다. '레오우'는 제 성이고, 저는 말레이시아 출신입니다. 2005년부터 2018년까지 말레이시아신학교에서 성경을 가르쳤지요."

홍 투 레오우 목사님과의 인터뷰 영상이 촬영되어 구글 드라이브에 올라왔다.

"2015년 안식년 때 애즈베리신학교에 갔습니다. 2016년 2월 21일에 부흥에 관한 꿈을 꾸었는데, 애즈베리에서 일어날 세계적인 부흥의 꿈을 주셨습니다. 저는 보수적인 목사였기에 꿈이나 환상을 믿지 않았습니다. 그런데 이 꿈은 특별했습니다. 그해 6월에 저는 말레이시아신학교로 돌아갔습니다."

하나님은 언제나 반드시 말씀으로 이끄신다.

"저는 에베소서 1장 15-23절의 바울의 기도를 선포했습니다. 또 에베소서 3장 14-21절을 주셨는데, 바울이 그리스도의 사랑으로 부흥에 대해 기도한 내용입니다. 2017년 11월과 12월에 다시 성령님이 찾아오셨어요.
꿈에서 하나님이 켄터키 윌모어 애즈베리에서 부흥이 일어날 것이라고 분명히 말씀하셨어요. 그 일이 언제 일어날지는 몰랐지만, 말레이시아대학 교수직을 내려놓고 윌모어에 살면서 매일 네 시간씩 부흥을 선포하라고 명령하셨습니다. 부흥을 위해 기도하는 것이 제 사명입니다."

하나님의 캐스팅이다. 하나님은 부흥을 주시기 전에 부흥을 위해 기도할 사람을 먼저 캐스팅하신다. 이 책의 가장 중요한 집필 목적 중의 하나가 바로 부흥을 위해 기도하는 사람을 세우는 것이다. 홍 투 레오우 목사님은 단지 부흥을 기도하기 위해 2019년 말, 윌모어로 이사했다.

"2020년 6월에 하나님께서 제게 피켓을 써서 걸라고 하셨어요. 그때 저는 매일 윌모어의 거리를 걸으며 기도 중이었는데, 하나님께서 사람들이 볼 수 있도록 피켓을 써서 걸라고 하신 것입니다."

레오우 목사님은 자기가 걸고 다니던 피켓을 들어 보였다.

"이것이 첫 번째 피켓입니다. '회개하고 예수님을 믿으라. 하나님 나라가 가까이 왔다'라고 써 있어요. 피켓을 걸고 거리를 오고 가며 기도했습니다.

그리고 몇 주 후, 하나님께서 또 다른 피켓을 보여주셨어요. '예수를 위해 일어나 빛을 발하라. 여기 성령님이 계십니다. 어서 오십시오'라는 내용이었어요.

1년 동안 거의 매일 거리에서 피켓을 걸고 다녔고, 2년 동안 계속해서 윌모어 사람들에게 부흥이 다가오고 있음을 상기시켰습니다. 우리는 부흥을 기도하기 위해 그곳에 약 3년을 머물렀습니다."

홍 투 레오우 목사님의 인터뷰를 보다 보니 맨발의 성자로 알려진 최춘선 할아버지가 생각났다. 최춘선 할아버지는 1970년부터 2001년 소천하실 때까지 31년 동안 성령님의 말씀에 순종하여 맨발로 거리에 나와 지하철 안에서 복음을 증거하셨다. 이런 내용을 몰랐던 주변 사람들은 최춘선 할아버지를 정신이 이상한 사람이라고 생각하고 조롱하고 핍박했다.

이런 최춘선 할아버지의 삶이 우연히 김우현 감독의 눈에 띄면서 KBS 인간극장에 소개되었고 〈맨발의 천사 최춘선, 가난한 자는 복이 있나니〉라는 다큐멘터리로도 제작되었다.

홍 투 레오우 목사님도 애즈베리 부흥을 위해 조롱과 불편한 시선을 감수해야 했다.

"매일 거리에서 피켓을 걸고 다녔어요. 거의 매일이었죠. 개인적으로는 전혀 부끄럽지 않았어요. 좋았습니다. 예수님 피켓을 들고 다닌다는 게 정말 자랑스러웠어요. 사람들이 어떻게 생각하는지는 모르겠지만요. 부흥회 때 어떤 자매가 저를 '샌드위치맨'이라고 불렀어요. 비웃는 사람들은 저를 '부흥팔이' 또는 '피켓 걸친 남자'라고 했죠.

저는 괜찮았어요. 전혀 화가 나지 않았습니다. 한두 번은 비웃는 것을 본 기억이 납니다. 그때도 저는 '옳지, 그래! 이 피켓을 봐라. 그래, 내가 그들에게 피켓을 보여줬어'라고 생각했습니다. 또 한 번은 저를 향해 어떤 남자가 소리 지르는 걸 봤어요. 그런 일이 몇 번 있었을 뿐이에요."

부흥 선포의 열매

부흥이 있던 날, 홍 투 레오우 목사님은 애즈베리가 아닌 뉴욕에 있었다.

"저와 아내는 2019년 말부터 3년 가까이 윌모어에 있었어요. 저와 아내가 기도했던 기간엔 부흥이 일어나지 않았어요. 아내는 '부흥을 위해 기도하러 왔는데 왜 부흥이 없지?'라고 물었습니다. 하나님이 뉴욕으로 가서 노숙자를 섬기라는 감동을 주셔서 아내와 저는 뉴욕으로 이사했지요. 저희가 완전히 이주한 뒤 한 달 만에 애즈베리 부흥이 터진 거예요."

"2월 8일 부흥이 일어났을 때 저는 뉴욕에 있었고, 둘째 날 밤 자정에 애즈베리로 돌아왔어요. 16일 동안의 부흥 기간 동안 많은 사람들이 회개하는 것을 보았습니다.

애즈베리대학 학생들을 포함하여 많은 사람들이 강대상 앞으로 나아가 죄를 회개했습니다. 부흥의 열매는 회개이자 화해입니다. 우리는 하나님과 화해할 뿐만 아니라 사람들과도 화해합니다. 두 번째 열매는 사람들 사이의 연합이라고 생각합니다. 부흥은 회개이며, 교회들 사이의 연합이기도 합니다. 그리고 또 다른 부흥의 열매는 갈망입니다. 하나님에 대해 더 알고, 하나님을 더 사랑하고, 우리가 믿는 복음을 세상에 전하는 것입니다.

우리는 그 지역사회가 맺는 사랑의 열매를 보았습니다. 매일 수천 명의 사람들이 마을을 찾았는데, 지역사회는 다른 지역에서 온 그들을 섬기기 위해 애썼습니다. 사랑을 보여준 것이죠. 부흥은 하나님의 사랑이 무조건적으로 내려오는 것이죠. 하나님의 사랑을 받고 그 사랑을 보여주는 것을 느낄 수 있습니다.

부흥은 많은 기도 후에 일어납니다. 많은 기도 후에요. 그래서 우리는 매일 주님과 함께하는 시간을 보내고, 하나님의 말씀으로 기도하고, 다른 사람들과 함께 기도하는 기도 모임에 참여해야 합니다. 우리는 기도하는 데 더 많은 시간을 할애해야 합니다. 기도는 부흥의 열쇠입니다. 하나님께서는 저에게 전임 교직을 내려놓고 기도하라고 부르셨습니다. 나는 부흥을 위해 하루에 여러 시간 기도했어요. 남은 삶도 젊은이들이 매일 예수님과 함께 걷는 데 더 많은 시간을 보내도록 격려할 것입니다."

내게 영화 〈부흥〉을 제작하게 하시고, 이 책을 쓰도록 이끄시는 성령 하나님의 계획은 이 글을 읽고 도전받는 한 사람의 영혼을 캐스팅하기 위해서다.

이제 대한민국에서 노방 전도는 창피하고 불편한 일이 되어가고 있다. 당신이라면 "한반도에 부흥을 주소서" 같은 팻말을 앞뒤로 걸고 아침저녁으로 부흥을 선포할 수 있겠는가? 부흥은 선포할 때 주신다.

또 다른 부흥의 목격자

애즈베리 부흥의 또 다른 목격자가 있다. 애즈베리신학교에서 박사 과정을 공부하고 있는 학생 김하진 목사다. 우리 촬영 팀의 통역을 맡아서 섬겨주기도 했다. 덕분에 촬영과 인터뷰 섭외가 훨씬 매끄러웠다.

"애즈베리 부흥에 관해서는 언급할 내용이 너무 많습니다. 우선 많은 회개와 회심이 있었다고 말씀드리고 싶습니다. 많은 학생들이 포르노 중독, 음식, 소셜미디어, 건강하지 못한 관계 등 다양한 종류의 죄를 회개하고 있었습니다.

그리고 많은 학생들이 자신의 과거를 공개적으로 고백하며 치유와 자유를 경험하고 있었습니다. 뿐만 아니라 많은 학생들이 불안과 자살 충동을 겪고 있었는데, 하나님께서 그들을 깊이 만나 사랑으로 치유해주셨습니다."

목회자이자 학생이기에 더 현실적인 증언이 나온다. 우리 한국 땅의 청년들에게 필요한 은혜는 고백이다.

"일부 학생들은 밤새도록 강당에 남아 있었습니다. 어떤 학생들은 하나님의 임재를 떠나지 않으려고 아예 매트리스를 가져왔습니다.
일부 학생들은 육체적 치유도 경험했습니다. 그리고 어느 순간 강단에 있는 누군가가 모든 학생을 격려하여 관계가 끊어진 사람에게 연락하도록 했습니다. 그들은 화해가 필요한 사람들에게 전화를 걸고 문자를 보냈습니다. 그래서 관계 회복과 화해가 많이 이루어졌습니다.
또한 예배에 참석한 사람들 사이에는 진정한 겸손이 존재했는데, 교수진과 임원진들 사이에도 그러했습니다. 제가 제시하고 싶은 한 가지 예는 케빈 브라운 총장님의 경우입니다. 그는 이런 말로 자신을 소개했습니다. '나는 이 대학에서 일합니다.' 그것이 그가 본인을 소개하는 데 필요한 전부였습니다.
그리고 찬양단은 어떤 멘트도 하지 않기로 결정했습니다. 그들은 오직 삼위일체 하나님만을 예배하기 원했고, 하나님께서 그 예배를 받으시고, 그분의 백성 가운데 오셔서 임재하실 것이라고 믿었기 때문입니다.

그들은 사람을 격려하기 위한 어떤 말도 하지 않고 오직 예수님의 이름만 부르고 성령님의 임재를 구했습니다.

부흥회 기간에는 두 개의 서로 다른 기도팀이 운영되었습니다. 넓은 강당 아래에 모여 기도하는 기도팀은 교직원, 현지 목회자, 학생들로 구성되어 있었는데, 그들은 현장에서뿐만 아니라 줌(zoom)을 통해 기도하기도 했습니다. 그들은 메신저 어플리케이션으로 기도제목을 공유했는데, 저도 그 기도팀의 일원이었습니다.

그들이 계속해서 기도하는 두 가지가 있었는데, 하나는 젊은이들의 참된 회개와 회심이었고, 다른 하나는 앞에서 인도하는 이들의 진정한 겸손이었습니다. 부흥의 기간 내내 그들은 이 두 가지를 위해 계속 기도했습니다.

강단 위에선 다른 사람들을 위해 기도하는 사람들이 있었습니다. 그들은 기도하기 위해 자원했고, 한 시간 동안 훈련을 받아야 했습니다. 그들이 강단으로 오는 사람들을 위해 기도할 때, 그들이 해야 할 일은 그리스도의 성품을 보여주고, 하나님께서 그들의 기도를 통해 역사하실 것이라고 믿는 것뿐이었습니다. 하나님께서 주시는 많은 치유와 한없는 은혜가 있었습니다."

김하진 목사의 증언은 거침이 없었다.

"회개와 치유, 자유에 대한 수많은 이야기가 있습니다만, 개인적으로 부흥회 때 가장 와닿았던 말씀은 '거침 없음'이었습니다. 우리 모두는 그분 앞에 나아가는 데 아무런 방해도 받지 않았습니다. 그분은 아들 예수 그리스도를 통해 깊은 사랑으로 우리를 만나주셨고, 우리는 그분의 긍휼을 경험할 수 있었습니다.

그리고 마찬가지로 우리는 그분을 찬양하고 그분께 경의를 표하며 감사와 사랑을 보임으로써 그분의 사랑에 응답할 수 있었습니다. 그게 전부입니다.

이번 부흥이 한국교회나 디아스포라 한인기독교공동체에 전한 의미는 하나님께서 우리 한인들에게 기도의 열정과 부흥을 위한 열정을 다시 주신 것이라고 믿습니다.

기성세대와 젊은 세대 사이에는 거리감이 존재합니다. 그런데 하나님께서는 이 기도와 부흥을 통해 두 세대를 하나로 묶어주신다고 생각합니다. 저는 우리가 하나님의 사랑 안에서, 진리 안에서, 성령 안에서 연합된다고 믿습니다.

저는 하나님께서 한국뿐만 아니라 미국의 다른 지역에서도 한국인을 사용하실 수 있다고 생각합니다. 무너진 세상에 복음과 치유를 가져오는 촉매제로서 말입니다. 그러므로 나는 한국 기독교인들이 지난 세기 동안 하나님께서 행하신 일들을 기억하도록 격려하고 기도하고 싶습니다."

애즈베리의 뜨거운 일정이 끝났다. 3박 4일의 시간이 빈틈없이 지나갔다. 통역과 증언으로 헌신하였던 김하진 목사가 시카코까지 동행해주기로 했다.

윌모어에서의 마지막 날, 김하진 목사의 사택으로 저녁 식사 초대를 받았다. 김치가 많이 들어간 맛있는 부대찌개였다. 열흘 만에 접하는 한식이라 꿀맛이었다. 모든 연약이 절대 감사로 이어진다.

김하진 목사 역시 하나님이 특별하게 캐스팅하신 분이다. 먼 이국땅 켄터키 윌모어까지 오게 하셔서 부흥의 모든 과정을 목격하게 하셨다.

사명이 가득한 식탁처럼 아름다운 식탁은 없다. 작은 일에도 웃음이 터지고, 서로를 향한 배려가 넘쳐난다.

Part 3

강력한 영적 저력

: 미국의 부흥 2

19 시카고 캠퍼스의 불, 휘튼

촬영팀 차량은 캠퍼스 부흥의 불이 이어지는 리바이벌 벨트인 시카고 휘튼대학으로 이동 중이다. 부흥을 촬영하면서 느끼는 감사가 있다. 미국은 어디를 가든 부흥과 관련된 기록들이 광범위하게 잘 조사되어 있다는 것이다. 언제라도 다음세대가 앞선 세대의 기도를 살펴볼 수 있도록 한 조치들이다.

타락하고 징계받고 고통으로 회개하고 회복되는 것이 인류 역사이다. 타락의 원인 중에 하나가 사사기 2장 10절에 언급된다.

> 그 세대의 사람도 다 그 조상들에게로 돌아갔고
> 그 후에 일어난 다른 세대는 여호와를 알지 못하며
> 여호와께서 이스라엘을 위하여 행하신 일도 알지 못하였더라
> 삿 2:10

여호수아와 함께 가나안을 정복했던 세대가 모두 죽고, 그 후에 일어난 새로운 세대가 여호와를 알지 못했고 행하신 일도 몰랐다. 성경을 기록하신 목적 중의 하나가 '다음세대'이다. 이 책임은 전적으로 아비 세대에게 있다. 다음세대를 세우지 못한 죄, 우리

가 예수님 앞에 서게 되었을 때 예수님이 그 죄를 물으실 듯하다.

'너는 네 자녀를 위해 뱃가죽이 등허리에 붙을 정도의 중보기도를 하였느냐? 네 자녀를 위해 울었느냐?'

애즈베리대학에서 약 일곱 시간가량 차량으로 이동했다. 휘튼대학 캠퍼스에서 가장 가까운 호텔에 짐을 풀고 휘튼 교정을 둘러보았다. 오래된 교회와 건물들. 캠퍼스 전체가 영적 전쟁을 치러낸 산성의 느낌이다.

애즈베리대학이 특수전 사령부였다면, 휘튼대학은 그보다는 규모가 큰 해병대 사령부 같다. 푸르름 가득한 교정 안에 온유하고 겸손하신 성령 하나님의 통치가 느껴진다. 하나님의 손이 내려와 휘튼을 보듬고 계신 것 같았다.

세상 학생들보다 순수한 휘튼의 청년들을 본다. 말씀을 사모하고 기도하는 학생들이란 인상을 받았다.

학생회관 계단에 짐 엘리엇을 비롯한 여러 선교사들의 그림이 걸려 있다. 순교한 선교사들의 명단도 보인다. 짐 엘리엇(Jim Eliot)은 휘튼대학을 수석 졸업했다. 같은 대학 출신의 동료 선교사들과 함께 에콰도르 아마존 와오라니(아우카) 부족에게 복음을 전하러 들어갔다가 28세의 나이로 순교했다.

"영원한 것을 얻기 위해 영원할 수 없는 것을 버리는 자는 바보가 아닙니다."

그가 남긴 말이다.

짐 엘리엇과 네 명의 청년 선교사의 죽음을 보고, 미국 언론들은 비난의 기사를 썼다.

"이 무슨 낭비란 말인가?"

"무모하고 어리석은 죽음이다. 개인과 국가의 낭비이다."

결실 없는 희생이며 광신의 결과라고 매도했다. 그러나 짐 엘리엇의 아내 엘리자베스 엘리엇은 언론 앞에서 단호하게 말했다.

"낭비라뇨? 내 남편의 죽음을 낭비라고 말하지 마세요."

그녀는 딸 발레리를 데리고 남편 짐 엘리엇을 살해했던 와오라니 부족으로 직접 들어간다.

"나는요, 남편을 죽인 원수를 사랑으로 감싸 안았습니다. 하나님이 허락하신 은혜입니다."

2025년 4천 명에 달하는 와오라니 부족의 상당수가 하나님을 믿는다. 잘 훈련된 와오라니 청년들은 아마존 밀림에 복음을 전하는 복음 전파자로 활동 중이다.

부흥을 촬영하는데, 왜 자꾸 눈물이 나는 것일까? 가는 곳마다, 만나는 사람마다 눈물을 주신다. 부흥자들은 한 인간으로 태어나 하나님의 뜻에 따라 살아간 사람들이다.

한국 양화진 선교사 묘역에도 동일한 분들이 잠들어 있다. 하나님의 한순간을 만난 사람들이다. 부흥자는 말씀을 전하게 되어 있다.

20 갈망

본격적인 촬영을 준비하는데, 시카고 현지 코디팀에게 안 좋은 소식이 들려왔다. 여러 번 언급했듯이, 다큐멘터리의 생명은 섭외다. 누가 고증을 하느냐에 따라 작품의 깊이와 내용이 달라진다. 휘튼대학의 총장인 필립 라이켄(Philip Graham Ryken)의 섭외가 어려움을 겪고 있다는 소식이었다.

사실 한국에서도 크게 알려지지 않은 기독교 프로덕션이고, 방송이나 영화 배급과 관련된 구체적인 계약서가 없었기에 섭외가 쉽지 않았다. 4개월 동안 질문지를 비롯한 회사 소개와 유튜브 송출과 방송 및 영화 제작으로 이어지는 계획안을 제출했지만 돌아오는 대답은 휘튼대 총장의 시간을 내줄 수 없다는 통보였다.

하지만 무수히 많은 거절에도 실망하지 않는다. 선교지에 나가 있는 선교사들을 생각해보라. 그들에게 거절은 절대 감사로 이어진다.

사람이 행할 수 없는 완전하게 굴복된 상황 아래에서 내 모든 것을 주님께 내어드린다. 이럴 때일수록 부정의 언어를 경계해야 한다. 그리고 보니 우리 촬영도 철저한 내어드림의 훈련이었다.

코디팀에서 너무나 죄송하다면서 현직 총장님 섭외는 어렵고,

대신 은퇴 교목이신 스티븐 켈로우(Stephen Kellough) 박사가 섭외됐다고 한다.

이곳까지 온 이상 휘튼의 부흥을 증언할 누군가는 있어야 하겠기에 촬영을 결정했다. 다른 선택의 여지가 없었다. 문제는 촬영 장소 선정인데, 대학 당국의 공식적인 승낙이 나지 않은 촬영이다 보니 장소 선정 역시 쉽지 않았다. 그러나 성령 하나님은 언제나 우리의 생각이 아닌 하나님의 방법으로 이끄신다.

천만다행으로 스티븐 켈로우 박사가 구내식당 매니저와 아는 사이라 식당 2층의 작은 창고 방을 빌릴 수 있었다. 촬영에 응해 준 켈로우 박사가 오히려 미안해한다. 자신이 현직이 아니라 좋은 공간을 빌릴 수 없다고, 휘튼 캠퍼스 안에 아름다운 곳이 많은데 너무 아쉽다고 하신다.

켈로우 박사는 휘튼대학 명예 교목으로, 1989년부터 2014년까지 25년간 교목으로 재직했다. 휘튼대학교 역사상 가장 긴 교목 재임 기록이다.

위로의 부흥자, 켈로우

인터뷰가 시작됐다.

거듭 자신같이 연약하고 보잘것없는 사람이 휘튼의 부흥을 증언하게 되어서 주님께 영광을 돌린다고 말씀하신다. 말씀 한마디 한마디에 하나님의 언어가 맑은 물소리처럼 흘러나온다. 이분 덕분에 25년 동안 정말 많은 휘튼의 학생들이 위로를 받았겠다는 생각이 들었다.

스티븐 켈로우 박사는 자신이 교목이던 1995년 3월로 기억을 더듬어 갔다. 열린 창문으로 늦은 오후 휘튼의 햇살이 들어오기 시작했다.

"1995년 3월 19일 일요일 휘튼 기독동아리 모임에서 텍사스 하워드페인대학의 남녀 두 명의 학생이 간증자로 초청되었죠. 텍사스에 있었던 부흥을 간증하기 시작했어요. 간증 이후 찔림을 받은 한 학생이 앞으로 나가 자신의 죄를 회개합니다. 이 회개가 릴레이 고백으로 이어져 다음날 6시까지 예배가 계속되었습니다.

놀라운 일이었죠. 치부를 드러내는 일인데, 은혜가 흘러나오기 시작했습니다. 이 고백은 3월 23일 목요일까지 5일 동안 이어졌어요. 인근 다른 대학의 학생까지 와서 수천 명 학생들이 동참했지요. 이후 회개 운동은 더 크게 확산되어서 텍사스, 미네소타, 매사추세츠 등 30여 개 대학으로 이어졌지요. 세기말의 전환점이자 새로운 세기의 출발이 되었습니다. 학생들에게는 공통된 갈망이 있었습니다."

애즈베리의 '굶주림'이 휘튼에서는 '갈망'으로 표현된다. 분출과 각성이 부흥의 요소이다. 선택하시고 변화시키신다.

"부흥이 있기 2년 전인 1993년에 빌리 그래함 목사가 이곳에 왔습니다. 본인의 휘튼대 졸업 50주년이었는데 연사로 방문했지요. 빌리 그래함은 휘튼대 이사회 이사이기도 했는데, 나를 보자 마자 '오, 스티븐 켈로우, 내가 당신의 사역을 잘 압니다'라고 격려해주었어요.

그가 휘튼대학과 동시대 기독교인들에게 끼친 영향은 지대합니다. 한국에서도 마찬가지고요. 1995년에 있었던 휘튼 부흥도 1993년부터 쌓인 앞선 기도로 시작되는데요, 갑자기 빌리 그래함의 글이 생각나네요.

'만약 내가 다시 태어나 살아간다면, 나는 설교는 덜하고 기도를 더 할 겁니다.'

기도는 영적 삶에서 매우 중요한 부분입니다. 우리 삶 속에서 하나님이 하시는 일의 일부분입니다. 기도는 내가 하는 게 아니에요. 아닙니다. 나를 통로로 하나님이 사용하시는 것뿐입니다."

아, 또 귀한 깨달음을 얻어 간다. 기도는 내가 하는 것이 아니다. 나를 통로로 하나님이 사용하시는 것이다. 내 삶 속에서 하나님이 행하시는 일부분이 기도이다.

우와, 진리가 가슴을 친다. 이 진리를 알려야 한다. 기도조차 내 것이 아니다.

켈로우 박사가 다시 말을 이어나간다.

"교목으로서 제가 좋아했던 일 중의 하나는 사무실로 찾아온 학생들이나 캠퍼스를 지나다가 우연히 만난 학생들의 이야기를 들어주는 일입니다.

'목사님, 저희 어머니가 암이래요!'

'우울증으로 자살하고 싶어요.'

'남자친구의 아이를 가졌어요. 그런데 남자친구가 나를 떠났어요. 배 속에 이 생명을 어찌해야 할지 모르겠어요.'

'마약을 끊지 못하겠어요. 정말 끊고 싶어요. 도와주세요.'

'하나님이 정말 계시나요?'

'내가 누군지 모르겠어요. 왜 사는지, 무엇을 위해 사는지 정말 모르겠어요.'

'목사님, 저 꼭 취업해야 해요!'

청년들이 자신의 부담과 걱정과 염려를 나눌 때마다 나는 그곳이 어디든, 길 한가운데든, 강의실이든, 캠퍼스 마당이든, 교회 복도든 곧바로 기도했습니다. 하나님의 능력을, 하나님의 구원을 구했습니다. 정말 많은 학생들과 함께 문제를 놓고 기도했습니다. 삶에 대한 올바른 태도를 위해, 우리는 내 삶의 전부를 기도로 하나님께 공급 받아야 합니다.

다시 돌아가면, 1995년 3월 휘튼 부흥도 기도가 있었기에 가능했습니다. 기도는 호흡이죠. 빌 브라이트가 들숨과 날숨으로 이야기했던 것과 같아요. 거듭 이야기하지만, 기도는 하나님과 연결되어 살아가는 삶의 방식입니다."

일평생 삶으로 기도한 기도자의 호흡을 통해서 은혜가 흘러나온다. 켈로우 박사는 잠시 머뭇거리며 무엇인가를 떠올리다가 다시 이야기를 이어나간다.

"오랜만에, 정말 몇 년 만에 1995년 3월 부흥의 기간에 복도와 통로까지 꽉 찬 1,500명의 학생들, 그리고 그 청년들이 춤추며 찬양하는 장면이 떠오릅니다."

곧이어 찬양을 부르기 시작한다. "복의 근원 강림하사 찬송하게 하소서." 켈로우 박사의 찬양이 낡고 허름한 창고 가득 흐른다. 거룩하신 하나님이 낡고 허름한 구내식당 2층 창고 가득 찾아오셨다.

성령 하나님은 늘 우리와 이렇게 함께하고 싶어 하신다.

켈로우 박사는 1995년 휘튼 부흥을 영적으로 이끌었고, 9.11 테러와 같은 비극적인 상황에서 학교 공동체에 위로를 전했으며, 학생들에게 지혜와 겸손, 헌신으로 기억되는 목회자다. 캠퍼스 안에서 '예수와 함께 걷기' 운동을 온몸으로 실천하기도 했다.

찬양을 마치자 켈로우 박사가 함께 식사를 하자고 하신다.

"장담컨대 시카고 모든 대학 중에 휘튼대 구내식당이 가장 맛있습니다. 기존 레스토랑과 비교해도 손색이 없지요."

미리 쿠폰 8장을 사놓았다고 하시면서, 사실 우리 촬영팀과의 인터뷰가 좋으셨단다. 우리의 촬영을 통해 주님이 박사님을 위로해주셨다.

다이내믹한 이끄심

양식과 퓨전 음식이 잘 어우러져 웬만한 호텔 뷔페 저리 가라다. 다른 나라에서 온 학생들도 부담 없이 식사할 수 있도록 다채로운 음식들이 제공되었다.

빈 테이블을 찾아 가져온 음식을 나누었다. 온유하신 성령님이 우릴 감싸 안으신다. 나를 바라보던 켈로우 박사가 갑자기 빙그레 웃으신다. 뒤를 돌아보고 다시 나를 바라보시며 어깨를 으쓱으쓱 들썩이신다.

"감독님, 지금 제 뒤에 당신들이 인터뷰하기 원했던 필립 라이켄 총장이 와서 식사 중이네요. 흠, 성령님이 나에게 당신들을 소개하라고 하십니다. 같이 가시죠."

이건 또 무슨 일인가? 있을 수 없는 순간들이 만들어지고 있다. 성령님은 항상 이렇게 다이내믹하게 역사하신다. 인간의 생각과 방법을 항상 초월하신다.

학생대표 교목으로 활동 중인 한국계 유학생 JY도 합류한다. 식사를 막 마친 필립 라이켄 총장이 자리에서 일어나는데, 그 앞으로 다가선 켈로우 박사가 우릴 소개한다.

"라이켄 총장님, 잘 지냈죠?"

"와우, 켈로우 박사님, 오늘 어쩐 일이세요?"

"한국에서 〈부흥〉 영화 촬영팀이 찾아와서 인터뷰했어요."

"부흥팀이요?"

반문하며 나를 바라본다.

"예, 라이켄에게도 여러 차례 촬영 섭외를 한 모양인데, 중요한 것은 이분들이 성령 충만한 분들이란 것이고, 휘튼의 역사와 하나님이 사용하신 부흥에 대해 총장님에게 묻고 싶은 것이 있다고 하네요."

큰 키의 라이켄 총장이 나를 내려다본다. 나는 그를 올려다보았다.

"하나님이 총장님을 부흥의 증언자로 캐스팅하셨습니다. 인터뷰하시죠?"

갑자기 담대함이 솟구친다. 영화의 대략적인 소개서를 전하며 말했다. 라이켄 총장은 수첩을 꺼내어 일정을 살피기 시작했다. 빈 시간을 찾는 듯했다.

"좋아요. 아마도 비서실을 거친다면, 이 일은 허락되지 않을 거예요. 나는 이미 3개월 후까지 일정이 잡혀 있어요. 만약 괜찮다면, 월요일 오전 채플 시간이 끝난 뒤에 11시 40분부터 12시 10분까지 딱 30분의 시간이 있습니다. 이 시간은 내 개인 시간입니다."

기적 같은 캐스팅이다. 오늘도 주님이 일하신다. 하나님이 휘튼을 기록하게 하셨다.

성령 하나님이 친구처럼 툭 하고 내 어깨를 치시는 것 같았다.

'아들아 봤지? 내가 너와 함께한다!'

야고보서 1장을 주신다. 기쁨으로 문안하는 것과 오래 참고 인내하고 견디는 마음을 주신다.

21 사명의 힘

감사한 마음으로 숙소로 복귀했다.

과거에 어떤 삶을 살았던 간에 '하나님의 한순간'(One Divine Moment)이 임하면, 그걸로 끝난다.

"아멘, 주님! 주님의 사랑을 영상으로 만들어 부흥을 전할 수 있겠습니다."

주님이 선택하시는 사람에 대해 묵상했다. 나를 포함해서, 하나님은 가장 낮은 자를 선택하시고 사용하시면서 고치신다. 명심하라. 그분이 얼마나 완전하고 사랑스러운 분이신가를. 그분은 사용하시면서 고치시는 분이다. 수천 번 강조해도 부족함이 없는 감동을 주신다.

'나는 너를 사용하면서 고치는 자라!'

정말 그러하시다. 내가 온전치 못하기에, 나와 동행하시면서 나를 고치신다.

갑자기 영화 〈남한산성〉의 대장장이 서날쇠가 떠오른다. 〈오징어 게임〉의 황동혁 감독은 2017년 김훈 작가의 소설을 원작으로 영화 〈남한산성〉을 제작했다. 1636년 병자호란을 배경으로 한 영화이다.

새롭게 건국된 청나라가 조선에 군신 관계를 요구한다. 명과의 의리를 중시하던 조선은 어리석게도 새로운 질서의 타이밍을 놓친다. 대신들마저 분열되어 사대와 척화로 나뉜다. 화가 난 청 태종이 직접 군사를 이끌고 조선을 침략했고(병자호란), 그 기습에 놀란 인조는 밤사이 한성을 버리고 강화도로 수도를 옮기려 했다. 그러나 청나라 기마병의 진격은 예상보다 빨랐고 강화도로 가는 길이 막히게 되자, 얼어붙은 한강을 건너서 남한산성으로 입성한다.

혹한의 겨울 조선의 인조는 이곳에서 47일 동안 고립되었다가, 마침내 청태종에게 세 번 절하고 아홉 번 머리를 조아리는 삼배구고두례(三拜九叩頭禮) 예법으로 굴욕적인 항복을 한다. 역사적 실화를 바탕으로 제작된 영화이다.

남한산성이 함락되기 직전, 극 중에서 가장 낮은 자인 천민 대장장이 서날쇠가 파발꾼으로 선발되어 근왕병에서 원군을 청하러 간다. 빗발치는 화살과 적의 매복과 추격을 뿌리치며 눈보라를 헤치고, 말을 타고 달린다. 조선의 명운이 보잘것없던 천민 서날쇠에게 주어진 것이다. 사명을 받은 서날쇠는 그 순간부터 더 이상 대장장이가 아니다. 사명은 힘이다.

성령 하나님이 나에게 감동을 주신다. 이곳까지 나를 이끄셨다.

사명은 나이와 상관없다. 성별과 관계없다. 많이 배운 것이 중요하지 않다. 능력과도 상관없다. 사명은 세상의 기준이 아니다. 하나님이 선택한 피조물에게 부어주시는 사랑이 사명이다. 그 사명에 힘이 있다. 분노가 가져온 힘은 상처를 낳는다. 그러나 사명이 가져온 힘은 회복을 낳는다. 주님이 주신 사명이라면, 그 '사명'이란 단어만으로도 문제가 부서진다.

말씀의 사명을 받아야 한다. 나의 능력이 아닌 말씀을 받아야 한다. 믿음만이 필요하다.

하나님나라의 완성을 기도하라

"부흥의 사명은 어려운 일이 아닙니다. 기도를 바꾸면 됩니다. 나의 꿈이 아닌 주님의 꿈으로 기도를 바꾸는 것입니다. 하나님나라의 완성을 위해 기도하는 것입니다."

예수님이 십자가에 못 박히실 때 좌우에 두 명의 강도가 매달렸다. 강도라고 기록되어 있지만, 남의 물건을 빼앗은 자일수도 있고, 로마 제국에 대항했던 정치범일 수도 있다. 아무튼 자기 신념이 충만한 자다.

그러나 우측에 있던 강도는 주님 앞에 바로 굴복한다.

예수여 당신의 나라에 임하실 때에 나를 기억 하소서 하니 예수께서 이르시되 내가 진실로 네게 이르노니 오늘 네가 나와 함께 낙원에 있으

리라 눅 23:42,43

하나님의 한순간을 잡아야 한다.
그리고 바로 즉시 굴복해야 한다.

만약 휘튼 촬영에 있어서 필립 라이켄 총장의 섭외가 안 되었다고 낙망하여 갑작스럽게 연결된 켈로우 박사와의 인터뷰를 거절했다면, 은퇴한 교목이란 세상 기준을 보고 그냥 지나쳤더라면, 켈로우 박사가 구내식당에서 점심 식사를 하자는 요청을 다음 일정을 이유로 정중하게 고사했다면, 식당 안에서 필립 라이켄 총장과의 만남은 이뤄지지 못했을 것이다.

부흥은 하나님께 굴복함으로 시작된다. 우리의 삶에서 우리는 주님이 이끄시는 사명에 얼마나 순종, 아니 굴복하는가?

개인적으로 순종이란 단어는 왠지 내 자아가 남아 있는 느낌이 든다. 언어의 부드러움 때문일까? 상황이 바뀌면 불순종의 싹이 올라올 수도 있다. 그러나 굴복은 무조건 항복한다는 강렬함이 있다. 내 마음의 무릎이 우지끈 꺾이는 것이다.

성령 하나님, 사랑합니다. 부흥의 사명을 주셔서 감사합니다.

22 부흥을 위한 기도 저축

월요일 아침, 비가 내리기 시작한다. 아직 필립 라이켄 총장과 인터뷰할 장소를 찾지 못했다. 도서관 로비와 학생회관도 살펴보고, 골드스타 기도실도 둘러보았다. 실내 공간에서의 촬영은 공문을 통한 협조가 이뤄져야 한다. 금요일 점심에 필립 라이켄 총장과의 극적인 인터뷰가 결정되었다. 그러나 주말이라 어떤 행정 업무도 진행할 수 없었다.

더군다나 비가 내린다. 비만 내리지 않는다면 교정 어느 곳이라도 촬영이 가능할 텐데 말이다. 먼저 학생들의 채플이 진행되는 에드먼 메모리얼 채플실(Edman Memorial Chapel)로 이동했다. 휘튼의 채플은 월수금 일주일에 세 차례 있고, 모든 학생의 참여가 의무이다. 전교생이 2,100여 명인데, 에드먼 메모리얼 채플실은 2,400명 정도를 수용하는 건물이다.

미국의 대형 건물들은 한국과 다르게 처마가 없다. 처마만 있었어도 채플실 앞에서 비를 피하면서 촬영할 수 있을 텐데, 여기도 여의치 않다.

채플은 오전 10시 40분에 시작된다. 아침 7시부터 촬영 장소 섭외를 위해 이리저리 동분서주한다. 채플실 안으로는 아이디 카드가 없어서 들어갈 수 없었다. 거우 예배 지원을 위해 들어가는 학생들 틈에 끼어서 같이 들어갔다. 강대상 위에서는 찬양팀과 방송팀이 리허설을 하고 있었다.

내 힘으로 할 수 없을 때는, 무조건 주님께 의뢰한다.

"주님, 오늘 촬영을 주님께 올립니다. 쏟아지는 비를 어찌하나요? 촬영은 어찌할까요?"

마음으로 성령 하나님이 감동을 주신다.

'내 종에게 물어라.'

사방을 두리번거리며 살펴보니, 아이패드를 들고 무대를 점검하고 계신 목사님 한 분이 눈에 들어온다. 강대상 아래로 다가가 인사를 건넸다.

"안녕하세요? 한국에서 온 〈부흥〉 영화 촬영팀입니다. 채플이 끝난 뒤에 필립 라이켄 총장님과 인터뷰가 잡혀 있는데요."

인터컴을 낀 목사님이 고개를 숙인 채 답한다.

"우리 총장님과 인터뷰가 잡혀 있다는 말씀이시죠?"

"네, 원래 채플실 앞 야외 잔디에서 하려고 했는데요, 비가 내립니다. 실내에 적당한 공간이 없을까요?"

"그래요, 먼저 총장님께 확인부터 하겠습니다. 괜찮으시죠?"

"네, 그럼요."

그 목사님은 몇 발자국을 걸어가 누군가와 통화를 한다. 그러고는 다시 다가온다.

"비서실에서는 모르는 일정인데요?"
"네, 총장님이 개인적으로 잡으셨어요."

그가 나를 바라본다. 나도 그를 바라본다.

나는 하나님의 일을 할 때 상대방의 눈을 응시하는 은사를 받았다. 사람의 눈이 마음의 창이다. 그가 빙그레 웃는다.

"좋아요. 이 건물 안에 총장님 접견실이 있습니다. 따라오세요."

매 순간 그냥 이뤄지는 법은 없다. 그러나 기도하고 굴복하며 주님의 뜻이 무엇인지 확인받으며 나아간다. 그냥 부딪히기만 하면 돌파가 이뤄진다.

접견실은 여느 호텔의 응접실보다 더 훌륭했다. 장소 헌팅은 무사히 끝났고, 스케치 촬영에 들어간다. 보슬비가 내리는 캠퍼스에 예배를 드리기 위한 2천여 명 청년들의 긴 행렬이 이어진다. 두어 갈래로 몰려오는 학생들이다.

'주님 이 땅에 이들을 세우심에 감사드립니다.'

기도가 터진다. 조금 더 비가 거세진다. 이른 비와 늦은 비의 충만함처럼 더 큰 은혜가 쏟아진다.

이 모든 광경을 조국 대한민국에 적용하고 싶다.

'모든 대학의 캠퍼스마다 민족의 계절을 그리스도에게 다시 한 번 올리게 해주세요.'

〈부흥〉 영화를 촬영하면서 가는 곳곳마다 눈물을 주신다. 눈이 퉁퉁 부을 만큼 눈물을 주신다. 애통을 주신다. 핸드폰에 묶여 있는 내 땅의 청년들이 생각난다.

부흥의 계절

촬영 장비를 접견실에 설치해 놓고, 예배에 참석했다. 성령 하나님이 정결과 거룩으로 임재하신다. 휘튼대학은 미국의 영성을 지켜내는 하나님의 산성 중에 하나임이 확실하다.

필립 라이켄 총장의 설교가 끝나고 접견실로 이동했다. 순발력 있게 카메라를 온에어하고 라이트를 켜니, 필립 라이켄 총장이 들어왔다.

인터뷰가 시작된다.

"저는 필립 라이켄이고 2010년부터 총장으로 재직 중입니다. 휘튼대학은 1860년 휘튼의 작은 언덕에서 한 무리의 남녀가 무릎 꿇고 기도함으로 시작되었습니다. 동에서 서로 세상을 어루만지는 대학이지요. 우리의 사명은 하나님나라의 완성입니다."

꿈꾸는 대로 된다. 대학의 사명이 하나님나라의 완성이라니, 이 얼마나 멋진 사명인가!

"휘튼의 정신은 성령님의 인정에 있습니다. 진리의 영, 사랑의 영,

부흥의 영, 선교의 영이지요. 가장 중요한 것, 하나님께서 세상 속에 있는 우리에게 주시는 '부르심의 영'입니다."

부르심의 영이다. 나를 매일 부르신다. 주님이 부르신다. 당신을 부르신다. 인터뷰를 할 때마다 부흥의 심장이 터질 듯하다.
필립 라이켄 총장은 캠퍼스 부흥을 강조한다.

"1950년 미국 대학가 부흥이 있을 때 이곳에도 부흥이 있었지요. 그러니까 미국 캠퍼스 부흥은 어느 한 곳에서 시작된 부흥이 불길이 번지듯 훅하고 퍼진 것입니다. 1995년에도 기도와 찬양 그리고 회개가 이어지는 부흥이 있었습니다. 저 역시 1980년 재학 중에 정말 부흥을 놓고 많은 기도를 했습니다. 성령님이 오시도록 매주 매일 기도했습니다. 제가 떠나고 난 뒤에 부흥이 왔습니다.
성령께서는 부흥을 위해 기도하라고 우리를 부르시고, 그 후에 부흥의 능력으로 방문하시죠. 그러니까 심화되는 기도의 시간이 선행되어야 부흥이 내려옵니다.
기도 은행에 부흥 정기적금을 부으면 만기일이 다가오는데, 그 만기된 열매는 기도자가 수령하는 것이 아니라 다음세대가 수령하죠. 주님, 사랑합니다."

그가 웃는다.

부흥 정기적금이라니, 표현이 재밌다. 물 한 모금을 들이키는 라이켄 총장의 양 볼이 빨갛게 상기되었다.

"부흥은 성령의 일상적인 역사의 특별한 표현입니다. 성령님이 우리 삶에서 무언가를 하기를 원하시잖아요? 그러면 우리가 회개할 수 있도록 죄를 깨닫게 하시고 우리가 기도할 수 있도록 예수님을 더 명확하게 보여주십니다. 우리를 그분의 사역 안으로 부르십니다. 하나님께 순종하려는 깊은 열망 안에서 소명에 대한 더 강한 분별력을 주십니다.
이러한 일은 성령께서 하나님의 백성 가운데 행하시는 일입니다. 그분은 항상 우리를 회개와 믿음, 기도와 찬양으로 인도하시죠. 휘튼 형제 공동체에는 분명한 능력으로 임하시는 특별한 부흥의 계절들이 있습니다."

필립 라이켄 총장의 표현 중에 '특별한 부흥의 계절'이란 말이 인상 깊게 다가온다.

특별한 부흥의 계절, 나는 그 계절을 한반도를 비롯한 온 땅에 증거하기 위해 이곳에 왔다. 기도로 찬양과 부흥의 계절이 열리고 연장되게 하소서.

필립 라이켄 총장은 부흥을 방해하는 것은 습관의 유혹이라고 했다.

"유혹을 이기기 위해서라도 기도해야 합니다. 우리는 누구나 유혹에 빠집니다. 그럴 때 단순히 부끄러워하거나 감추는 것이 아니라 바로 그 유혹을 십자가 앞에 가져가 고백으로 다루는 것입니다. 이것이 우리가 휘튼 학생들의 삶에서 보고 싶은 영적 갱신입니다.

특별하게 휘튼대학은 한국 기독교인들과 관계가 깊습니다. 1988년 한인 선교대회가 휘튼대학에서 열렸습니다. 7백만 한인 디아스포라를 대표하는 분들이 모여서 주님께 영광 돌리는 집회인데, 1988년부터 2012년까지 총 7차례나 우리 대학에서 열렸습니다. 한국과 인연이 깊은 빌리 그래함의 선물이지요.

휘튼에는 '에드먼 메모리얼 채플' 같은 2천 명 이상이 모여 기도하는 공간과 '골드스타 채플' 같은 나라를 위해 전사한 분들을 기념하는 기도실이 여러 곳 있습니다. 휘튼은 1860년부터 한국전쟁을 비롯한 미국이 겪은 모든 주요 군사 교전에 휘튼의 청년들을 군인으로 참여케 했습니다.

나라의 명예와 이 땅을 지키기 위한 청년의 희생이 있는 캠퍼스입니다. 자녀를 잃은 부모가, 친구를 잃은 청년이, 사랑하는 이를 볼 수 없게 된 사람들이 골드스타 채플실에서 기도합니다.

저도 학생일 때 그곳에 자주 갔습니다. 그곳은 성경을 읽고 기도하는 특별한 장소이지요. 휘튼 캠퍼스의 모든 공간이 하나님과 교통할 수 있는 신성한 공간입니다. 골드스타 채플은 그러한 특별한 장소 중의 하나예요.

전 세계 5만 명의 휘튼의 동문들이 있습니다. 그들은 하나님나라의 완성을 기도합니다. 열방을 향해 미국과 한국을 위해서도 기도합니다."

부흥의 촬영 현장은 매 순간이 도전이고, 빼앗아 취하고 싶은 강청의 시간들이다.

아버지다운 아버지가 되고 싶다. 어머니다운 어머니가 되어야 한다. 모든 행동을 잠시 멈추고, 단 30초라도 다음세대를 위해 지금 바로 이 순간, 오늘 기도하라! 당신의 자녀를 위해, 당신 자신을 위해 지금 이 순간 기도하라!

23 부흥의 불을 되살려라

시카고의 두 번째 방문지는 무디신학교이다. 한국의 부흥과 20세기 세계 부흥을 이야기할 때 무디를 빼놓고 말할 수 없다. 지금은 여러 가지 재정난으로 어려움에 처해 있지만, 아직 시내 중앙에 작은 캠퍼스가 남아 있어서 다행이었다. 문제는 도심에 위치한 무디신학교가 좀처럼 촬영 허가를 내주지 않는다는 것이었다.

휘튼대학보다 촬영 허가 받기가 더 어려웠다. 대학교 앞에서 건물 사진을 찍는 것조차 안 된다고, 안전요원이 다가와서 촬영 허가를 받았냐고 물어본다. 주차 공간을 확보하는 것도 어려웠다.

현지에 장소 섭외를 의뢰했던 시카고 한인방송국의 코디 팀에서는 죄송하다는 사과만 연신 해온다. 낭패다. 이리 뛰고 저리 뛰면서 촬영과 관련된 관계자들을 찾아가 설득해보기를 두어 시간, 핸드폰으로 메시지가 들어왔다.

"감독님 무디에 도착하셨다고 했는데, 어디 계셔요? 지난번에 말씀드린 것처럼, 금요일 오후에 유학생 채플이 있는데요, 가능하시면 10분 정도 광고 시간에 말씀 선포 부탁드립니다."

지난달 한국 K 선교회 말씀 선포 때 시카고에서 온 유학생을 잠시 만나 교제를 한 적이 있다. 그 자매가 무디신학교에 다니고 있는데, 하도 촬영 섭외가 어려워서 며칠 전에 촬영 관련으로 상의를 한 적도 있었다.

그런데 지금 이 경황 없는 상황에 10분 메시지 선포를 요청하다니, 그것도 메인 선포도 아니고 광고 시간에 잠깐 부흥에 대해 나눠달라니. 아직 훈련되지 못하고 욕망덩어리인 나는 정신없는 와중에 자매의 강청을 바로 잊어버렸다. 결국 촬영 차 한 대는 주차 위반으로 견인되기 일보 직전이다.

본질을 기억하라

바로 이때 성령님의 우렁찬 나무람이 내 마음에 전해진다.

'너는 뭐 하러 미국에 왔니? 너는 뭐 하는 사람이니?'

'저요? 부흥 찍으러 왔지요. 주님이 보내서 왔는데, 무디는 촬영도 못 하게 해요. 차는 끌려간대요.'

'아니, 그거 말고 너 뭐 하는 사람이냐고.'

'저요? 부흥 영화 만드는 감독이에요.'

'아니, 그거 말고….'

갑자기 정신이 퍼뜩 든다. 분주함이 일순간에 사라진다. 주변에 정적이 엄습한다. 화면이 정지된 듯 내 주변의 모든 것이 멈춰 선다.

'내가 뭐 하는 사람이지…?'

'나에게 주신 사명이 무엇이지?'

성령님이 내 마음에 말씀을 주신다.

'아들아, 부흥은 한 영혼으로 시작된다.'

바로 그 순간부터 눈물이 비 오듯이 흐른다.

'주님, 제가 잘못 했습니다. 촬영이 중요한 게 아니라 주님이 찾으시는 한 영혼과의 만남이 중요한 거군요.'

나는 조금 전 연락을 준 자매에게 메시지를 보냈다.

"윤학렬 감독인데요, 조금 늦었지만 10분 메시지 가능합니다. 어느 건물로 가면 될까요?"

잠시 후 반대편 건물에서 자매가 달려 나온다. 바로 도로변에 위치한 두 개의 건물 중 우측의 학생회관 건물이다. 아이디가 있어야만 건물 안으로 들어갈 수 있다. 자매를 따라서 올라간 장소는 강의실인데, 벌써 예배를 드리고 있었다. 키가 작은 한 목사님이 열정적으로 설교하고 계셨다. 무디신학교에 유학 중인 30여 명 정도의 형제자매들이 매주 모인다고 했다. 예배를 통해 지친 마음을 위로받는 시간이다. 긍휼한 마음이 전해진다.

열정적으로 설교하던 목사님의 말씀이 끝나고, 드디어 광고 시간이다. 사회자 학생이 다가와서 죄송한데 7분 이내로 마쳐달라고 한다. 성령님께 굴복했기에 환경과 시간은 중요하지 않았다. 성령님이 동행하시기만 하면 된다.

무디 부흥의 불을 되살려라

사회자가 내 소개를 마치자마자 나는 뛰다시피 앞으로 나가 애즈베리대학의 부흥과 휘튼대학의 촬영을 언급하면서 이렇게 내 질렀다.

"무디의 부흥의 불은 죽었다! 왜 촬영을 허락하지 않는가?"

나는 섭외가 안 된 울분을 5분 가까이 쏟아냈다. 학생들의 눈이 휘둥그레졌다. 놀란 표정이었지만 학생들은 모두 내 말에 집중했다. 설교하셨던 목사님은 통역 학생을 통해 내 말 한마디 한마디를 받아 적고 있었다.

이렇게 호통만 치다가 마칠 수는 없어서 그곳에 모인 유학생들을 축복했다.

"무디신학교의 부흥의 불은 죽었습니다. 그래서 하나님은 여러분을 캐스팅하셨어요! 여러분이 부흥자로 캐스팅된 것을 아십니까? 여러분에게 불 꺼진 이 학교를 깨우고, 마이클 조던만 기억하는 이 도시를 깨우고, 미국을 깨우는 사명을 주셨습니다. 하나님은 심령이 가난한 자를 사용하세요. 여러분의 간절함을 받으셨습니다. 주님이 부흥자요 기도자로 여러분을 캐스팅하셨습니다. 사도행전 1장 8절의 증인의 불이 바로 여러분입니다!"

7분 동안 불을 던졌다. 우레 같은 박수가 울려 퍼진다. 감동을 받은 것 같았다. 그와 동시에 바지 주머니 안에 있던 핸드폰이 부르르 진동한다. 밖에 남겨진 촬영팀에게 곤란이 생긴 듯했다. 나는 얼른 인사하고 뒷문으로 나가 복도에서 핸드폰을 확인했다. 그 순간 영화의 슬로비디오 장면처럼, 강의실 뒷문이 열리고 나를 안내했던 자매가 달려 나온다.

"감독님, 감독님! 학교에서 감독님의 촬영을 허락한대요!"

숨을 몰아쉬며 자매가 말한다.

"어떻게? 정말이야?"

내가 놀라서 다시 묻는다.

"네, 좀 전에 설교하신 목사님이 무디신학교 부총장이신 워싱턴 박사님인데요, 감독님의 말씀 선포에 감동 받으셨대요. 성령의 불, 말씀의 불, 부흥의 불, 증인의 불, 이 말씀에요! 무디신학교에 부흥의 불이 터지도록 마음껏 촬영하시래요!"

불과 10분 전까지 나는 촬영 허가는 고사하고 주차조차 허락 받지 못한 홀대 받던 나그네였다. 그런데 나의 기준이 아닌 성령의 음성에 굴복하는 순간 하나님이 준비된 일들을 진행하셨다.

하나님은 그렇게 매 순간 마지막 테스트를 하신다. '너의 꿈이니, 나의 꿈이니?' 물으신다.

견인 위기에 처했던 촬영 차량의 주차 허락은 물론 인터뷰할 사람들의 섭외와 촬영 공간 섭외까지 모든 일이 일사천리로 진행되었다.

성령님과의 동행은 짜릿하다. 핸드폰으로 숏츠를 볼 때 터지는 도파민과 비교할 수 없다. 성령의 숏츠를 맛볼지어다!

24 바로, 지금, 즉시

시카고는 19세기에 하나님이 부흥을 위해 사용하신 도시다. 하나님이 시카고를 열방 선교의 전진기지로 로케이션하셨다. 그리고 한 사람을 캐스팅하셨는데, 그가 바로 D. L. 무디(Dwight Lyman Moody)이다.

1837년 미국 매사추세츠주에서 태어난 무디는 4세 때 아버지를 잃고, 겨우겨우 초등학교를 마친 뒤에는 생업에 뛰어들었다. 17세 때 보스턴에 있는 삼촌의 구두 가게에서 판매원으로 일하기 시작했다. 1855년 4월 21일, 여진히 세상 사람으로 살아가던 무디에게 주일학교 교사 킴볼이 복음을 전한다. 그날 성령의 불을 받아 성령님께 캐스팅된다. 1년 뒤 구두 가게 지배인이 되지만, 세상 출세를 선택하는 대신 빈민가 어린이들을 위한 주일학교 사역을 선택했다. 이 주일학교는 곧 1,500명의 어린이들이 모일 만큼 큰 부흥을 일으켰다.

1870년 33세가 되었을 때 찬양 사역자 아이라 D. 생키(Ira D. Sankey)를 만나 모세와 아론처럼, 여호수아와 갈렙처럼 협력하여 미국과 영국을 비롯한 열방에 말씀으로 부흥을 선포한다.

무디는 정규 교육을 거의 받지 못하여 문법과 발음이 서툴렀다. 하지만 투박하고 단순한 증거로 많은 사람의 마음을 움직였다. 하나님께서는 바로 그 정직을 사용하셨다.

바로, 지금, 즉시의 중요성

무디의 평생 사역 중 "바로, 지금, 즉시"의 중요성이 심중에 각인되는 사건이 터졌다. 1871년 10월 8일 부흥회 첫날 밤의 일이다. 무디는 모여든 청중이 은혜받는 것을 확인하고 그날 결신을 촉구하는 대신 더 많은 사람이 모이도록 하여 집회 마지막 날에 결신시키기로 마음먹었다.

"여러분, 오늘 밤은 그냥 돌아가시고, 내일 주변 사람들을 데리고 또 집회에 나오도록 합시다."

그런데 바로 그날 밤, 시카고 도시의 약 3분의 1을 태우는 대화재가 발생했다. 10만 명의 이재민이 발생했고, 17,500개의 건물과 도로가 소실되었다. 그리고 집회에 참여했던 사람을 포함하여 300여 명이 사망하는 대형 참사였다.

이 사건은 무디에게 엄청난 충격을 주었고, 자신의 설교 방식이 잘못됐다는 걸 깨닫는 계기가 되었다. 그 후 그는 사람들에게 구원을 다음으로 미루지 말고, 바로 그 자리에서 즉시 복음을 받아들이도록 강력히 촉구해야 한다는 확신을 갖게 되었다.

무디는 불탄 잿더미 위에서 더 큰 교회를 지을 것이라고 선언했고, 새로운 교회를 세우며 부흥 운동을 멈추지 않고 이어나갔다.

무디는 미국과 영국의 3차 부흥 운동을 주도하였고, 2억 명 이상의 사람에게 복음을 전했으며, 자신의 학문적 열등의식을 사명으로 극복했다. 전도자를 양성하기 위해 무디성경학교(Moody Bible Institute)를 설립했으며, 그가 주도한 학생자원운동(Student Volunteer Movement)은 수많은 젊은이들이 선교사로 헌신하고 전 세계로 파송되는 열방 선교의 기폭제가 되었다. 그는 특정 교파에 얽매이지 않고 복음주의 지도자들과 협력하여 초교파적인 부흥운동을 이끌었다. 기독교 서적을 출판하고 배포하고, 성경과 찬송가, 경건 서적을 보급하는 데 힘썼다.

1882년, 무디는 영국 케임브리지대학에서 전도 집회를 열었다. 당시 교만에 가득 찬 케임브리지의 엘리트 청년들은 무식한 무디의 발음을 흉내 내며 조롱했다. 하지만 무디가 누가복음 14장 18-20절의 큰잔치의 비유를 설교하며, 죄에 대한 핑계를 버리고 즉시 주님을 영접하라고 선포하자 마음에 감동이 일기 시작했다.

부흥의 불을 가진 자의 입술을 통해 선포된 말씀은 능력을 가져온다. 바로 그날 7명의 명문대 졸업생들이 모든 명예와 부를 뒤로 하고 선교사로 헌신하기로 결단한다. 이들이 바로 '케임브리지 7인'이다. 이들은 모두 1885년부터 중국내지선교회(China Inland Mission) 소속으로 중국 선교에 헌신했다.

단 한 번의 설교가 엘리트 청년들의 삶을 완전히 바꾸었다. 이들 모두가 중국 선교를 위해 떠난 것은 당시 영국 사회에 큰 충격을 주었다. 무디는 학생들의 가슴에 부흥의 불, 말씀의 불, 기도의 불을 던졌다.

이들의 헌신은 "이 세대에 세계 복음화를"이라는 비전의 불을 댕겨 수많은 젊은이가 해외 선교사로 헌신하게 되는 '학생자원운동'의 기폭제가 됐다.

캐나다 토론토 대학에 재학 중이던 제임스 게일(James S. Gale) 역시 학생자원운동의 영향을 받았다. 그는 원산 부흥의 주역 로버트 하디의 동역자이자 멘토이기도 한 그는, 무디가 주최한 학생 집회에 참석해 선교사로 헌신하기로 결단했다. 그리고 1888년 토론토에서 조선으로 출항하게 된다.

"젊은이, 한국으로 떠나는 거지? 내가 자네를 위해 기도할 걸세."

무디는 떠나는 게일을 기도로 축복했다.

정규교육을 제대로 받지 못했던 무디는 역설적으로 다음세대 교육에 남다른 열정을 가졌다. 당대 최고의 석학이자 부흥사인 R. A. 토레이(R. A. Torrey) 목사를 초빙하여 무디성경학교의 교장으로 임명했다. 토레이 목사의 순회 부흥회는 20세기 초 웨일스 부흥, 인도의 묵티 부흥으로 전이된다. 그리고 이것은 LA 아주사 부흥과 1907년 평양 대부흥과도 연결된다.

R. A. 토레이에 이어 그의 아들 R. A. 토레이 2세 역시 중국 선교사로 헌신했으나, 상해에서 교통사고로 한쪽 팔을 잃었다. 이후 귀국하여 장애인 목회를 하던 그는 한국전쟁 후 한국 성공회

본부의 제안을 받아 장애인들에게 의족을 제작해주기 위해 한국으로 오게 되었다.

그의 아들 R. A. 토레이 3세가 대천덕 신부이다. 대천덕 신부는 한국을 위해 기도하라는 사명을 받고, 강원도 대관령에 예수원을 설립하여 노동과 기도를 통해 한반도의 청년을 세우는 사역을 펼쳤다. 지금은 R. A. 토레이 4세가 대관령 삼수령에서 복음 통일 기도 운동을 이어가고 있다. R. A. 토레이 가문은 특별하게 한반도를 위해 캐스팅하신 가문이다. 4대에 걸쳐 한국을 위해 기도하게 하셨다.

무디의 학생자원운동을 통해 조선 땅에 상당수의 청년 선교사들이 파송되었다. 하나님은 이처럼 하나님의 사람들을 통해 일해 오셨으며, 한반도 땅에서 지금도 일하고 계신다. 끊임없는 찔림을 통해 기도하는 기도자들을 일으켜 세우신다.

25 무디의 정신

무디신학교 윌리엄 워싱턴(William Washington) 부총장의 협조로 월요일 오전부터 오후 내내 무디신학교에서 촬영할 수 있었다. 그리고 워싱턴 부총장을 인터뷰했다.

"무디의 정신은 한마디로 복음 선포에 있습니다. 복음 선포를 통해 하나님의 사람들과 교회들을 세우는 것이죠. 학생들에게 예수 그리스도 안에서 이룰 수 있는 모든 것을 이루도록 영감을 주고 동기를 부여합니다. 이것이 무디학교가 하고 있는 일이죠.
무디신학교는 이스라엘, 가나, 우간다, 인도, 아르헨티나, 멕시코 등 전 세계 여러 나라에서 온 다양한 학생들이 기도하며 배우는 학교입니다. 과거에는 무디학교 학생들이 열방으로 나갔다면, 이제는 열방에서 찾아온 학생들이 이곳에서 교육을 받고 다시 자기 나라나 제3의 선교지로 돌아가 복음을 증거합니다.
이를 위해 우리 학생들은 매주 시카고 시내 전역으로 파송되어 나갑니다. 이들은 노숙자 보호소, 푸드 뱅크, 청소년 단체 등 교회와 협력하는 모든 사역지에 참여하고 있습니다.
무디의 정신은 '말보다 행동, 바로 그 즉시'입니다. 그리스도 예수 안에서 선한 일을 위해서 지으심을 받았다는 확신이 무디의 사명 중의 하나입니다.

저는 보시다시피 미국인치고는 정말 작은 키입니다. 5피트(약 152cm)밖에 안 되지요. 하지만 하나님은 저의 작은 키를 사용하셔서 누구를 만나든지 저를 잊지 않고 기억하게 하십니다."

워싱턴이 웃는다. 정말 그런 것이, 나도 그를 처음 보았을 때 '열정적으로 설교하는 키 작은 목사'로 바로 각인되었다. 하나님은 키와 용모를 보지 않으시고, 그 중심을 보신다.

인터뷰를 마치고 뜨겁게 안았다.

26 돌아온 탕자의 변화가 부흥이다

1850년 시카고의 장로신학교가 재정난으로 문을 닫자, 1859년 사이러스 맥코믹(Cyrus McCormick)이 기부하여 다시 개교한 학교가 맥코믹신학교(McCormick Theological Seminary)이다. 맥코믹은 말을 이용한 곡식 수확기를 개발하여 큰 부를 이룬 사람이다.

맥코믹신학교는 조선 땅에 지대한 영적 영향을 끼쳤다. 평양 대부흥과 장대현교회의 설립, 한반도 부흥의 주역인 사무엘 모펫(마포삼렬), 백정들을 섬긴 사무엘 무어(모삼열), 대구 지역을 개척하고 계성학교를 새운 윌리엄 베어드(배위량), 성경 번역을 주도한 윌리엄 레이놀즈(이눌서), 그리고 숭실학교와 성경통신학교, 농업선교를 일으킨 윌리엄 스왈렌(소안론) 등 한국 초기 선교의 핵심 인재들이 맥코믹신학교 출신이다.

특히 스왈렌 선교사의 제자 중에는 극적인 회심의 주인공들이 있는데, 그중 한 명인 이기풍 선교사는 평양 깡패 출신으로 사무엘 모펫 선교사에게 "코쟁이 귀신은 물러가라"며 얼굴에 돌을 던지는 등 모질게 핍박했었다. 그런 그가 하나님을 만난 뒤 평양신학교 1회 졸업생이 되어 제주도 최초의 한국인 선교사로 활동했다.

이기풍이 제주도에서 선교보고서를 보내자 사무엘 모펫은 "이

기풍 선교사가 깡패일 때 던진 돌을 맞아 생긴 턱의 흉터가 아직 아물지 않았으니, 이 흉터가 아물 때까지 더욱 분투하고 노력하시오"라고 답장했다. 모펫의 당부대로 이기풍 선교사는 신앙의 결기를 지키며, 일본의 신사참배를 거부하다가 1942년 순교했다.

스왈렌의 또 다른 제자는 황해도 안악골 호랑이로 유명한 주먹패 출신의 김익두 목사이다. 그는 스왈렌을 통해 복음을 받아들여 예수를 영접했고, 1910년 평양신학교 3회 졸업생으로 목사 안수를 받았다. 김익두 목사는 1950년 10월 한국전쟁 당시 순교했다.

이처럼 조선을 비롯한 열방에 수많은 청년 선교사들을 배출했던 맥코믹신학교는 1970년 도시 사역에 집중하기 위해 시카고 시내로 이전했다. 그러나 규모가 점점 축소되어 2003년부터는 루터교신학대학과 캠퍼스를 공유하며 협력하고 있다. 한 시대를 풍미했던 나라와 민족과 대학도 다음세대를 목양하지 못하면 소멸하게 된다는 안타까움을 맥코믹신학교를 방문하면서 느꼈다.

시카고 도시 부흥

그 맥코믹신학교의 켄 소이어(Kenneth Sawyer) 교수를 인터뷰했다. 그를 통해 시카고 도시 부흥의 역사를 들었다.

"부흥을 탕자의 비유에서 찾아봅니다. 아버지의 돈을 탕진하고 돌아온 둘째 아들, 이를 받아들여야만 하는 형의 변화와 도전, 아버지의 주권적인 사랑이 이 비유에 담겨 있죠.

시카고는 1871년 대화재 이전과 이후 모두 부흥을 통해 재건된 도시입니다. 첫 번째 회중(교회 공동체)은 부흥주의 설교자들 사이에 깊이 뿌리를 두고 있습니다. 장로교인, 회중교회주의자, 감리교인, 침례교인 모두 매우 빠르게 이 영역으로 들어갔습니다. 로마 가톨릭 신자들도 이 부흥의 흐름에 함께했지요.

그래서 우리는 이 거대한 도시가 어떻게 조직되어야 하는지, 어떻게 해야 복음화될 수 있는지, 얼마나 많은 인구가 복음으로 변화될 수 있는지에 대한 방법을 19세기 시카고의 역사 속에서 발견하게 됩니다.

특히 1850년대, 60년대, 70년대에는 가톨릭 부흥이 전해지고 있습니다. 이는 매우 흥미로운 일이죠. 그러니까 우리는 시카고의 역사를 제대로 이해하고 싶다면 이 부흥주의를 제쳐두고는 불가능하다는 것을 깨닫게 됩니다. 저는 2차 공민권운동과 금주 운동, 노예제 폐지론, 여성의 권리 등 주요 사회 개혁 운동들이 부흥 운동의 여파였다고 생각합니다."

왜 부흥을 '예수 혁명'이라고 하는지 이해가 됐다. 시카고는 애초 부흥의 도시로 설계된 것이다.

커피를 한 모금 마신 뒤 켄 소이어 교수의 증언이 이어진다.

"D. L. 무디는 그 당시 미디어에 정통한 사람이었습니다. 그는 찬양 사역자 아이라 생키를 만났을 때 즉각적인 효과를 깨달았고, 생키의 강력하고 서정적인 목소리가 자신의 메시지를 확장시킬 수 있다고 판단했습니다. 또한 무디는 교파를 초월하여 모두와 협력했던 에큐메니컬(연합) 주의자였습니다.

그는 단순하게 설교했고, 다 바쳐 교육했으며, 모두와 협력했고, 소외된 자를 사랑했습니다. 시카고는 부흥의 상징이었지만, 지금은 마이클 조던의 도시 정도로 보입니다. 우리는 실제로 한 도시이지만 두 도시인 곳에 살고 있습니다. 안전하고 소득 수준 높고 풍요로운 도시이면서 동시에 가난하고 소외되고 도움이 필요한 도시 말이죠. 복음은 상처받은 이웃 사람들 속에 있고, 탕자가 변화되는 것, 즉 우리 공동체에서 가장 소외되고 가장 비난받는 자들이 변화되는 것이 부흥입니다. 저는 1960년대 후반, 1970년대 초반 '예수 운동'에 감사하는 사람입니다.

저는 탕자의 비유에 나오는 형과 사랑이 많은 아버지에 대한 은혜를 깨달았습니다. 이 이야기를 어떻게 확대 적용할 수 있을까요? 나의 사랑하는 아내와 가족과 자녀들에게 확대 적용할 수도 있고, 또는 시카고 남쪽에 있는 아프리카계 미국인 회중들에게 적용할 수도 있을 것입니다. 부자들이 아니라 가난한 자들, 서 있는 자들이 아닌 넘어진 자들, 힘 있는 사람들이 아니라 힘없는 사람들이 있는 곳이죠. 그곳이 바로 복음이 있는 곳이고, 회심이 계속해서 일어나야 하는 곳입니다."

40년 동안 맥코믹신학교의 강단을 지켜온 켄 소이어 박사가 강하고 낮은 어조로 마무리지었다.

돌아온 탕자의 변화가 부흥이다. 성경은 진리의 보고이다. 깨닫지 못했던 진리의 기쁨이 성경 안에 있다. 돌아온 탕자인 둘째 아들을 캐스팅하신다. 내가 둘째 아들이었던 그날을 기억해본다. 그리고 다시 반문한다. 당신이 돌아온 둘째 아들이었던 그날은 언제였는가?

Part 4

부흥의 점화와 지속, 소멸

: 미국의 부흥 3

27 부흥은 기도로 점화된다

미국에 온 지 2주를 넘어섰다. 차로 이동하고, 기도하고, 촬영하고, 단순하지만 강도 높은 일정에 피로감이 몰려온다. 하지만 아직도 미국 촬영의 여정이 한 달 넘게 남아 있다. 성령 하나님은 촬영팀을 로키산맥의 심장인 콜로라도 스프링스로 이끌어서 전열을 정비케 하신다.

콜로라도는 미군기지와 공군사관학교가 있는 군사도시다. 이 지역은 로키산맥이 관통하는 산악지형에 둘러싸여 있으며, 자연경관이 아름답다. 또한 미국 중서부에 위치하여 동서와 남북으로의 접근성이 뛰어난 지역이기도 하다.

이곳은 오래전부터 종교적 유대감과 보수적 성향이 짙은 곳이어서 복음주의가 깊게 뿌리 내리고 있다. 성경공부와 제자훈련을 통해 신앙을 성장시키는 '네비게이토', 가족 간의 관계 회복과 결혼과 자녀 양육을 돕는 '포커스 온 더 패밀리' 등의 본부가 이곳에 있다.

마침 한국의 복음 통일을 기도하는 '선교통일한국협의회(선통협)' 세미나가 이곳에서 열리고 있어서 공동대표인 황성주 박사를 만나 인터뷰할 수 있었다.

황성주 박사는 암 면역 전문 의사이자 교수이며, 저술가이자 이롬그룹의 경영인이며 목회자다. 한 사람이 이토록 다양한 분야에서 쓰임 받는 것도 놀라운 일이다.

부흥의 주체는 하나님

황성주 박사에게 부흥을 질문했다.

"부흥의 주체는 하나님이십니다. 하나님의 주도권을 인정하는 것인데 부흥은 절박성 속에서 하나님께 부르짖고 매달리는 것이지요. 하나님이 제일 좋아하시는 것은 '하나님밖에 없습니다'라는 고백인데, 이렇게 고백하는 것이 부흥입니다."

너무나 색다른 표현이다.
하나님이 제일 좋아하시는 것은, "하나님이 전부에요"라는 고백이다. 이것이 부흥이다.

"다른 가능성이 전혀 없을 때, 오직 주님만 이렇게 붙잡고 나갈 때, 하나님이 기뻐하시는 상한 심령을 드릴 때, 부흥의 역사가 일어나죠. 안타까운 것은 대부분 기독교인들의 기도가 다른 종교인들과 별반 차이가 없다는 거예요. 기도는 자기 소원을 비는 것이 아닙니다. 피조물의 간절함이 창조주의 마음과 부딪혔을 때 폭발적인 역사가 일어나는 데, 그것이 부흥입니다."

찬양 가사와 같은 말씀이 이어진다.

발복(發福)을 비는 기도와 간구(懇求)하는 기도는 같은 듯하지만 다르다. '발복'이라는 용어는 주로 무속신앙이나 민간신앙에서 사용되는 표현으로, 조상의 음덕이나 신의 가호를 통해 자손 대대로 복을 받는 것을 의미한다. 반면 간구는 자신의 필요나 소원을 하나님께 간절히 구하는 행위를 뜻한다. 하나님의 주권을 인정하고 그분께 전적으로 의지하는 태도를 나타낸다.

기독교인들이 드리는 간구에는 절대 감사가 전제된다. 이것이 우상들에게 비는 발복과 다른 결이다.

아무것도 염려하지 말고 다만 모든 일에 기도와 간구로,
너희 구할 것을 감사함으로 하나님께 아뢰라 빌 4:6

"부흥은 간절하게 구하는 절박함으로부터 오죠. 종교개혁도 절박한 한 영혼을 선택하신 것이고요. 존 웨슬리 역시 선교를 위해 조지아로 향하던 중 폭풍을 만났을 때, 두려움 없이 찬송하며 기도하던 모라비안 성도들의 온유하고 평온한 모습에 큰 충격과 감동을 받고 영적인 갈급함을 갖게 되지요. 그런 가운데 올더스게이트 집회에서 로마서 전문을 들을 때 말씀의 불을 받고 성령을 받아 열방 부흥의 선포자가 됩니다."

문밖에서 기다리며 캐스팅한 자를 포기하지 않으시는 성령 하나님이시다.

"한 영혼을 통해서 완전히 바뀌는 것입니다. 웨일스 탄광 부흥 때 나귀도 성령 충만했다는 말이 있잖아요. 이반 로버츠 한 청년의 부흥이 탄광촌을 바꾸고, 마을과 도시를 지나 영국을 변화시키고 바다 건너 미국에까지 영향을 미쳤습니다. 이때 중요한 것이 기도입니다. 허드슨 테일러 같은 선교사들 뒤에는 기도하며 후원한 조지 뮬러가 있었습니다. 조지 뮬러의 기도가 영국 웨일스, 미국 아주사, 인도, 남아공, 평양 부흥으로 이어지지요."

부흥은 기도를 통해 점화된다. 그 불이 사람들을 통해 전이되고 증가되어 바다를 건너 확산되는 것을 볼 수 있다. 불이 터지는 장소가 있고, 첫 불을 던지는 사람이 있다. 그런데 이 첫 불 뒤에는 드러나지 않는 기도자들이 존재한다. 모든 부흥의 현장에는 감춰진 기도자들이 존재한다.

박사님의 말을 들으며 이미지를 떠올려본다.
영국 런던의 어느 겨울, 추위가 매서운 새벽이다. 오만 번 기도 응답을 받은 조지 뮬러 뒤에는 부모 없는 고아 어린이들의 고사리 손 기도가 있었다. 땔감이 부족해 입김이 나오는 추운 겨울, 강당에 함께 잠자는 고아 어린이들의 숙소, 당장 아침으로 먹을 빵 한 조각 없는 천여 명의 아이들이 아침에 깨어나 기도한다. 조지 뮬러의 기도이다.

장면이 바뀐다.

빵과 우유를 배달하러 가던 마차의 바퀴가 부러진다. 바퀴의 상태를 확인한 마부가 난처한 듯 사방을 두리번거린다. 조지 뮬러의 고아원이 눈에 들어온다. 그 시각 고아 아이들의 기도가 강당 안에 메아리친다. 배달을 할 수 없게 된 마부는 강추위에 곧 식어 딱딱해질 빵과 우유를 고아원에 기부한다.

아이들은 자신들의 필요를 구하지 않았다. 하나님의 사랑을 구했고 감사를 올렸다. 간절하게 열방에 나가 있는 선교사들과 믿지 않는 사람들에게 복음이 증거되도록 간구했다. 그 부흥의 기도가 고아원 아이들의 아침을 책임지게 했다.

이런 일상의 기적이 조지 뮬러를 오만 기도 응답의 아버지로 만들었다. 나는 하나님이 거절하실 수 없는 기도를 드리고 있는가? 조지 뮬러와 부모 없는 아이들의 기도가 20세기 부흥을 이끌었다.

황 박사가 힘차게 말씀한다.

"지금은 추수의 때예요. 우리는 군화 신은 신부여야 합니다. 한민족을 향한 데스티니, 즉 목적을 깨달아야 해요. 2021년 처음 'BSH

선포'(Billion Soul Harvest, 10억 영혼 구원)를 했는데요, 2024년부터는 어린이들까지 합쳐서 전 세계 20억 사람들에게 복음을 증거하는 것으로 확대 선포 중이에요.

BSH는 새로운 부흥지역을 찾는 것이 아니라, 이미 불이 붙은 지역에 기름을 붓는 겁니다. 'Holy, Hidden, Humble'의 정신으로 경건하고 겸손하고 감추는 마음으로 오직 복음을 선포하는 것입니다."

콜로라도 국제리더십훈련원(ILI)에서의 가을밤이 깊어간다. 사슴이 아침마다 찾아오고, 곰이 숲길에 나타나는 곳이다. 깊은 밤 한반도의 데스티니와 부흥을 묵상해본다.

기도해야 산다

1907년 평양 대부흥을 경험한 이후 일제에 나라를 빼앗겼다. 시련의 기간, 기도케 하기 위함이다. 1919년 3.1운동은 부흥 운동이다. 부르짖음의 기도를 우리에게 주신 것이다. 1950년 한국전쟁은 온 국민에게 생존의 급박함을 느끼게 했고, 그 절박함은 산천과 초목까지도 기도하게 했다.

1960년대 국가 주도의 산업화가 이루어졌고, 이후 유신정권 하에서 이런 경향은 더욱 강화되었다. 국가가 국민의 인권을 강제해서라도 가난을 극복하려 했다. 1945년 미 군정 포고령 제1호로 시작된 통행금지령은 매일 자정부터 새벽 4시까지 전 국민의 통행을 금지했다. 위반하면 경범죄로 처벌받았다. 이는 1982년

1월 5일 해제되기까지 37년 동안 시행됐다. 하지만 이 악법이 가져온 유익이 있다. 한국교회의 철야기도는 통행금지가 가져온 축복이었다. 교회에서 수요일이나 금요일 저녁에 예배를 드리다 보면 시간이 늦어지고, 어차피 집에 갈 수 없게 된 성도들이 밤을 새워 철야기도를 한 것이다. 37년 동안이다. 하나님은 한 세대를 넘어선 기도를 받고자 하셨다.

나라를 빼앗기는 아픔, 동족 간의 전쟁, 배고픔과 가난의 절망, 그리고 여전히 분단된 현실. 이 모든 것이 철야기도와 부흥으로 돌파되었다. 기도해야 산다.

28 부흥은 생명이 살아나는 것

콜로라도에서 오클라호마주 털사에 있는 오랄로버츠대학교로 이동하려는데, JAMA의 강순영 목사님과 연락이 되었다. 존 파이퍼(John Piper) 목사님을 〈부흥〉 영화의 해설자로 모시려고 캐스팅 중이었는데, 존 파이퍼 목사님과 친분이 있는 JAMA의 설립자이신 김춘근 장로님이 도움을 주신다고 하셨다는 것이다. 할렐루야! 일정을 쪼개어 달라스를 경유하기로 했다. 강순영 목사님도 합류해주셨다. 하나님이 이끄시는 일에는 서로 합력하여 선을 이루게 하신다.

문제 앞에서 어떻게 반응할까?

달라스 공항에 도착했다. 수하물을 찾고 렌터카를 인수하기 위해 이동했다. 한 차로 이동하기 위해 12인승 승합차를 빌렸다. 그런데 신청한 차량과 다른 차량이 배차된 게 아닌가. 행정 착오가 생긴 모양이다.

어수선한 상황에서 짐을 확인하는데 드론 카메라 가방이 안 보였다. 그렇게 서로의 짐을 번갈아 확인하며 체크하는데도, 워낙 짐도 많고 비행기를 타고 내리기를 수십 번 하다 보니 실수가 생기는 것은 어쩔 수 없다.

하나님을 인격적으로 만난 후에 받게 된 은혜 중에 하나가, 현장의 어려운 문제가 발생했을 때 원인을 사람에게 돌리지 않고 문제 해결에 집중하게 되었다는 것이다. 일단 촬영팀이 모두 모여 감사를 드렸다. 다 잃어버릴 수도 있었는데, 메인 카메라 가방이 아닌 드론 카메라 가방만 분실하게 하셨으니, 얼마나 감사한 일인가? 그리고 가방을 잃어버린 것에 대한 잘잘못을 따지는 대신 드론 촬영을 대신할 방법을 논의했다.

몇 가지 대처 방안을 세웠다.
1. JAMA 본부에 드론이 있는지 확인한다. 드론이 있다면 빌린다.
2. JAMA에 드론이 없는 경우, 인근 한인방송국이나 한인 교회 중에 드론을 가지고 있는 곳을 수소문하여 대여한다.
3. 최종적으로 드론을 구하지 못할 경우, 달라스 촬영 장비 업체에서 직접 구입한다.
4. 드론 확보에 실패할 경우 JAMA 측의 홍보 영상 원본을 제공받아 임가공한다.

이렇게 문제가 발생할 때 문제의 원인을 사람에게 두지 않고, 해결 방안에 초점을 맞추게 되니 팀원이 한마음이 되어서 사역에 집중하게 되었다. 만에 하나 어려움이 생기거나 실수가 생겨도 우리 팀은 그 어려움을 공동체의 몫으로 생각해서 함께 돌파한다.

〈부흥〉 영화의 제작과 촬영은 영적인 영역의 일이다. 따라서 이 일에는 크고 작은 방해가 나타날 수밖에 없다. 우리가 바른 작업을 하고 있다는 증거이다. 어려움이 은혜이고, 큰 산이 나타나는 것이 당연하다. 그 큰 산을 주님과 동행하며 무너트린다.

텍사스 달라스 공항에 드론 카메라 분실 신고를 하고, 렌터카를 다시 교체 받아 1시간 40분 정도 국도를 달려 숲길로 들어섰다. 자연 풍광이 아름다운 린데일 둔지 한가운데 JAMA 캠퍼스가 서 있었다.

'부흥은 생명이 살아나는 것이다!'

성령 하나님이 마음에 감동을 주신다. 하나님은 시대를 세우기 위해 매 순간 사람을 캐스팅하신다. 하나님은 사랑하는 자녀들을 위해 한순간도 허비하지 않으신다. 81억 인류 중에 반드시 오늘 성령 하나님에게 반응하는 단 한 사람을 찾고 계신다.

예수님이 주신 말씀의 심장

텍사스 JAMA 본부에서 만난 김춘근 장로도 그런 분이다. 신장암으로 거동이 자유롭지 않으셨음에도 불구하고, 먼 곳에서 온 방문객을 반갑게 맞아주셨습니다. 그리고 곧바로 예수님이 주셨던 말씀의 심장을 나눠주셨다.

"한국전쟁으로 폐허가 된 나라에서 20대 후반, 국비 장학생으로 미국 유학길에 올랐습니다. 1967년에 서던캘리포니아대학교에서 동양인 처음으로 미국 정치학으로 석·박사를 받았고, 108대 1의 경쟁률을 뚫고 페퍼다인대학교의 교수가 됐습니다.

30대에 교회 장로가 되고, 최우수 교수로 상을 받는 등 삶에 어느 정도 자신이 생겼을 때였습니다. 극심한 피로감으로 병원에 갔더니 의사가 악성 간경화와 간염으로 간 상태가 손쓸 수 없어 곧 죽을 것이라고 진단하는 거예요. 37세에 모든 것을 다 이루었다고 생각했는데, 사랑하는 아내와 어린 자녀들을 남겨두고 죽는다니, 저 자신이 용납이 안 되었습니다.

문득 이래도 죽고 저래도 죽는다면, 하나님께 원 없이 매달려본 후에 죽자는 생각이 들었어요. 그래서 LA 빅베어마운틴으로 올라가 금식기도에 들어갔지요.

기도 중에 '네가 지금 육신적으로 죽는 것은 핏속의 독소 때문이지만, 진정으로 죽는 것은 네 영혼 속의 독소 때문인 것을 모르느냐'라는 하나님의 음성이 마음의 감동으로 임했어요."

열정에 찬 부흥자의 증언이 쏟아져 나왔다. 왜 미국 청년들이 장로님의 선포에 감동할 수밖에 없었는가 깨닫는다.

"죽어가는 육체를 올려드리고, 교만과 죄악을 철저히 회개하기 시작했어요. 회개는 사랑을 주시기 위한 과정이에요. 빌립보서 1장 8

절에서 사도 바울이 말하던 예수 그리스도의 심장을 말씀으로 받았습니다."

내가 예수 그리스도의 심장으로 너희 무리를
얼마나 사모하는지 하나님이 내 증인이시니라 빌 1:8

"신기하죠, 예수 심장을 받으면 죽을병이 문제 되지 않습니다. 그날로부터 '미국을 신앙으로 위대하게 만들라'는 비전의 JAMA 영성운동이 시작됐습니다. 내게 건강을 주셨으니, 제 삶은 제 것이 아닙니다. 미국의 다음세대를 깨우는 일에 헌신하기로 결단했습니다. 그날부터 미국의 대학들을 다니며 기도와 금식, 다음세대 리더 양성 및 복음 선포 사역에 전념했습니다. 제가 행정 입법을 통해 알래스카주의 경제 부흥을 위한 몇 가지 일을 추진했더니, 사람들이 과분하게 '알래스카의 요셉'이라는 별칭을 붙여주었어요. 모든 것이 다 주님의 은혜입니다."

JAMA를 통해 미국 캠퍼스 부흥이 선포됐다.

회개로 죄와 분리하라

텍사스 JAMA 본부에서 달라스 공항으로 다시 이동하면서, 1박 2일 동안 이어진 촬영본을 다시 살펴보았다. 김춘근 장로님의 신앙의 본질은 철저한 회개였다.

"회개는 죄에 대한 고백인데요, 이게 하나님과의 사랑을 회복하는 순간입니다. 왜 고백하는 것이 중요하냐면, 죄를 객관화하는 순간 죄란 놈이 나와 분리되기 때문이에요. 공개된 자리에서 회중에게 죄를 고백하기 어려우면, 매일 일기를 통해서라도 자신의 하루의 죄를 고백하는 것이 유익합니다. 죄와의 분리가 회개의 시작이기 때문입니다. 분리되지 않으면, 죄는 우리 심중 어딘가에 숨어 있다가 적당한 때를 기다려 다시 모습을 드러냅니다."

나는 여러 죄성 중에 특별히 분노에 대한 연약함이 있었다. 분노하는 아버지로부터 받은 죄의 유산이다. 작은 일에도 불쑥불쑥 화를 내는 사람이었다.

감사하게도 2008년 주님을 만난 그날부터 나는 분노가 죄라는 사실을 깨달았다. 분노는 상처를 자양분으로 자라난다. 분노가 내 마음 깊은 곳에 손상된 감정 여러 곳에 뿌리를 내리고 있다. 분노는 무시당했다는 생각을 심어주고 일순간 화를 폭발하게 만든다. 숨어 있던 분노의 영을 객관화시켜야만 정체가 드러난다.

분노를 비롯해 죄는 우리의 생각을 파고들어 말로 이어지고, 행동을 묶어 중독된 습관으로 성장한다. 중독의 결과는 죽음이다. 우리 삶의 최대의 적은 바로 이 '죄'다. 죄에 지면 죽는다. 죄에 묶인 인간은 완전한 절망, 즉 희망 없는 절망 상태가 된다.

이런 나를 구원하시기 위해 독생자 예수 그리스도를 보내신 분이 바로 하나님이시다. 죄 문제 해결을 위해 예수님은 십자가에 못 박혀 죽임을 당하셨다.

　예수님을 만나면 살아난다. 우리가 살길은 예수님밖에 없다. 예수님의 십자가의 은혜와 사랑을 깨닫는 것이 부흥이다. 하나님의 구원 계획과 예수 그리스도의 사랑으로 우린 죄에서 구원받았다. 이것이 예수님의 캐스팅이다. 죄에서 해방되어 성령 하나님과 함께하는 자유자가 되었다.

　이러한 예수님의 사랑에 어찌 감사하지 않을 수 있겠는가? 바로 그 절대 감사가 부흥이다. 분노를 때려잡는 것이 절대 감사이다.

　아무리 말씀하셔도 도무지 알아듣지를 못하니 각양각색의 만남을 통해 부흥을 떠먹여 주신다. 하나님은 살아 계신다, 보혈의 피가 능력이다. 이 글을 읽다가 방언을, 은혜를, 회개, 치유를, 자유를 받도록 기도한다. 주님, 이 글의 문장마다 어린양의 보혈이 흐르게 하소서!

　공항에 도착하니, 공항 분실물센터에 접수된 물품 중에 우리의 드론이 있다고 한다. 얼른 분실물센터로 가서 분실 경위에 대한 서류를 작성하고 드론을 되찾았다. 어떤 상황에도 분노에 덫에 걸리지 않도록 절대 감사한 결과이다. 주님이 하셨다.

　그로부터 2년 뒤 2025년 3월 10일 김춘근 장로는 85세를 일기로 하늘의 부르심을 받았다. 〈부흥〉 팀과의 간증 선포가 김춘근 장로의 공식적인 마지막 말씀 증거였다.

29 주님 손안에 있다

　텍사스 달라스 공항에서 광활한 평지를 가로질러 오클라호마 주 털사에 위치한 오랄로버츠대학교(Oral Roberts University)로 이동한다. 4시간 반 정도 걸리는 여정이었다.
　몇 시간을 달렸을까, 텍사스와 오클라호마 경계에 있는 레드 강을 건넜는데, 이 강은 두 지역의 중요한 경계선이라고 한다. 촬영 차가 아버클 산맥(Arbuckle Mountains)을 오르기 시작했다. 흡사 강원도 산길 같았다.

　산길을 달리던 차량이 갑자기 '쿵' 하는 소리와 함께 영화의 한 장면처럼 좌우로 크게 흔들리며 우당탕 쿵탕거리더니, 긴 파열음과 함께 우측 노변에 가까스로 정차했다. 다친 사람이 없는지 확인하고 차에서 내려보니 죽은 사슴의 사체와 부딪힌 것이다.
　다른 차량이 로드킬하여 도로에 방치된 사슴 사체를 우리가 미처 발견하지 못하고 재차 추돌한 것이다. 사슴의 뿔이 차체 밑바닥에 부딪히고 끼이면서 차량 하부에 심각한 손상이 발생한 듯했다.
　차량 아래에서 떨어져 나온 부품이 지면에 계속 끌리면서 시속

20킬로미터 정도의 저속으로만 운행이 가능했고, 그마저도 심한 마찰로 인해 흙먼지가 끊임없이 일어나는 상황이었다.

대각선 우측 뒤편에는 견인차를 기다리는지, 교통경찰 차량이 대기 중이었다.

순간 나는 판단을 해야 했다. 뒤쪽에 있는 저 교통경찰의 도움을 받을 것인가? 아니면 아무 일 없는 것처럼 현장을 벗어나야 할 것인가?

'주님께 이 상황을 올려드립니다.'

주님은 정확한 말씀을 주시진 않았지만, 경찰의 도움을 받는 것에 대한 무거운 마음을 주셨다. 그래서 곧장 현장을 빠져나가기로 결정했다.

차량 손상과 관련해 렌터카 회사에 문의하니, 차량 교체는 내일 오후에나 가능하다고 한다. 한국과는 너무나 다른 대처였다. 한국의 경우 24시간 안에 물건이 직배송되고, 사고 현장에 렌터카가 최대 2시간 안에 무조건 도착하는 등 '빨리빨리 문화'가 만들어낸 좋은 점들이 분명히 있었다.

우리는 그 장소를 벗어나 차를 수리할 만한 곳을 찾기 시작했다. 차량 상태가 도심까지 주행하기엔 무리였기에 가까운 곳을 찾아야 했다. 그때, 저 멀리 농기구 수리점으로 보이는 곳이 눈에 들어왔다. 가보니 대형 트랙터와 각종 농기구들이 수리 중이다. 카우보이모자를 쓴 작업복 차림의 남자에게 자초지종을 설명하고 차량 수리를 문의했더니, 차량 정비 시설이 없다고 한다. 그러면서 한 블록 지나서 카센터가 있으니 그곳으로 가보라면서 친절하게도 약도를 그려주었다.

다시 차량을 운전해서 이동했다. 하부의 끌림으로 흙먼지가 계속 피어올랐다.

언제나 기도가 최선의 해결책

사막의 전차처럼 먼지를 헤치며 나가는데, 난처한 상황 속에서 전 팀원들은 방언으로 기도했다. 모든 어려움 속에서 우리가 할 수 있는 최선은 기도이다.

우측으로 조금 전 안내받은 카센터가 눈에 들어왔다. 입구에 도착해보니 셔터가 내려져 있었고, '여름 휴가 중'이라는 안내가 보였다.

다시 이동 전, 우리는 기도했다.

"주님, 이 산중에 차량이 고장났습니다. 성령의 도우심으로 귀한 만남을 허락해주셔야 다음 일정을 소화할 수 있습니다. 도와주시옵소서!"

다시 인터넷을 검색해보니 인근에 카센터가 있었다. 다행히 통화가 되었다. 전화로 위치를 다시 확인하니 5분 거리였다. 덜덜거리는 굉음과 함께 흙먼지를 일으키며 이동했다.

코너를 돌자 우측 농가 입구에서 뽀빠이 멜빵바지를 입은 키가 큰 아저씨가 손을 흔든다. 사막 한가운데서 오아시스를 만난 것처럼 우리도 반갑게 손 인사를 했다. 이분은 개인 카센터 사장님이었다. 뽀빠이 멜빵바지를 입은 사장님이 우리 차량을 곧바로 리프트에 올렸다. 2미터 이상 올려진 리프트 덕분에 그동안 궁금했던 차량 하부가 완전히 드러났다.

차량 하부를 보호하는 언더커버가 사슴뿔에 찢겨 떨어져 나간 상황이었다. 반은 잘려 나가고 반은 늘어져 있었는데, 찢긴 언더커버 곳곳에 사슴털과 피가 묻어 얼마나 큰 충돌이었는지 짐작하게 했다. 만약 사슴 머리가 아닌 몸통과 충돌했다면 차가 뒤집혔을 것이다. 그 순간 핸들을 틀게 해주신 주님께 영광을 돌렸다.

사장님은 늘어진 언더커버를 이리저리 흔들어 보더니 잠시 기다려달라고 했다. 나는 카센터 입구에서 중보기도방에 조금 전 긴박했던 상황을 전하고 중보기도를 부탁했다. 잠시 후 뽀빠이 사장님은 철판을 절단하는 쇠가위를 들고 나타났다. 그리고 늘어진 언더커버를 1,2분 만에 잘라내고 차체를 리프트에서 내렸다.

고민하고 걱정하던 것에 비하면, 너무 간단하고 통쾌한 해결 아닌가? 뽀빠이 사장님이 기름때 묻은 장갑을 벗어서 털었다.

"고속도로를 달려도 아무 문제 없을 거요."

"감사합니다."

"당신들은 뭐 하는 사람들이지?"

"우린 기독교 다큐멘터리 〈부흥〉 영화를 찍는 촬영팀이에요."

"오, 나도 교회 다녀요! 하나님의 축복이 있기를!"

아버클 산맥 깊은 곳에서 이런 일을 당해 낭패였는데, 뜻밖의 귀인을 만나 차를 수리할 수 있게 되었다.

"사례는 얼마나 하면 되나요?"

"뭐, 크게 일한 것도 없는데, 점심값이나 하게 10불만 주쇼."

소박한 농촌의 넉넉한 인심을 느꼈다. 그래서 감사의 표시로 10달러를 더해 20달러를 드렸더니, 너무 좋아하셨다.

만약 언더커버를 제거하지 않고 운행했다면, 교통경찰에게 제지당했을 것이고, 정식 차량 수리가 안 될 경우 렌터카를 다시 빌려야 하는 등 일정이 지체될 뻔한 위기였다. 뽀빠이 사장님을 만난 덕분에 손쉽게 차량을 고칠 수 있었고, 위기를 벗어날 수 있었다.

차량은 정상적인 속도로 달려 털사 시내로 들어갔다.

30 부흥과 선교

　21세기 부흥의 가장 큰 축은 오순절 교단의 부흥이다. 뒤에서 남미 부흥을 다루면서 구체적인 내용을 다시 언급하겠지만, 미국 털사의 오랄로버츠대학교는 오순절 교단의 대표적 신학대학이다.

　대학 광장에는 기도하는 두 손의 조형물이 설치되어 있다. 한 손은 기도하는 바울의 손이고, 다른 한 손은 치료하는 의사 누가의 손을 상징한다. 특히 오랄로버츠대학병원에서는 한 환자당 의사, 간호사, 그리고 목사가 3인 1조로 배정되어 환자를 치료한다고 한다. 기도와 치료를 병행하는 대학교이자 병원인 셈이다.

　문득 한국에도 환자를 위해 의사와 간호사, 목회자가 3인 1조로 배정되는 병원이 설립되었으면 좋겠다는 생각이 들었다. 육체를 치료할 뿐만 아니라 영혼까지 치료하는 병원 교회가 필요하다. 불신자 한 영혼을 위해 '삼겹줄의 도전'이 필요하다. 아예 병원이 곧 교회라면 어떨까 하는 상상을 해보았다.

평생 부흥을 연구한 학자

오랄로버츠대학교에는 일평생 부흥을 위해 살아오신 학자이자 영성가인 마원석 교수가 계신다. 성령충만연구센터(ORU Center for Spirit-Empowered Research)에서 마원석 교수를 만나 대학 설립과 캠퍼스 부흥에 대해 질문을 드렸다.

"설립자 오럴 로버츠 목사는 백인 아버지와 인디언 어머니 사이에서 태어난 혼혈인입니다. 출생이 특별하죠. 그의 어머니는 하나님을 만나기 전 부족의 예언가였습니다. 그러다 하나님을 만나게 되었죠. 로버츠 목사가 고등학생 때 결핵에 걸려 죽음의 위기에서 주님의 이름으로 치유를 받았습니다.
'너는 하나님의 말씀과 성령 위에 대학교를 세워라.'
하나님은 로버츠 목사에게 비전을 주셨습니다.
하나님의 신유를 통한 영혼 구원의 체험은 1940년대 말 대형 텐트 연합 집회로 이어졌고, 1950년대 초에는 TV 매체를 통한 예배 중계로 확장되었습니다. 미국 수백만 가정이 TV 설교를 통해 주님을 영접하고 기도를 받았죠.
1963년에 복음 전도자를 키우려고 학교를 시작하여 성령으로 충만케 하고 사역 현장으로 보내는 사역을 시작했는데, 그것이 오랄로버츠대학교 설립으로 이어진 것입니다."

성령 하나님과 동행한 사람들에게서는 독특한 향내가 난다.

예수의 향기다. 예수의 향기를 뿜는 이들은 늘 평강하다. 감정에 크고 작은 변화가 별로 없다. 이번에는 마원석 교수 본인의 신앙 여정을 물었다.

"저는 1979년, 필리핀에 선교사로 나가서 27년 동안 사역했습니다. 2006년까지 160개 교회를 세우게 하셨죠. 저희가 키워낸 아이들이 성장하여 의사, 교사, 그리고 현지 사역자가 되었습니다.
제게는 필리핀이 고향입니다. 제 큰아들도 필리핀에서 선교사로 사역하다가 지금은 한국에 있습니다. 그 후 저는 영국 옥스퍼드에 있는 선교전문대학원(OCMS)에서 10년 동안 머물면서 아프리카, 아시아, 그리고 라틴아메리카 학생들을 훈련시켰습니다. 그리고 지금은 이곳 오랄로버츠대학으로 부르셔서 이 학교를 섬기고 있습니다."

성령 하나님이 마 교수의 평생을 이끌고 계셨다. 저절로 감사의 기도가 터져 나왔다. 그가 선교사의 시선으로 한반도 부흥을 말한다.

"세계 기독교의 중심축이 1983년을 정점으로 서구와 북구 중심에서 남구로 이동하고 있습니다. 그때가 한국교회를 불같이 일으키시고, 선교를 향한 뜨거운 불을 지펴주신 때였죠.
부흥이 복음 전도로 이어지지 않으면 그 부흥은 반쪽짜리에 불과

합니다. 내가 성령 충만 받고 내 교회만 들썩거리는 것으로 끝난다면, 그 부흥은 반쪽입니다. 부흥의 궁극적인 목표는 땅끝까지 이르러서 복음을 전하는 것이며, 그것이 성령께서 원하시는 목표입니다.

그래서 우리가 부흥의 한가운데 있을 때 하나님께서 세계 선교를 향한 뜨거운 불을 주신 것입니다. 우리는 부흥을 얘기할 때 처음부터 영혼 구원을 얘기해야 합니다.

한국에 들어왔던 초창기 서구 선교사들의 주된 목표는 한국교회의 자족과 자립이었죠. 그들은 '한국교회가 불같이 일어나니 세계 선교를 하도록 준비시켜야겠다'라고 생각하지 않았습니다.

한국인의 선교 열정은 자발적인 것입니다. 한국 선교사들은 다른 선교지에 가서도 단순하게 복음 전도 외에도, 그들에게 타민족을 향한 선교 사명을 심어줍니다. 이것이 한국 복음이 가지고 있는 독특함입니다."

마 교수는 이 점이 아주 흥미로운 점이며, 누군가 이 분야를 연구했으면 좋겠다는 말씀을 덧붙이셨다.

오순절 부흥의 특징

"어느 한 지역, 혹은 어느 한 리더를 중심으로 성령의 역사가 일어나면, 그 성령의 역사는 더 많은 사람을 부릅니다. 그 지역에서부터 온 나라, 또는 나라 밖에서까지 부흥을 경험하기 위해 사람들이 모여들기 때문에 주일뿐만 아니라 매일 모이기 시작합니다. 아주사 부흥 같은 경우는 하루 종일 모임이 지속되었고, 그것이 몇 년 동안 계속되었지요. 성령의 역사와 회개를 경험한 사람들은 이후 흩어져서 부흥이 또 퍼져나가기를 바라지요. 이것이 우리가 생각하는 부흥의 모습이며, 역사적으로 보아온 전통적인 부흥의 형태입니다.

그런데 이러한 형태의 부흥을 살펴보면 몇 가지 한계점이 있습니다. 대부분의 부흥이 '무슨 일이 일어났다더라'라고 하는 이벤트 중심이라는 것과 한시성의 문제를 가지고 있다는 것입니다. 대부분의 부흥이 오래 지속되지 못했고, 상당히 잘 지속되고 유지된다고 해도 그 영향력이 교단 이상을 넘어서지 못한다는 것입니다.

그런데 어느 한 역사학자가 '20세기에 일어난 오순절 운동은 세계교회사에서 가장 오랫동안 지속되고 있는 부흥 운동'이라고 말했습니다. 저는 이 말에 굉장한 도전을 받습니다. 물론 제가 오순절 교인이고 신학자이기 때문이기도 하지만, 제가 부흥에 대한 열망을 가지고 있기 때문입니다.

많은 부흥이 10년도 못 가고, 또 그 끝이 별로 안 좋을 때도 있었습니다. 성령께서 시작하셨지만, 인간의 탐심과 분열로 부흥 운동 자체의 의미가 훼손되는 경우도 있었기 때문입니다.

그런데 오순절 성령 운동은 이런 한계를 뛰어넘어 부흥의 연속성을 보여주었습니다. 과거의 부흥이 이벤트 중심이었다면, 오순절 운동은 120년 동안 계속되고 있는 지속적인 흐름입니다. 그리고 오순절 운동은 특정 지역을 넘어서 온 세계에 퍼져 있지요. 20세기 초 LA 아주사 거리에 성령 충만한 교인이 몇 명 있었다면, 오늘날은 6억 5천만 명이 성령 충만한 오순절 교인으로 온 세계에 퍼져 있습니다.

사도행전 1장 8절의 '오직 성령이 너희에게 임하시면 너희가 권능을 받고 예루살렘과 온 유대와 사마리아와 땅끝까지 이르러 내 증인이 되리라'라는 말씀은 '너희 모두'에게 하시는 말씀입니다. 120문도 모두에게 하시는 말씀입니다. 또한 그들을 통해 주께로 나오는 모든 사람들에게 해당하는 말씀입니다.

오순절 운동은 교단이 아닙니다. 모든 사람이 부르심을 받아서 복음을 전하는 것입니다. 성령의 능력을 덧입기 때문에 병든 자에게 손을 얹고 기도해서 병자가 낫는 것을 보기도 하고, 기사와 이적도 경험합니다. 내가 주님 앞에서 경험했던 것을 나눔으로써 성령으로 충만한 증거를 하는 것, 이것이 오순절 운동의 본질입니다."

기도하는 청년에게 희망이 있다

끝으로 마원석 교수는 오랄로버츠대학교의 학생들을 통해 희망을 느낀다고 말한다.

"저희 학교는 일주일에 두 번 채플이 있습니다. 수백 명이 앞으로 나와서 함께 찬양하고, 거기서 복음이 전해지고, 부흥회를 하고,

수백 명이 세례를 받는 일들이 매주, 매학기 일어나요. 우리는 매학기마다 새롭게 부흥이 됩니다.

예수를 믿고 성령 세례를 받고 병 고침을 받고 주님 앞에 헌신하는 일들이 대학교에 있는 4년 내내 계속된다고 생각해보세요. 예수를 안 믿고 들어왔다가 여기 와서 예수 믿고 성령 세례를 받고 주님 앞에 부르심을 받는 것입니다. 학생 600명 이상이 단기선교를 나가고, 어떤 학생은 졸업할 때까지 네 번이나 나갑니다. 단순히 복음을 듣는 것이 아니라 실제로 복음을 전하고 주님 앞에 깊은 헌신을 경험하고 일꾼이 되는 것, 이런 일이 1년 내내 일어나는 것이 부흥 아닌가요?

캠퍼스 한복판에 있는 기도탑에선 학생들이 매일 저녁 자발적으로 모여 찬양하고 기도합니다. 채플이 끝나면 수백 명의 아이들이 남아서 기도하고 찬양하며 주님을 간절히 사모합니다. 이제 19세, 20세인 청년들이 한 시간 전에 음식을 먹었어도 돌아서면 배가 고플 텐데 그런 육의 양식이 아니라 주님을 사모하고 찾는구나 생각합니다. 이것은 또 다른 모습의 부흥입니다. 성령께서 하시는 이런 부흥의 모습도 우리가 놓쳐서는 안 됩니다."

마원석 교수와 인터뷰를 마치고 오순절 교단이 강조하는 성령 운동의 의미를 생각해보았다. '운동'이라고 표현하니 가만히 있지 않고 어디론가 달려야 할 것 같은 역동성이 느껴진다. 성령 운동은 개인을 뛰어넘고, 그 지역 사회를 뛰어넘고, 대륙의 문화 장벽마저도 뛰어넘는다.

　마치 장애물 달리기에서 허들을 뛰어넘듯이 땅의 장벽들을 뛰어넘어 사람들의 삶을 변화시키는 것이 성령 운동 아닐까? 최소한 오랄로버츠대학교 안에서는 성령의 운동이 계속되고 있었다. 배움터의 부흥이 지켜지고 있었다.

　캠퍼스 부흥이 살아 있는 대학을 만나니 큰 감동이 밀려온다. 그래서 미국은 넘어질 듯 넘어지지 않고, 쓰러질 듯 쓰러지지 않는 하나님의 나라라는 생각이 든다.

　펜사콜라로 이동하는 비행기 안에서 오랄로버츠대학교 학생들의 정결한 찬양을 떠올리며, 캠퍼스 부흥을 위해 기도했다.

31 부흥의 불, 점화와 소멸

　미국의 부흥 촬영을 기획할 때부터 꼭 방문하고 싶은 곳 중에 하나가 펜사콜라의 브라운스빌교회였다.

　펜사콜라는 플로리다주 서부에 위치한 도시로, 그 역사는 1559년으로 거슬러 올라가며, 미국에서 가장 오래된 유럽 정착지 중 하나로 기록된다. 이곳은 스페인, 프랑스, 영국, 미국 등 여러 나라의 통치를 받았고, 1821년 미국령이 되었다.

　19세기부터 항구 및 군사도시로 자리매김하였고, 선원과 군인들을 상대로 한 매춘과 환락의 도시로 많이 알려져 있었다. 1960년대 이후에는 성적 해방구적인 성격이 강해졌고, 동성애자들을 위한 전문잡지가 발행되는 등 동성애 관련 문화가 형성되기도 했다.

　또한 당시 여성의 권리 중 하나로 낙태 시술의 합법성을 주장하는 이들이 활동하던 도시였으며, 이 때문에 펜사콜라는 이를 반대하는 보수주의자들에 의해 1984년 성탄절에 낙태 전문 병원 세 곳이 폭파되고, 1993년에는 낙태 수술 전문의사가 사살되기도 했다.

　이렇듯 매춘의 항구, 마약의 해변, 동성애의 도시라는 이미지가 강했던 펜사콜라에 1995년부터 2000년까지 약 5년 동안 부흥이 있었다. 그 결과 도시 전체가 전복되는 변화가 있었다.

펜사콜라 부흥의 예언

1991년, 미국을 순회하며 부흥회를 열던 조용기 목사가 시애틀 집회 중에 성령 하나님의 감동을 받아 펜사콜라의 부흥을 선포했다. 조 목사가 숙소에서 다음날 있을 집회와 미국의 회개를 놓고 기도하던 중, 성령이 강권적으로 미국의 지도를 펼치게 하셨고, 손가락을 이끌어 알지도 못하는 생소한 한 지역을 가리키며 부흥이 올 것이라는 감동을 주셨다. 그곳이 바로 플로리다주 펜사콜라 지역이었다.

그 다음 날 워싱턴주에서 열린 부흥 집회에서 조용기 목사는 어제 성령이 주신 감동을 그대로 전했다. 미국의 지도를 가져와 달라고 한 뒤, 펜사콜라 지역을 지목하며 선포했다.

"부흥이 있을지어다, 펜사콜라에! 이 부흥은 미국 전역에 청년을 일으켜 세울 것이다!"

마침 펜사콜라 브라운스빌교회를 목회 중이던 킬패트릭(John Kilpatrick) 목사는 교회 증축을 마친 뒤 부흥을 놓고 기도 중이었다. 그는 조용기 목사의 부흥 선포 소식을 전해 듣고, 그 부흥이 자신의 교회에 일어나게 해달라고 믿음으로 기도했다.

4년이 지난 1995년 5월, 킬패트릭 목사의 어머니가 소천했다.

큰 슬픔에 빠진 킬패트릭 목사는 6월 18일 '아버지의 날' 설교를 대신해줄 사람을 찾던 중에 12년 지기 친구이자 부흥강사인 스티브 힐(Steve Hill) 목사에게 말씀 선포를 부탁했다. 마약중독자로 살다가 주님을 만난 뒤 아르헨티나에서 목회하다가 순회 부흥사로 복음을 전하는 중이었다.

1995년 6월 18일 아버지의 날 저녁 예배에 천여 명의 성도가 예배를 드리고 있었다. 킬패트릭 목사는 조용기 목사의 부흥 선포 이후 단 하루도 빠지지 않고 부흥을 간구하는 기도를 해왔다. 스티브 힐 목사가 설교를 마친 뒤 안수 기도를 받기 원하는 성도들을 강대상 앞으로 초청했다. 바로 그 순간 성령님이 임재했다. 성도들이 여기저기서 쓰러졌고, 킬패트릭 목사도 쓰러졌다. 어떤 이들은 통곡하며 회개하기 시작했다.

부흥의 점화

이날부터 브라운스빌교회에 부흥이 시작되었다. 성령의 권능이 모든 예배 참석자들을 회개하게 했고, 찬양을 드릴 때마다 은혜가 부어졌다. 예배는 아침부터 저녁까지 철야로 이어지기 시작했고, 펜사콜라는 매춘과 마약, 동성애 문화의 도시가 아니라 부흥의 도시로 바뀌었다.

무려 5년 동안 예배가 지속되었다. 미국 전역은 물론 전 세계에서 예배를 드리기 위해 사람들이 모여들기 시작했다. 펜사콜라로 오는 비행기 편이 특별 증편되었고, 몰려든 예배자들을 수용할 숙박업소가 새롭게 만들어졌다.

단순하게 예배만을 위해 직장을 옮기거나 장기 거주하는 사람들이 늘어났고, 3년 뒤인 1998년에는 대규모 백인 중산층의 집단 이주도 시작됐다. 인구 5만8천 명의 도시에 연간 1백만 명이 넘는 방문객이 몰려들었고, 도시 전체가 새롭게 변화되기 시작했다.

교회는 본당 이외에 주차장을 앞마당으로 활용하여 새 예배당을 건축했으며, 좌우로 체육관, 교육관, 그리고 청년들을 위한 정규 성경신학교까지 만들었다.

시내 32개 초중고 모든 학교에 성경 공부 동아리가 생겨나 배움터의 부흥으로 이어졌다. 하나님의 손이 내려와 그 도시를 만지셨다. 펜사콜라 부흥은 지역 사회를 바꾸는 경제 부흥으로까지 이어졌다.

나는 펜사콜라를 직접 방문하기 전에 수많은 영상과 자료를 찾아보며 5년 부흥의 역사를 미리 공부했다. 너무나 가보고 싶은 곳이었다. 그토록 놀라운 부흥이 있었던 곳이라는 점도 물론 흥미를 끌었지만, 무엇보다 1995년 부흥 이후 2000년에 급속도로 부흥이 소멸된 이유를 알고 싶었기 때문이다. 부흥의 시작과 증가, 전이, 확산, 소멸 가운데 '소멸'을 촬영하기에 가장 적합한 도시와 교회란 생각이 들었다.

부흥의 주역이었던 킬패트릭 목사는 현재 다른 지역에서 목회

중이었다. 부흥사였던 스티브 힐 목사는 수년 전 암으로 소천했다. 이메일과 전화를 통해 킬패트릭 목사에게 부흥과 소멸에 대한 인터뷰를 요청했지만, "이미 브라운스빌교회를 사임한 지 오래되어 인터뷰할 말이 없다"는 거절을 받았다.

대신 현재 브라운스빌교회를 담임하고 있는 에번 호튼(Evon Horton) 목사가 인터뷰를 승낙해주었다.

부흥은 전적으로 하나님의 주권

다음 날 촬영을 앞두고 브라운스빌교회를 사전 답사했다. 수천 대가 주차할 수 있는 텅 빈 주차장에는 해안가에서 불어오는 바람에 텀블위드(Tumbleweed, 회전하는 잡초덩어리)만 굴러다닌다. 대학교 캠퍼스를 방불케 하는 건물이 정면과 좌우로 펼쳐져 있지만, 좌우측 건물은 사용하지 않는 듯했다. 중앙에 있는 건물에서만 불빛이 흘러나올 뿐이었다.

30년 전 이곳에 매년 백만 명의 예배자가 몰려들었고, 최고로 방문한 해에는 3백만 명이 찾아와 열린 예배를 드렸다고 한다. 드론 카메라를 띄워 교회 앞뒤를 촬영하며, 부흥의 시작과 확산, 그리고 소멸의 원인을 찾고 싶었다.

현재 브라운스빌순복음교회 담임목사인 에번 호튼 목사는 여의도순복음교회를 방문한 적도 있고, 조용기 목사에게 브라운스빌 부흥에 대해 직접 질문하고 식사하며 안수 기도를 받았던 경험을 이야기하며 함께 찍은 사진을 보여주었다.

"저는 캐나다 출신이에요. 브라운스빌교회에는 킬패트릭 목사가 떠난 뒤인 2006년에 부임했지요. 제가 본 브라운스빌의 부흥은 사람들이 주님께로 나오는 구원의 부흥이었어요. 예배에 참여하고 난 뒤에는 예수의 능력으로 삶이 변화되는 거예요.

이혼을 하려고 별거 중이던 사람들이 예배를 통해 다시 가정을 되찾았고, 암과 같은 불치병의 치료, 우울증이나 마음의 병 완치 같은 치유와 이적이 수없이 간증되었지요. 결국 삶이 변화되는 것이었어요.

가장 기억나는 선포는 '하나님이 하나님 되게 하라'였습니다. 브라운스빌교회의 부흥은 인간이 예측할 수 없는 하나님의 주권적인 선택이었어요. 한순간에 갑자기 임재하시는 거죠."

"브라운스빌의 예배는 먼저 찬양인도자 린델 쿨리(Lindell Cooley), 부흥선포자 스티브 힐, 그리고 교회 운영과 관리를 총괄하는 킬패트릭 담임목사가 각자의 역할을 잘 감당했습니다. 매일 새벽 5시부터 저녁 7시까지 예배가 이어졌어요. 하나님의 임재가 캠퍼스 가득 내려와 있었지요.

성령님의 역사는 설명할 수 없었습니다. 자동차가 주차장 안으로 들어와 바퀴가 멈춰 설 때부터 몸이 떨리기 시작하고, 교회 현관문을 만지면 성령님이 임하셔서 쓰러지기도 하죠. 설명할 수 없는 기적들이 일어났어요.

새벽 5시 교회 문이 열리면 90초 안에 2천 석의 좌석에 사람들이 가득 들어와 앉았습니다. 예배에 참석하기 위해 주차장에는 길게 대기 줄이 늘어져 있었지요.

이곳은 플로리다 지역에서 가장 가난한 동네 중 하나인 팬핸들 지역(플로리다 북서부 지역을 일컫는 말)이지만, 부흥으로 인해 큰 변화가 있었습니다. 하나님이 살아 계시다는 것을 모두가 알게 되었고, 교회는 전 세계에 선교사를 파송했습니다. 강대상 중앙에 전 세계 주요 나라의 깃발들을 둘러 열방을 놓고 기도했습니다. 물론 지금도 여전히 미혼모, 청소년 비행, 마약, 매춘, 폭력, 갱단 문제가 이 동네에 존재하고 있지만요.

부흥은 강제할 수 없으며, 하나님의 주권, 즉 하나님의 것입니다. 부흥이 곧 기도 운동이란 사실을 잊어서는 안 됩니다. 결론을 말씀드리면, 하나님은 외모가 아니라 마음을 보시지요. 하나님 뜻에 나를 맞추는 것이 부흥입니다. 내 뜻도, 내 소원도 아니에요. 하나님은 하나님이 요구하시는 것이면 무엇이든지 행하는 단 한 사람을 찾으십니다."

에번 호튼 목사와 인터뷰를 마쳤다. 노숙인들과 생활보호대상자들이 교회 식당에서 제공하는 샌드위치를 받기 위해 모여든다.

부흥 소멸의 이유

'하나님이 하나님 되시게 하라'란 말씀이 귓가에 맴돈다. 그리고 하나님은 단 한 사람(One Soul)을 찾으신다. 5년간 5백만 명이 넘는 예배자들이 모여들던 브라운스빌교회의 성령의 불은 왜 소멸된 것일까?

가장 큰 원인은 스티브 힐 부흥사와 존 킬패트릭 담임목사 간의 갈등이었다. 부흥의 불이 떨어지고 하루에도 수만 명의 예배자들이 모여들자, 인간에게 추종자들이 생기기 시작했다. 교회 운영과 방향을 주도했던 킬패트릭 파와 치유와 은사를 중점으로 설교하는 스티브 힐 파로 양분되었다.

결국, 하나님이 허락하신 부흥이 인간의 편 가르기와 교만으로 소멸된 것이다.

아무도 찾지 않는 텅 빈 주차장을 걸으며 기도했다. 성령 하나님이 마음의 감동으로 지금(Revival now), 여기(Revival here), 지속(Revival continue)을 선포해야 한다고 말씀하신다.

Part 5
영적 대각성의 역사

: 미국의 부흥 4

32 하나님의 갈망

워싱턴에 도착해서 3주 동안 계속되었던 촬영에 대한 긴장과 피곤을 잠시 내려놓으며 중간 점검을 했다. 워싱턴엔 부족한 나를 위해 중보기도해주는 믿음의 동역자들이 있는 곳이다.

에스더기도운동본부에서 파송 받은 이중인 선교사는 파주순복음삼마교회에서 같이 기도 생활을 했던 동역자이기도 하다. 이중인 선교사도 예수 심장에 미친 사람이다. 언제 어디서 연락을 드려도 특유의 목소리로 환영하신다.

"감독님, 내 집이라고 생각하고 오세요. 아이들도 감독님 보고 싶어 해요. 오셔서 함께 기도해요."

늘 첫 말 안에 기도가 들어 있다. 부흥을 사모하는 부흥자의 특징이다.

이중인 선교사의 세쌍둥이 남매(2023년 촬영 당시 9세) 진리, 승리, 하리는 내가 작업하는 기독교 영상 콘텐츠의 최연소 제작 지원자다. 특히 승리는 자신이 모아두었던 용돈에다 내가 준 용돈까지 더해서 제작비로 다시 헌금했다. 나는 그 마음이 고마워서 내미는 봉투를 다시 건네주었다.

"승리야, 이 돈은 하나님이 허락하셔서 감독 아저씨가 다시 너한테 주는 거야. 승리가 쓰고 싶은 일에 쓰면 돼요. 어서 받으세요."

승리가 두 손을 허리 뒤로 감춘 채로 나를 바라본다.

"저도 감독님이 만드는 〈부흥〉 영화 제작자 될래요. 하나님이 기뻐하시는 일이잖아요."

그 선한 눈망울이 나를 울린다. 차마 그 손길을 거절할 수 없었다. 나는 가슴 가득 아홉 살 승리를 꼭 안아주었다. 이 작은 아이를 통해 하나님이 말씀하신다. 주께서 얼마나 이 땅에 부흥을 원하시는지.

한순간의 발걸음에도, 한 번의 만남에도 우연한 일은 없다. 순종만 하면 사용하신다. 모든 것이 하나님나라의 완성이며, 주님의 계획이다. '나도 부흥 영화 제작자 될래요. 하나님이 기뻐하시는 일이잖아요.' 승리의 목소리가 귓전에 맴돈다.

그리스도 예수 안에서, 하나님은 그분이 선택한 한 영혼을 캐스팅하신다. 만남을 통해 사용하신다. 수년 뒤 그리스도 예수 안에서 살아가는 청년 승리가 보인다. 부흥을 선포하는 청년 부흥자가 되기를 기도한다.

하나님만 의지하는 것이 부흥

워싱턴에는 부흥을 사모하는 또 한 분 있다. 인터내서널갈보리교회(ICC)의 이성자 목사이다. 교포 사회 부흥 선포자이시며, 이스라엘 회복 운동을 하고 계신 분이다.

인터내셔널갈보리교회 성도들 역시 훈련된 중보 기도자들이다. 미국 전역에 한인교회가 파이프라인처럼 세워져 있다. 한인교회 어느 한 곳도 이민 사회의 눈물과 땀과 피로 지어지지 않은 곳이 없다. 하나님은 이민자의 가난한 심령을 받기를 원하신다. 그래서 미국 땅에 기도자들을 심어 놓으셨다. 성령 하나님이 디아스포라로 특별하게 캐스팅하신 것이다.

이성자 목사는 유학 중 기숙사에서 성령님을 만났다.

"1994년 10월 1일 새벽 2시, 일어나 빛을 발하라는 감동의 말씀을 들었어요. 그리고 하나님이 만남을 주셔서 결혼했어요. 1997년 1월 15일부터 회를 잘못 먹었는지, 바이러스에 감염되어서 제 몸 전신이 굳어지고 있었어요. 병원에서조차 원인 모를 병이었던 거죠. 시한부 선고를 받았습니다.

2월 17일 온몸이 더 굳어져 가는 가운데 '모든 사람이 주님께 돌아오도록 기도하라'는 말씀을 받았어요. 기도의 사명을 받고 기적처럼 회복되었지요. 대언자들을 통해서 부흥이 일어날 것과 인터내셔널교회를 개척하라는 말씀을 주셨어요. 또 해외 선교와 이스라엘을 섬기라는 비전을 주셨고요.

1997년 몸이 회복되고 난 뒤에 성탄절에 남편 목사와 함께 기도하는데, 마침 펜사콜라 부흥과 관련된 책 두 권을 선물 받았어요. 40일 내내 부흥 찬양만 부르며 남편과 저 그리고 개척교회 멤버들과 합심으로 기도했습니다.

40일 기도를 마치고 2주 뒤에 남편 목사가 심장마비로 소천했어요. 부흥은 남편이 저에게 남겨준 유언 같았어요. 그리고 목회자의 길로 이끄셨어요. 이민 목회 자체가 어려운 일인데, 더군다나 여자가 목회한다는 걸 미국에서 별로 본 적이 없는데, '내가 기도할 수 있고, 내 기도를 들으시는 하나님이 계신다면 한번 해보자' 마음먹고 그때부터 크고 작은 일에 기도로 나아가고 있습니다."

담담하고 차분한 어조로 말씀을 이어 나가신다. 남편 목사는 40일 부흥 기도 후 2주 뒤에 심장 마비로 소천했다. 이 목사는 부흥을 유언으로 간직한 과부다. 오직 하나님만 바라보며 살아가게 하셨다.

하나님만 바라보는 것이 부흥이다. 그래야 살아난다. 거침없는 광야를 통과한 자만이 누릴 수 있는 예수의 향기다. 이성자 목사가 결기에 찬 목소리로 말한다.

"정말 하나님은 나의 환난 날의 피난처이시고 산성이시고 요새시고 나의 모든 것을 다 알릴 수 있는 분이고 나의 가장 사랑하는 연인이세요. 그래서 남편도 없고 미국에 의지할 일가친척도 없지만, 그래서 하나님만을 의지하기 위해 전심으로 기도합니다."

'하나님만 의지한다'는 말의 의미를 깨달아야 한다. 하나님만

의지하는 것이 부흥이다.

"저는 하나님의 말씀을 묵상하지 않으면 하루를 시작할 수가 없었고, 기도하지 않으면 견딜 수 없었어요. 수시로 '하나님 어떻게 할까요?'라고 물어봅니다. 하나님께 24시간 기도를 결단하고 하나님께 수시로 물어보고 있습니다."

이성자 목사의 눈가가 촉촉해진다. 이성자 목사의 간증을 듣는데 성령님이 감동을 주신다.
'네가 기도가 되라! 아들아, 나의 딸 이성자처럼 너도 기도가 되라!'
부흥에 캐스팅된 사람은 '그 사람 자체가 기도가 되는 것'이라는 감동을 주신다. '기도'를 형상화할 수 있다면, 사람처럼 움직이고 보고 걷고 말하는 '기도'를 이미지화해본다.
우리 자체가 기도가 되는 것이다. 하나님께 기도만으로 나가야 한다는 것의 개념을 재정립해본다. '기도만으로 나간다'의 이미지는 저만치 떨어져 계신 주님 앞에 나아가는 것이 아니다. 분리된 채 앞에 서 계신 분께 나아가는 것이 아니다. 내가 기도 자체가 되어서 그리스도 예수 안에 있는 것이어야 한다.
기독교는 이방인들이 우상에게 구하는 것처럼 신전 앞에 엎드려 구하는 종교가 아니다. 창조주 하나님 안에 내가 거하는 것이다. 그리스도 예수 안에 있는 것이다. 이것이 부흥자에게 허락된 기도이다. 중언부언하는 것이 기도가 아니다. 24시간의 모든 삶을 함께하는 것이 기도이다.

'내가 기도가 된다.'

글을 정리하면서 나도 더 민감하게 그리스도 예수 안으로 들어간다. 이 책의 기록이 부흥자로 선택된 청년들의 마음에 단단하게 박히도록 주님께 기도한다.

부흥을 가장 갈망하시는 분

워싱턴에서 가장 큰 한인장로교회인 워싱턴중앙장로교회의 류응렬 목사는 총신대 설교학 교수 출신으로, 신학자로서 영미 부흥사에 대한 남다른 식견을 가지고 계셨으며, 애즈베리 부흥에도 직접 참여하셨다.

"부흥은 한마디로 하나님의 찬란한 영광이 환하게 드러나는 것입니다. 시대별로 부흥의 결이 조금씩 다른데, 느헤미야가 성전 건축을 하고 에스라가 백성 앞에 회복을 선포할 때 말씀이 뚫고 나오는 통회의 부흥이 터집니다. 종교개혁도 가톨릭의 천년을 뚫고 나온 부흥이지요. 루터도 칼빈도 말씀 선포로, 한반도 원산도, 평양도 말씀 선포로 부흥이 온 것입니다. 그리고 선포 뒤에 기도할 때 거룩한 회개 운동이 따라온 것이다.

우리가 부흥을 갈망하지만, 부흥을 가장 갈망하시는 분은 하나님이십니다."

류 목사는 청년들이 깨어나길 원하시며, 계속 말씀하셨다. 선포의 말씀이 물결이 되어 흘러나온다.

"특별히 나는 청년들이 깨어날 것을 선포합니다. 다니엘과 세친구는 청년이었지요. 존 칼빈은 26세에 《기독교 강요》를 썼어요. 마틴 루터는 33세에 '95개 반박문'을 붙입니다. 루비 켄드릭 선교사는 25세에 조선에 묻혔지요. 젊은이들이 선포할 때 부흥의 문이 열립니다."

성령 하나님이 나에게 선포의 입술을 주셨다. 선포는 외침이다. 갈급함의 절대 반응이다. "살려주세요"와 같은 절박함이다. 불이 났을 때 "불이야!"를 외치는 간절함이다.
"주여, 주여, 주여!"
하늘을 향해 갈급함의 기도 화살을 쏘아 올린다.
"주여!" 단전으로부터 올라온 기도가 심장을 타고 머리를 뚫고 하늘로 쏘아 올려진다.

리버티의 영적 군사들

벌써 미국에 들어온지 4주차. 부흥이라는 거대한 산맥의 산자락 하나를 겨우 기어 올라가고 있는 느낌이다. 부흥의 숲으로 들어가면 갈수록 눈앞에 거대한 부흥의 산맥이 펼쳐진다. 그 위용 앞에 나는 한없이 작아진다.

하나님은 한순간도 우리를 잊거나 버리신 적이 없다. 창조 이래로 모든 개인의 시간 속에 직접적으로 관여하셨다. 하나님의 뜻에 누구든지 반응하면 바로 사용하신다. 그 피조물의 신분이나 지위나 성별이나 학력이나 재력 따위의 조건은 상관하지 않으신다, 육체의 연약도 하나님 앞에서는 문제가 되지 않는다.

워싱턴 D.C. 남쪽 버지니아주 린치버그에 있는 리버티대학교(Liberty University)는 1971년 침례교 목사이자 복음주의 운동가인 제리 폴웰 시니어(Jerry Falwell Sr.)가 설립했다. 그는 '그리스도를 위한 젊은 챔피언들'(Young Champions for Christ)을 양성하겠다는 비전으로 약 150여 명의 학생들로 학교를 시작했다.

하나님이 지혜를 주셔서 일찍부터 온라인 교육 프로그램을 도입했으며, 기독교 세계관과 복음주의적 정체성을 기반으로 교육하고 있다. 하나님이 리버티대학의 마음을 기뻐 받으셨다. 전 세계에서 가장 큰 기독교 대학 중 하나로 성장했다. 온라인 과정에만 10만 명 이상 등록되어 있고, 캠퍼스에는 약 1만 5천 명의 학생이 재학 중이다.

한국계 이민자로 풀러신학교에서 선교학 박사를 취득하고 2017년부터 리버티대학교에서 '글로벌'(세계선교학)을 강의하고 있는 팀 교수(Dr. Tim Chang)의 안내로 대학의 바인스센터(Vines Center)를 방문했다. 혹시 모를 폭탄 테러와 총기 사고를 미연에 방지하고자, 강당 출입과 관련된 보안 검색이 매우 철저했다. 외부 참여자는 사전에 등록하지 않으면 입장이 불가했고 전문 촬영 장비 또한 반입이 안 된다고 한다. 다행스럽게 개인 휴대폰이나 고프로 카메라 촬영은 가능했다. 형편이 허락되는 대로 절대 감사로 나아간다.

9,200명을 수용하는 바인스센터에서는 마침 주중 채플이 열리고 있었고, 7천여 명의 청년 대학생들이 모여 함께 찬양하며 기도하는 모습은 깊은 감동이 되었다. 하나님을 경외하는 청년들의 찬양이 매일 강당 가득 울려 퍼진다. 오랄로버츠대학교에서 느꼈던 것과는 또 다른 감동이 밀려왔다. 잘 훈련된 하나님의 사관 생도들이 모여 있다는 느낌이었다.

미국은 결코 영적으로 만만한 나라가 아니다. 아직도 이 나라를 붙잡고 계시는 하나님의 손을 만난다. 이런 감동적인 장면들을 목격할 때마다 한반도의 청년들을 떠올린다. 그리고 한반도를 둘러싼 영적 전쟁의 전투 장면들이 머릿속을 스쳐간다.

33 간절한 기도와 부흥

리버티대학교에서의 촬영을 마치고 다시 워싱턴을 경유해서 뉴욕으로 이동했다. 뉴욕은 세계의 수도라 불릴 만큼 다양한 특징을 가진 도시다.

세계 금융의 중심인 월스트리트(Wall Street)에는 뉴욕 증권거래소와 나스닥이 위치하고 있다. 금융업 외에도 패션, 미디어, 광고, 출판, 첨단 기술 등이 발달했으며, 다문화가 조화를 이루는 곳이다. 자유의 여신상이 지키고 서 있는 다양성 도시 뉴욕에는 전 세계에서 온 이민자들이 넘쳐나 800여 개가 넘는 언어가 사용된다.

세계 뮤지컬의 중심인 브로드웨이와 메트로폴리탄 미술관, 엠파이어 스테이트 빌딩, 타임스 스퀘어, 센트럴 파크, 브루클린 브리지 등 뉴욕을 대표하는 랜드마크가 즐비하다. 국제 외교의 중심인 유엔(UN) 본부도 있으며, 컬럼비아대학교, 뉴욕대학교 등 수많은 명문 대학이 자리하고 있다. 뉴욕은 인간이 만들어낸 맘몬의 도시 중에 가장 크다. 동시에 인간이 만들어 낸 인권운동이 전 세계에서 가장 자유롭게 펼쳐지는 곳이기도 하다.

이런 뉴욕에서 1857년부터 1858년까지 세기의 사건이라고 불리는 대각성운동이 발흥했다. 뉴욕 맨해튼 풀턴가에서 시작된 '정오기도 운동'이다. 이 불길은 곧 미국 전역과 인근 국가로 들불처럼 이어졌다. 대각성운동의 시작은 '기도 부흥'이었다. 어떤 조직이나 단체 혹은 설교자가 중심이 된 부흥이 아니라, 성령께서 직접 주관하신 기도 부흥이었다.

뉴욕 정오기도는 1857년 9월 23일, 뉴욕시의 평신도 사역자였던 제레미아 랜피어(Jeremiah Lanphier)로부터 시작됐다. 1857년 당시 미국은 심각한 경제공황과 사회적 혼란을 겪고 있었다. 주식시장은 폭락했고, 은행과 공장들이 문을 닫으면서 실업자가 속출했다. 이런 위기 속에서 사람들은 절망에 빠졌고, 종교에 관한 관심도 낮아져서 교회 출석률이 크게 줄어든 상태였다. 하나님은 의류 도매업을 하다 파산한 뒤 뉴욕에서 신앙 생활 중이던 제레미아 랜피어(당시 48세)를 캐스팅하셨다.

1857년 9월 23일, 비즈니스 중심지였던 맨해튼 풀턴가에 있는 한 교회에서 점심시간을 활용한 기도 모임을 시작했다. 제레미아 랜피어는 전단지를 배포하며, 바쁜 직장인들이 잠시라도 기도할 수 있도록 매주 수요일 정오에 기도회를 열겠다고 선포했다. 부흥은 선포로부터 시작된다. 부흥의 심장을 가진 사람의 소리침으로부터 시작된다. 그래서 나도 소리친다.

"부흥을 주셨습니다! 한반도에 부흥을 주셨습니다!"

초반에는 6명만 참석할 정도로 미미하게 시작했지만, 기도회는 빠른 속도로 성장했다. 성령 하나님의 개입이었다. 몇 주 만에 참석자가 수십 명으로 늘자, 기도회를 매일 열게 되었다. 1858년 봄에는 뉴욕 시내 20여 개 이상의 교회와 공공장소에서 정오기도회가 열렸고, 매일 1만 명이 넘는 사람들이 기도에 참여했다.

뉴욕 정오기도회를 통해 많은 사람이 회개하고 신앙을 회복하면서 교회는 새로운 신도들로 채워졌고, 약 2년 동안 100만 명 이상의 개종자가 생겨났다. 기도회는 단순했다. 기도에 목마른 자들이 모여서 찬양을 부른 뒤 각자의 기도 제목을 5분 단위로 선포했다. 1시간의 기도회를 통해 많은 사람의 심령이 회복됐고, 대공항에 빠졌던 사람들이 위로 받는 기적이 벌어졌다.

그리고 그들은 고향으로 돌아가 비슷한 모임을 시작했다. 정오기도회는 미국 전역과 캐나다, 심지어 영국까지 퍼져나갔다. 기도 부흥 운동으로 범죄율이 현저하게 감소했으며, 상거래에서 정직과 신뢰가 회복되는 등 긍정적인 사회 변화가 나타났다.

기도의 힘이다. 생명이 되살아나는 것이다. 뉴욕 정오기도 운동은 성직자가 아닌 평신도들이 주도했다는 점에서 의미가 크다.

개역개정 성경에서 '기도를'이란 단어로 검색하면 37개의 구절이 검색된다. 이 '기도를'이란 단어가 주는 느낌은 마치 기도의 덩어리나 기도 뭉텅이가 연상된다. 나아가 기도의 불기둥이란 느낌이 든다. 기도의 불기둥이 하늘로 올려진다. 소용돌이가 점점 커지니 그 크기를 가늠하기가 어려워진다. 이것이 부흥의 모습 아닐까?

간절한 기도의 열매

뉴욕 정오기도회가 열렸던 풀턴가의 표지판 아래서 기도하는데 '간절함'이라는 마음의 감동을 주신다. 숙소로 돌아와서 촬영한 내용들을 다시 살펴보는데, 조용기 목사의 '간절함'에 관한 간증 내용이 떠오른다.

모든 부흥은 선포로 시작되고, 기도를 통해 성령님이 개입하시면 그 뒤에 전도와 선교의 열매로 이어진다. 그 대표적 열매가 여의도순복음교회이다. 여의도순복음교회는 허허벌판이던 여의도 땅에 1969년 건축이 시작되어 1973년 9월 헌당되었다. 건축을 시작하자마자 석유파동이 터졌다. 물가는 하늘을 찌르고 경제가 요동쳤다. 교회를 짓는다는 것 자체가 불가능한 일이었다.

건축비를 마련하기 위해 교회가 주도했던 성도 대상 아파트의 건축과 분양도 경기 불황으로 중도금과 잔금이 채워지지 않았다. 성도들은 철근 골조만 덩그러니 올려져 있는 교회터에 모여 기도했다.

금요철야 시간에 녹슬어 가는 골조물 아래서 85세 할머니가 자신의 전 재산이라며 건축 헌금 대신 놋 밥그릇과 숟가락을 헌물했다. 조용기 목사는 보자기에 싸인 놋그릇과 숟가락을 보았다. 헌물한 할머니를 보니 기가 차고 가슴이 아프다.

"권사님, 내가 목사인데 어찌 권사님의 밥그릇을 뺏겠습니까! 하나님이 권사님의 마음을 받으셨으니 그냥 가지고 가세요!"

할머니가 발을 동동 구르며 우신다.

"아이고 하나님, 아이고 하나님, 아이고 목사님! 늙은이 밥그릇이라고 안 받아줍니까? 내가 가진 것이 이게 전부예요. 아이고 하나님!"

할머니 권사님이 절규하며 펑펑 우시자, 조용기 목사는 가슴이 먹먹해져서 놋그릇과 숟가락을 보자기에 담았다. 그리고 주일 예배때 간증했다.

"여의도순복음교회에 부흥이 왔습니다, 교회는 건축됩니다. 놋그릇과 숟가락이 권사님의 전부입니다. 주님께 올려졌습니다!"

이 선포가 기도로 이어졌다. 감동한 성도들이 '차를 팔겠다, 집을 담보로 바치겠다'라고 하며 헌금을 서원했다. 그 내용을 서류로 만들어서 은행을 찾아갔다. 그 정성에 감동한 은행장이 혀를 내두르며 말했다.

"조용기 목사님만 돌아가시지 않으면 이 교회는 짓겠어요. 짓겠습니다."

제레미아 랜피어의 간절한 선포가 기도로 이어지고, 그 기도에 성령 하나님이 감동하셔서 정오기도회를 열어주시고 미국의 영적 대각성을 이끌어내는 부흥을 주셨다. 그 부흥은 무디의 학생자원운동으로 이어졌다.

부흥 선포의 본질은 한 영혼의 간절함에서 시작된다. 주님을 향한 간절함이다. 뉴욕 맨해튼에 가을비가 내린다.

34 영적 대각성의 비전길

촬영팀은 워싱턴과 뉴욕 촬영을 마치고 매사추세츠주 애머스트(Amherst)로 이동했다. 촬영을 돕기 위해 서울에서 차영관 선교사가 합류했다. 그는 40세에 미국 매사추세츠주립대학으로 뒤늦은 유학을 왔는데, 비싼 기숙사비 때문에 인근 무덤가 근처에서 하숙을 하게 되었다. 그 무덤가가 바로 조나단 에드워즈와 그의 외할아버지를 비롯한 미국 1차 영적대각성을 선포하고 이뤄낸 분들의 묘지였다. 하나님의 로케이션이다.

차영관 선교사의 도움으로 매사추세츠주 애머스트에서 일본 식당을 운영하면서 일터 사역을 하는 유재혁 선교사와 인사를 나누었다. 차 선교사가 유학할 당시 유재혁 선교사는 국제선교회 소속으로 매사추세츠 지역의 한인교회를 다녔고, 함께 성경 공부를 했다고 한다.

암호 풀기

두 선교사의 영적인 만남을 통해 하나님이 감춰놓고 계셨던 '부흥의 우물'이라는 비전길이 시작되었다. 유 선교사는 아내와 함께 기도하는 중에 '암호를 풀어라'라는 성령님의 감동을 받았고, 그

것을 박사학위를 눈앞에 두고 있던 차영관 선교사에게 나누었다.

"하나님의 암호를 푸는 것이 사명입니다."

그러고 나서 몇 달 뒤, 차영관 선교사가 애머스트 마을로 들어오는데, 그날 하늘로부터 내려오는 성령의 구름 기둥을 목격했다. 그렇게 해서 이 지역에 감춰진 비밀을 세상에 드러내는 '미국의 영적대각성의 1, 2, 3차 로드맵의 비전길'이 탄생했다.

이 비전길의 최초 아이디어를 낸 기안자는 뉴욕 북쪽의 시러큐스에서 난민선교와 함께 무디바이블사경회를 이끌고 있는 지용주 목사다. 그 지도를 토대로 차영관 선교사가 로드맵을 완성했고, 유재혁 선교사 부부의 헌신적인 기도의 힘이 보태졌다. 유 선교사 부부가 운영하는 식당 입구에는 이 비전길의 지도 엽서가 놓여 있다. 비전길 엽서는 헐몬산 무디교회 입구에도 놓여 있다.

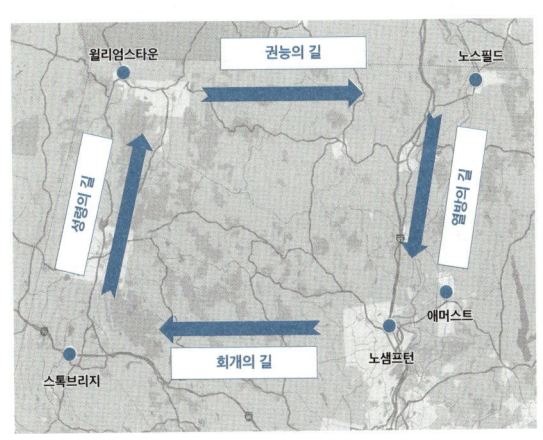

비전길   자료 제공 : 차영관 선교사

부흥의 여정에서 왜 조나단 에드워즈가 중요한가? 그리고 이 비전길이 왜 중요한가? 이 비전길이 어떻게 미국과 한국을 하나로 연결하는 영적 통로가 되는지에 대해 유재혁 선교사는 이렇게 말한다.

"매사추세츠 애머스트 반경 약 50마일 내외 지역에 미국의 1,2,3차 대각성과 관련된 유적지들이 결집되어 있어요. 이 안에 미국의 영적 심장이 들어 있는 거죠. 애머스트를 시작점으로, 바로 아래 조나단 에드워즈의 노샘프턴(Northampton)에서 서쪽으로 데이비드 브레이너드의 스톡브릿지(Stockbridge, 인디언 선교지), 북쪽으로 사무엘 존 밀즈(Samuel J. Mills)의 건초더미 기도회 유적지인 윌리엄스타운(Williamstown), 다시 동쪽으로 무디의 노스필드(Northfield)를 거쳐 원점인 애머스트로 돌아옵니다. 애머스트를 중심으로 시계 방향으로 이 네 타운들로 연결된 지역에서 1700년대부터 100년 주기로 미국의 영적대각성 운동이 일어났습니다."

단순한 증언 같지만 부흥을 사모하는 사람에게는 엄청난 메시지다. 미국을 향한 250년 동안의 하나님의 계획을 알게 되는 것이다. 〈부흥〉 영화의 촬영 목적은 과거와 오늘의 부흥을 통해, 지금 바로 이 순간 나를 향한 하나님의 계획을 깨닫는 것이다.

비전길의 영적 유산

매사추세츠 비전길 안에는 다음과 같은 영적 유산들이 연결되어 있다.

- 1차 대각성 : 조나단 에드워즈의 부흥과 미국 최초의 선교 기록인 《데이비드 브레이너드의 생애와 일기》가 기록된 스톡브릿지
- 2차 대각성 : 사무엘 밀즈의 건초더미 기도회와 예일, 프린스턴으로 이어지는 윌리엄스타운
- 3차 대각성 : 무디와 헐몬산 사경회, 그리고 학생자원운동(SVM)이 연결되는 노스필드.

이는 YMCA의 확산과 한반도에 파송된 학생자원운동 출신의 선교사들에게까지 이어진다. 특히 초대 대통령 이승만은 미국 유학 당시 학생대표로 헐몬산 기도회에 참석했다. 1948년 5월 31일에 열린 제헌국회에서 임시의장으로 선출된 이승만은 순서에 없던 개회 기도를 제안했고, 국회의원이자 목사였던 이윤영이 '민족적인 기쁨을 다 하나님께 영광과 감사를 올린다'는 내용으로 기도했다.

1973년 여의도 빌리 그래함 백만 선포와 EXPLO74 대회에서는 10만 선교사를 서원했다. 이는 1984년 세계 선교대회까지로 이

어진다. 250여 년 전 미국의 1,2,3차 영적대각성의 뿌리가 한반도 부흥으로 연결된 것이다. 금광의 금맥이 존재하듯이 부흥 광산에 부흥의 맥이 존재한다. 노스필드 무디센터에서 점화된 부흥의 불이 한반도에서 일어났다.

35 미국 부흥 여정의 클라이맥스

나는 성령이 주시는 감동에 이끌려 만나게 하시는 사람들을 만나고, 촬영해야 할 곳을 촬영하고, 기록해야 할 사람들을 기록한다. 두 달 가까운 미국 부흥 여정에서 클라이맥스는 1차 영적대각성의 주인공인 조나단 에드워즈(Jonathan Edwards)를 만나는 것이었다.

노샘프턴

1703년 목회자 가문에서 태어난 조나단 에드워즈는 지혜와 명철이 남다른 아이였다. 하나님은 같은 해에 영국에서는 존 웨슬리를, 미국에서는 조나단 에드워즈를 태어나게 하셨다. 미국과 영국에서 두 명의 위대한 부흥 선포자가 탄생한 것이다.

조나단 에드워즈는 1716년 13세의 나이로 예일대에 입학하고 1720년 17세에 수석으로 졸업했다. 이후 1729년 26세의 나이로 외할아버지인 솔로몬 스토다드의 노샘프턴교회에서 단독 목회를 시작했다. 성령님을 깊게 만난 청년 목사 조나단 에드워즈는 설교만으로 회중의 마음을 움직였다.

조나단 에드워즈가 설교문을 읽는 것만으로 회중의 통회와 자복이 일어났고, 교회에서 그의 설교를 듣고 회심한 성도들이 가정과 마을을 변화시켰다. 입에서 입으로 소문이 이어졌다. 조나단 에드워즈의 설교문은 지역 신문에 인쇄되어 글을 아는 누구에게나 다 읽히게 되었다.

당시 조나단 에드워즈는 일주일 내내 성경만을 묵상하고 12시간 이상의 간절함을 담아 설교문을 작성했다. 주일 예배에서는 평균 2시간이 넘는 시간 동안 설교문을 읽어 나갔다. 길어진 날은 3시간을 넘기기도 했다. 밤을 새워 작성한 설교문을 읽는 것이 에드워즈 목회의 전부였다.

1737년 노샘프턴의 부흥을 기록한 《하나님의 놀라운 역사에 대한 신실한 이야기》(A Faithful Narrative of the Surprising Work of God)는 지역 신문에 실리고 소책자로 만들어져 보급됐으며, 1741년엔 그 유명한 《진노한 하나님의 손에 붙들린 죄인들》(Sinners in the hands of an angry God)의 말씀 역시 소책자로 인쇄되어 광범위하게 읽혔다. 장장 3시간이 넘어가는 설교문이 사람의 마음을 움직였다.

나는 이야기를 영상으로 만드는 사람이다. 조나단 에드워즈의 글은 아마도 그 당시의 가장 강력한 미디어였을 것이다. 인격적인 하나님과의 만남을 아주 깊게 경험한 조나단 에드워즈는 성령이 부어주시는 감동을 글로 적었다. 그리고 주일 예배 때마다 밤새 내려주신 글을 그냥 읽었다. 말과 글 이외에 다른 정보 전달 매체가 전무하던 18세기 청교도 개척지에서 단순화된 조나단 에드워즈의 설교문은 하늘의 감동을 땅에 전달하는 강력한 도구가 되었으며, 마침내 그가 살던 지역을 뛰어넘어 미국의 제1차 영적대각성운동을 이루어냈다.

스톡브릿지

1747년 조나단 에드워즈의 집에서 둘째 딸 제루샤 에드워즈(Jerusha Edwards)의 약혼자였던 인디언 선교사 데이비드 브레이너드(David Brainerd)가 폐결핵으로 사망했다.

조나단 에드워즈는 예비 사위가 남기고 간 일기를 보게 되었으며, 그 일기장 속에서 거룩하신 성령의 임재를 확인했다. 에드워즈는 그 글을 토대로 인디언 선교 기록인 《데이비드 브레이너드의 생애와 일기》를 출판한다. 현대 선교사들의 교과서라 불리는 최초의 선교 기록문이다.

이토록 영성과 지성으로 주목받던 목회자 조나단 에드워즈에게도 시련이 닥쳤다. 1749년에 시작된 성찬식의 갈등이다. 교회의 장로들은 누구에게나 성찬의 기회를 주어서 교회의 문턱을 개방하자고 했다. 하지만 조나단 에드워즈는 성찬식의 거룩성을 주장하면서, 성령을 체험한 성도들에게만 선별해서 성찬을 해야 한다고 주장했다.

결국 교회에서는 이 문제를 놓고 찬반 투표를 했고, 아주 근소한 차이로 조나단 에드워즈의 뜻은 부결됐고, 결국 24년간 시무했던 노샘프턴제일교회에서 퇴출당했다. 하나님이 당대 최고의 지성과 영성을 겸비한 목회자를 한없이 낮아지게 하신 것이다. 이것이 하나님의 이끄심이다.

다른 여러 지역교회들의 청빙을 물리치고, 조나단 에드워즈가 향한 곳은 사위 데이비드 브레이너드가 인디언 선교사로 사역했던 스톡브릿지였다.

촬영팀이 스톡브릿지 앞에 도착했다. 이곳이 바로 인디언 선교가 기록된 곳이자, 조나단 에드워즈의 예비 사위였던 브레이너드가 일기를 쓰며 사역했던 곳이다. 아주 오래된 미국 동부의 시골길 언저리에 있는 스톡브릿지 생가를 촬영한다. 나무 표지판이 덜렁 꽂혀 있을 뿐, 지나가는 차량도 사람도 보이지 않는다.

1751년 노샘프턴에서 스톡브릿지로 이사 온 에드워즈는 이곳에서 그 유명한 《자유의지》란 말씀을 선포하고, 본격적인 인디언 선교 사역을 시작한다. 조나단 에드워즈는 이곳에서 7년 동안의 선교 사역을 마친 뒤 1758년 프린스턴대학의 총장으로 취임하지만, 총장 취임 3개월만에 천연두의 후유증으로 55년 동안의 생을 마감한다.

무너져내린 영적 산성

"미국은 교회 앞뒤로 묘지가 조성되어 있습니다."
애머스트 비전길을 유재혁 선교사가 설명하고 있다.

미국 최초의 철학자이자 신학자이며 부흥 선포자였던 조나단 에드워즈가 출생하고 활동하고 생을 마감한 그 땅을 촬영했다. 정작 그 지역 주민들에게는 이젠 아무 의미 없는 공동묘지이고 집터에 불과한 그곳에 우리는 집중했다.

차영관 선교사가 뒤를 이어 안내한다.

"이곳이 조나단 에드워즈의 생가예요. 그 뒤로 외가 외삼촌들과 자신에게 교회를 물려준 외할아버지와 가족 묘지가 있어요."

스케치 촬영을 마치고 세 대의 차량에 나누어 타고 이동한다. 미국 동부의 가을 하늘이 높다. 애머스트 비전길을 따라 도서관과 생가, 묘지 촬영까지 마치고, 조나단 에드워즈가 24년간 시무했던 1차 교회로 향한다.

정작 교회 앞에 도착하니, 문은 잠겨 있고 '두 달 간 선교지 탐방 휴가'라는 메모가 걸려 있었다. 정문 계단 좌우로 마리화나를 피우며 누워 있는 노숙인들로 인해 교회 주변 촬영이 쉽지 않아 보였다. 오른쪽 화단 옆에는 노숙인들이 술에 취해 북을 치며 노래를 부르고 있었다. 교회 바로 앞 횡단보도 바닥은 동성애를 의미하는 여섯 가지 무지개 색깔로 칠해져 있다.

영적인 중요한 고지 하나가 사탄 마귀의 직격탄을 맞아 너덜너덜하고 초토화된 느낌을 받았다. 무너져 내린 영적인 산성이다. 유재혁 선교사가 미국의 오늘을 말한다.

"거리 곳곳에는 성조기와 동성애 깃발이 동시에 걸려 있습니다. 십자가가 서 있는 교회 건물 앞에도 성조기와 동성애 깃발이 같이 걸려 있어요."

애머스트에서의 첫날 촬영을 마쳤다. 경황 없이 촬영하다 보니 촬영하면서 느낀 점 등을 메모해둔 노트를 잃어버렸다. 너무 긴장하며 촬영을 한 이유리라.
'어느 무덤가에 두고 온 것일까?'
일단 본부로 사용하고 있는 유 선교사의 식당으로 복귀했다. 25년 동안 현지에서 식당을 운영하고 계신 유 선교사 부부가 초밥과 순두부찌개와 짬뽕에 죽까지 융숭하게 대접해주었다. 식사를 마치고 노트를 찾기 위해 조나단 에드워즈 1차 교회로 다시 찾아갔다.
늦은 시간이라 낮의 소란스러움은 보이지 않는다. 이리저리 둘러보아도 어두운 밤길이라 그런지 노트가 쉽게 눈에 띄지 않는다. 아마도 조나단 에드워즈 무덤가에서 잃어버린 듯하다. 가로등 불빛마저 죽어버린 교회 앞 도로에서 함께 갔던 차영관 선교사가 이곳의 영적 상황을 설명한다.

"산업혁명 시기에 노샘프턴의 섬유산업이 몰락하자, 지역 경제를 살리고자 대대적인 동성애 축제를 유치했어요. 이곳은 리버럴 아트 칼리지(Liberal arts college)가 밀집된 지역입니다. 스미스칼리지를 비롯하여 미국 영부인들을 배출한 명문 대학들이 있지요. 이들 대학은, 칼리지 형태의 전문 학사 교육만을 전담하는 특수 목적 대학들을 지칭합니다. 경제, 인문학, 법률 등 명문 귀족 대학들이죠.

문제는 이성애자 학생이 이 지역의 소위 명문이라고 불리는 스미스대학이나 윌리엄스칼리지에 입학하고 4년 뒤에 졸업할 때의 영적 상황을 살펴보면, 적게는 50퍼센트, 많게는 70퍼센트의 학생들이 다양한 성 정체성을 가진 채 졸업하게 된다는 것입니다.

'인간은 위대하기에 스스로 모든 것을 결정할 수 있고, 그 결정에 대한 책임도 스스로 져야 한다'는 것이 그들의 주장인데, 그럴듯해 보이지만 그 안에는 자기의 성별을 스스로 결정하는 것이 권리라는 인식이 자리 잡고 있습니다.

오전에는 생물학적인 남성의 성으로 살아가다가 비가 오거나 오후에 갑자기 감정의 변화가 생기면 여성의 성별을 선택해 살아갈 수 있다는 거죠. 남성, 여성 외에 26개 이상의 성별을 취사선택할 수도 있습니다. 남성과 여성으로 이루어지는 전통적인 부부 관계뿐 아니라, 남자와 남자, 여자와 여자 등의 동성 관계로도 가정을 꾸릴 수 있어요.

소위 리버럴 아트 칼리지에 다니는 학생들은 동성애를 '지성'이라고 생각합니다. 그리고 종교다원주의와 진화론을 인정하고 믿죠. 그들은 인종차별 금지와 같은 정말로 필요한 진리 안에 인간의 욕망을 슬쩍 끼워 넣습니다. 즉, 거짓과 진실을 뒤섞어 놓는 것입니다."

숙소로 돌아와 잠을 청했다. 〈라이언 일병 구하기〉란 영화에 등장하는 상륙작전처럼, 땅을 정복하기 위한 처절한 전쟁이 지금도 벌어지고 있다. 정신을 바짝 차려야 한다. 부흥은 다음세대를 움켜쥐는 영적 전쟁이다. 새벽에 다시 깨어 기도한다, 간절하게 시린 가슴을 올려드린다.

통회의 기도

이튿날, 노트를 찾기 위해 다시 조나단 에드워즈 1차 교회를 방문했다. 벌써 세 번째 방문이다. 다행스럽게도 행정업무를 보기 위해 며칠 만에 출근한 안내원이 교회로 들어가는 뒷문을 열어주었다. 세 번의 방문만에 드디어 조나단 에드워즈 1차 교회 안으로 들어갈 수 있게 되었다.

만약 노트를 잃어버리지 않았다면, 조나단 에드워즈 1차 교회의 내부는 촬영하지 못했을 것이다. 매 순간 성령 하나님이 촬영을 진두지휘하고 계신다.

감격과 감동으로 들어선 교회의 내벽은 200여 년의 시간을 고스란히 머금고 있었다. 교회 스테인드글라스 창문으로 내려오는 햇볕과 손때 묻은 장의자들이 지금 당장이라도 조나단 에드워즈가 강대상 위로 올라올 것 같다. 은은하고 침착한 경건이 흐른다.

그러나 감동은 아주 잠시뿐이었다. 내 눈을 사로잡은 것은 강대상 우측에 놓여 있는 검은 십자가와 그 옆에 같이 세워진 동성애 깃발이었다. 전율이 흐른다. 사탄이 공중을 날아다니며 깔깔

대고 비웃는 것 같다.

어찌 이럴 수가 있는가? 어찌 이런 일이 가능한가. 어떻게 교회와 예배당 안 강대상까지 동성애가 합법이라는 깃발이 펄럭일 수 있는가?

내 영혼 깊은 곳에서 통회가 흘러나온다. 유재혁 선교사, 차영관 선교사와 촬영팀 모두 손잡고 통회의 기도를 드렸다.

"주님, 이 패악을 용서하소서. 그리고 생명을 다해 회복을 간구합니다."

단전 아래에서부터 절박함이 솟구쳐 오른다. 거룩이 침노 당한 현장을 촬영하며 중보기도를 올렸다. 땅의 회복을 기도했다. 차영관 선교사가 말한다.

"영적 전쟁은 땅을 빼앗는 전쟁이죠. 하나같이 영적인 교훈이 있었던 곳은 동성애 깃발이 꽂혀져 있습니다. 이 지역뿐만 아니라 미국에서 젊은이들이 생활하는 대학은 동성애가 만연합니다."

윌리엄스타운과 노스필드

차로 40분 이동하여 조나단 에드워즈 2차 교회로 향했다. 2차 교회는 도심 중심에 있었고, 죽은 교회라 할 수 있는 1차 교회와 달리 수백 명의 성도가 활발하게 활동하는 살아 있는 교회 중 하나라고 할 수 있었다.

1층 로비에 걸린 사진을 보니 담임목사는 40대 후반의 젊은 분인데, 그 아내가 남성이다. 즉 동성애 목사 부부인 것이다. 놀라운 점은 그 부인 역할을 하는 파트너가 법을 전공하고 디자이너로 활동 중이며, 신분 문제가 불확실한 지역 내 이민자들과 불법 체류자들에게는 구세주와 같은 존재라고 한다. 로비 좌측 새신자실에는 새롭게 태어난 신생아들을 대상으로 동성애 목사 부부가 침례와 안수를 해주는 사진들이 걸려 있었다.

나도 모르게 속이 뒤틀리기 시작한다. 악이 관영한 땅이다. 거짓에 의해 진리가 완전하게 지배당한 땅이다. 거짓을 이기는 것은 진리가 아니라 더 큰 거짓말이라고 한다. 만약 이곳에서 태어난 신생아가 있다면, 그 아이는 동성애를 보편적 절대 진리로 생각하며 성장할 것이다.

조나단 에드워즈 2차 교회의 강대상 앞에도 어김없이 성조기와 함께 동성애 깃발이 동시에 꽂혀 있었다. 어릴 적 놀이기구가 변변치 못했던 시절에 '땅따먹기'라는 놀이를 했던 것이 떠오른다. 상대보다 땅을 더 많이 차지하면 이긴다. 내 영토를 확장시키는 것도 유익하지만, 상대방의 땅을 빼앗는 것이 더 중요하다. 한결같이 거룩했던 땅이 동성애자들에게 점령당했다. 이 모든 것이 우연일까? 조나단 에드워즈 1차 교회와 2차 교회에 와보니 인간의 가장 큰 교만 중 하나가 생육하고 번성하고 창대하라는 창조질서를 어기는 것임을 다시 한번 깨닫게 된다.

잠시 들렀던 프린스턴대학도 모든 건물 1층에 성중립 화장실이 배치되어 있었다. 남성, 여성 이외에 26개의 성별을 자유롭게 인정한다.

낮은 자의 기도

곧바로 이동해서 2차 대각성 운동의 불씨가 된 건초더미 기도회가 발현되었던 윌리엄스타운으로 향했다. 1806년, 갑자기 내리는 소나기를 피하기 위해 사무엘 존 밀즈를 포함한 다섯 명의 윌리엄스대학 학생들이 건초더미 안으로 들어갔다. 우리 농촌의 볏짚을 쌓아 올리듯이 올려진 건초더미 사이로 들어간 그들에게 성령님이 임재하셨다. 열방을 향해, 아시아 선교를 위해 기도하게 하셨다. 기도하는 이들 자신도 놀랄 만한 기도였다.

촬영팀이 윌리엄스대학 미션 파트에 세워진 기념비 앞에 도착했다. 미국인들에게 영적대각성과 부흥에 관련된 기록들은 잊힌 부산물에 불과한데, 오늘 이곳에 기도를 위해 찾아온 무명의 순례객들과 함께 기도했다. 목사인 아버지를 비롯해서 딸과 사위, 아내와 손주들이 함께 와서 예배 중이었다. 한국에서 온 〈부흥〉 영화 촬영팀이라고 우리를 소개했더니, 서로 합력하여 선을 이룬다고 하시며 너무나 기뻐하신다. 30분 이상 찬양과 통성기도가 이어졌다. 220여 년 전의 다섯 청년의 기도가 다시 살아나는 듯했다. 촬영에 지친 마음과 긴장이 눈 녹듯 녹아내렸다.

하나님은 아무도 기억하지 않는 가장 낮은 자들의 기도를 통해서 부흥의 역사를 이끌어오셨다. 지금 이 순간에도 가장 낮은 자들의 기도를 기억하시고 사용하신다.

수년 전에 미국 전역을 순회하는 선교대회에 참석한 적이 있었다. 시카고에서 있었던 선교대회 이튿날, 3천 대가 넘는 차량이 주차된 주차장에서 시카고의 밤하늘을 올려다보았다. 갑자기 나도 모르게 보이지 않는 어떤 힘에 의해 무릎을 꿇고 기도를 드렸다.

'하나님, 이 미국 땅에 다음세대가 일어나게 하시고, 한반도의 복음 통일을 이루도록 청년이 세워지게 하소서. 부흥을 주옵소서. 부흥을 강청하니 하나님나라의 완성을 위해 부족한 저를 사용하옵소서. 하나님으로부터 나와서 예수 그리스도 안에 있고, 삶으로 주님을 나타내게 하소서. 주님의 거룩을 영상으로 증거하게 하옵소서.'

수년이 지난 지금 미국을 횡단하며 〈부흥〉 영화를 촬영 중이다. 야외 주차장 노천바닥에서 올려진 낮은 자의 기도를 주님이 흠향하셨다. 하나님은 기도를 들으신다. 220여 년 전 다섯 청년들의 기도를 듣고 사용하신 것처럼.

노스필드

드디어 19세기 가장 큰 부흥과 선교의 열매를 견인했던 무디의 노스필드로 향했다. 시카고에서 무디신학교를 촬영할 때와는 또 다른 분위기가 느껴진다. 무디의 생가를 스케치하고, 헐몬산 사경회가 있었던 19세기 부흥의 영적 사령부로 올라가 보았다. 정말 온 지구가 복음으로 격동했던 시즌이었다. 영국과 미국에서 캐스팅된 하나님의 사람들이 미개척된 아프리카와 아시아와 인도 등 복음의 사각지대를 향해 출발했다. 사명 받고 훈련된 청년들이 출정하던 계절이었다.

노스필드는 무디의 고향이다. 시카고에서 사역하다가 40세에 이곳으로 돌아온 무디는 배우지 못한 자신의 부족함을 학교 건립을 통한 다음세대 목양으로 이어 나가고자 최선을 다했다. 여자 신학교와 남자 신학교를 건립했고, 1886년 헐몬산 사경회를 통해 청년들에게 말씀과 함께 건강한 육체를 함양하도록 했다. 1888년에는 YMCA 학생회를 중심으로 시작된 선교헌신운동인 '학생자원운동'(SVM)이 결성되었다.

이 당시는 대영제국을 누르고 신흥 강대국으로 발돋움하는 미국이 전 세계의 주역으로 등극하던 시기였다. 앞서 언급했듯이 조선의 청년 이승만도 미국 조지워싱턴대학과 하버드, 프린스턴에서 유학하며 헐몬산 사경회에 참여한 기록이 남아 있다.

헐몬산무디교회 현판에는 조선에 파송되었던 프랭크 브로크만(Frank Brockman) 선교사의 이름이 있다. 차영관 선교사가 흥분을 감추며 말한다.

"노스필드의 기운이 조선에 닿아 있습니다. 학생자원운동의 사경회를 통해 배출된 백여 명의 선교사가 조선 기독교를 위해 순교했습니다."

남자 신학교와 여자 신학교, 그리고 헐몬산기도원 등 20여 개의 건물들이 웬만한 대학 캠퍼스를 능가하는 위용을 자랑한다. 그러나 무디센터는 관리와 유지 보수를 감당할 적임자를 찾아내지 못해, 남자 신학교는 미국의 사립 고등학교에 매각되었고, 다른 캠퍼스들은 가톨릭 재단 중 하나인 '토마스아퀴니스칼리지'로 운영권이 넘어가 현재는 가톨릭 재단에서 운영 중이다.

저녁 내내 석양이 지는 캠퍼스 곳곳을 촬영했다. 드론도 날리고 자유스러운 가톨릭대학의 학생들과도 인터뷰했다. 2박 3일간 250년의 부흥의 시간을 추적해보았다. 미국의 대각성운동과 한반도의 부흥의 불이 어떻게 이어지는지를 보았다.

이제 촬영팀은 미국 촬영의 마지막 종착점인 보스턴으로 이동한다. 짧은 만남이었지만, 애머스트 유재혁 선교사 부부의 기도와 환대는 잊을 수 없다. 모든 것이 주님의 은혜다.

36 부흥의 다음 주자

보스턴은 영적인 도시다. 영국 청교도들이 처음 도착한 곳이기도 하다. 미국에서의 마지막 촬영지가 보스턴이다. 이곳에는 헬라어와 히브리어 및 영국과 미국의 부흥사를 연구하고 강의하시는 김종필 목사(Rev. Dr. Elijah Kim)가 계신 곳이기도 하다.

청교도의 개척지, 보스턴

보스턴은 1차 대각성운동의 중요 무대였다. 조나단 에드워즈의 사역 반경이기도 했으며, 1857년 뉴욕의 정오기도회, 19세기 무디와 20세기 초 빌리 선데이(Billy Sunday)와 빌리 그래함까지 미국 복음주의 부흥의 시작점이 보스턴이었다.

보스턴 커먼(Boston Common)은 항구가 내려다보이는 광장 언덕인데, 이곳에서 무디와 빌리 선데이와 빌리 그래함의 대규모 청중 집회가 열렸다.

그러나 2004년에는 안타깝게도 매사추세츠주 대법원이 동성 결혼 합법화를 판결했다. 청교도가 개척한 영적 도시 보스턴은 미국 최초로 동성 결혼이 합법화된 도시가 됐다. 이 법안의 통과로 미국은 물론이고 유럽과 세계 곳곳에 차별금지법이 연속적으로 제정되었다.

조나단 에드워즈 1,2차 교회와 프린스턴대학, 하버드대학도 마찬가지로, 한결같이 영적으로 큰 부흥을 이뤄냈던 도시와 교회, 대학교 현장마다 강력한 동성애 물결로 정밀 타격을 당했다. 영광이 있었던 곳마다 거룩이 무너져 있다. 하나님께 너무나 죄송한 일이다. 값없이 주신 사랑과 은혜로 살아가는데, 어찌 주님의 근심과 눈물을 외면하며 살아간단 말인가?

순종의 사람에게 시대를 맡기신다

하나님이 캐스팅하신 김종필 목사는 필리핀에서 20년의 사역을 마치고 영국으로 건너가 2년 6개월 만에 박사학위를 마쳤다. 아내 김주은 목사가 사역하고 있는 필리핀으로 돌아가려고 할 때 성령 하나님은 보스턴의 부흥을 위해 기도하라고 하시며 보스턴으로 갈 것을 명하셨다.

2006년 보스턴에 도착한 김종필 목사는 현지 교회들과 접촉하여 2007년 1월부터 보스턴에 가장 큰 흑인 교회인 주빌리크리스천교회(Jubilee Christian Church)의 담임목사와 성도들과 함께 40일 금식기도를 드렸다. 금식기도 30일이 되는 날 미래의 부흥 모습을 환상처럼 보게 하셨다고 한다. 저녁에 김종필 목사님 댁에서 부흥과 관련한 인터뷰를 했다.

"미국의 캠퍼스 부흥은 세 가지 측면으로 보아야 합니다.

첫째, 미국의 1차 해외선교운동은 제2차 대각성운동 기간 가운데 일어났기 때문에, 미국의 캠퍼스 부흥은 해외 선교와 밀접한 관계가 있습니다.

둘째, 미국의 교육기관들, 즉 대학이나 대학원, 신학교 등 대부분의 교육기관이 부흥운동의 영향을 받은 부흥자들이나 관련 사역자들에 의해 만들어졌다는 것입니다.

셋째, 20세기 캠퍼스 부흥운동은 캠퍼스 내의 학생들을 변화시켰을 뿐 아니라 이러한 캠퍼스 부흥 자체를 통해 새로운 부흥의 역사를 쓰고 있다는 것입니다."

부흥을 이야기하는 김종필 목사의 목소리가 높아진다.

"캠퍼스는 불타야 합니다. 첫 번째는 해외 선교, 두 번째는 국내 선교, 그리고 여성 해방으로 이어집니다. 미국은 어느 대학에 가든지 부흥운동과 관계되지 않은 대학이 없습니다.

미국의 캠퍼스 부흥은 사도행전 2장의 부흥입니다. 부흥에 참여한 인근 대학에서 온 청년들이 자기 대학으로 돌아가 부흥을 증거하고, 부흥을 경험했던 당사자들이 두 명씩 짝을 지어 미국 전역의 캠퍼스로 흩어집니다. 휘튼으로, 예일로, 프린스턴으로, 에모리로, 밴더빌트로, 매코믹으로, 무디신학교와 시카고대학으로, 세속 대학과 일반대학으로 부흥이 전파되었습니다. 이 간증 운동이 '지저스 무브먼트' 즉 예수 운동이 된 것입니다. 1970년대 베이비 부머

세대가 청년기를 맞이하던 시기와 맞물려 폭발적인 영향력을 발휘했지요."

수만 권의 책으로 가득 찬 김종필 목사의 서재에서 인터뷰를 하는데 또 다시 눈물이 흐른다. 가슴이 터질 것 같다. 죽어가는 한국의 대학 캠퍼스가 떠오른다. '개독교'라고 손가락질받는 한국의 신앙인들이 생각난다. 점심시간 식당에서 식기도를 하는 것조차 다른 사람의 눈치를 봐야 하는 신앙이다. 그나마 캠퍼스에 역동성을 가진 기독교 동아리는 이단 종교의 동아리인 경우가 태반이다. 갑자기 또다시 성령님이 눈물을 주신다.

하나님은 그분이 주목하시는 단 한 사람을 캐스팅하셔서 그분의 역사를 일으키신다. 그 시대를 책임질 사람, 그 도시를 책임질 청년을 찾으신다.

"그 자격은 순종에 있습니다. '순종하겠느냐, 나의 아들아!' 그 자격은 기도에 있습니다. 자신이 기도가 된 사람을 찾으십니다. '기도하겠느냐 내 딸아!' 주님이 물으십니다. 하나님의 말씀이 된 청년을 찾으십니다. 말씀이 된 사람을 찾으세요. '사랑하는 내 아들아, 사랑하는 내 딸아 나를 쳐다봐다오!' 부르짖어 기도하십시다. 부르짖는 기도를 주신 이유는, 그분께서 우리를 향해 부르짖으시기 때문입니다."

김종필 목사의 눈에도 나의 눈에도 눈물이 흐른다. 역사 깊은 부흥의 도시 보스턴에서의 하루가 저문다. 쉼 없이 부흥의 불과 함께 달려왔다.

사탄 마을과 보스턴의 회복

이튿날 촬영을 위해 보스턴 근교의 세일럼(Salem)으로 향했다. 일명 사탄 마을이다. 우리나라의 혜화동 대학로 같은 분위기의 타운이다. 도로 양편으로 타로점을 보는 카페와 마녀 카페들이 즐비하게 늘어서 있다. 마녀 카페로 시작해서 사탄교가 만들어진 사탄교(The Satanic Temple) 본부의 홍보관을 향했다.

음란의 기운이 몰려나온다. 염소 머리를 한 형상의 사탄교 석상 앞에 앉아 기념사진을 찍기 위해 길게 줄을 서 있는 미국의 청년들을 만났다. 3층 건물 안에는 사탄교가 만들어진 배경과 미국 전국의 지부 현황이 전시되어 있었고, 동성애와 프리섹스를 비롯한 자유함, 그리고 선정적이고 퇴폐적인 내용의 영화 포스터가 붙어 있었다. 염소 얼굴을 한 사탄교 석상에 앉아 소원을 비는 미국의 청년들이 보인다. 그들에게 사탄교는 재미있는 오락으로 느껴지는 듯하다.

김종필 목사의 집에서 사역자들과 촬영팀이 아침 저녁으로 함께 모여 예배를 드리며 촬영에 임했다. 어제 저녁에는 보스턴에 거주하는 메시아닉쥬(Messianic Jew) 성도들과 함께 예배를 드렸다.

히브리어로 드리는 찬양과 빵과 포도주 성찬식은 자유롭고 경건하며 행복했다.

예배는 행복해야 한다. 왜냐하면 창조주 하나님과 깊게, 깊게 교통하는 시간이기 때문이다. 나를 만드신 분의 사랑을 느끼는 순간이 예배이며, 내가 그분께 영적으로 안기는 시간이 예배이다.

밤사이 '보스턴의 회복'이라는 믿음을 주신다. 산이 들리어 바다에 던져지는 믿음을 주신다.

아침에 다시 김종필 목사님 댁으로 이동했다. 보스턴의 기도자들과 유학생들, 그리고 일본 선교사 등이 합류하셔서 함께 도시의 회복을 간구했다. 그리고 하나님나라의 완성을 구한다.

110년 전 보스턴은 타락한 미국의 음주 문화를 대변하던 도시였다. 당시에도 이민과 도시 성장, 산업화와 급속한 가치 타락과 세속화의 물결로 무너져가던 도시였다. 하나님은 그 시대의 적임자를 캐스팅하신다. 하나님은 야구선수 출신의 빌리 선데이(Billy Sunday)를 캐스팅하셔서 회개와 회복의 선포자로 사용하셨다.

그는 메이저리그 인기 외야수 출신으로 술 문화에 빠져 살았으나, 구세군의 찬양과 설교를 듣고 하나님을 만났다. 그리고 상처 입은 치료자가 되어, 그당시 가장 큰 사회 문제 중의 하나였던 술 문화와 알콜 중독을 끊어내는 선포자가 되었다.

1916년 12월부터 1917년 초봄까지 10주 이상 진행된 보스턴 집회 기간 동안, 총 150만여 명이 빌리 선데이의 말씀을 들었다. 존귀한 주 보혈이 빌리 선데이라는 부흥자를 통해 보스턴의 회개와 부흥을 이끌어냈다.

부흥자가 부흥자를 캐스팅한다. 1934년 빌리 선데이 집회에 참석했던 15세 소년이 말씀의 불을 받아 부흥의 다음 주자가 되었다. 그 소년이 위대한 복음주의 선포자 빌리 그래함이다. 우리의 선포가, 〈부흥〉 영화가, 이 책이 부흥의 다음 주자를 세우는 도구가 될 것이다.

선포하라, 선포하라

두 달 가까운 미국에서의 〈부흥〉 촬영을 마치고 한국으로 돌아가는 비행기에서 한반도의 캠퍼스를 묵상했다. 그리고 한국교회를 주님 손에 올려드렸다.

"이제 더 이상 한반도는 부흥을 강청하지 않습니다.
깨어나 외치는 자가 없습니다.
서로가 서로를 너무나 미워합니다.
지금 한반도의 동력은 서로를 미워하는 '분노'입니다.
더 이상 교회는 한국 사회의 존경의 대상이 아닙니다.
조롱의 대상으로 전락한지 오래됐습니다.
그래도 한국교회에 희망이 있나요?"

태평양을 건너는 하늘 위에서 주님께 물었다.

'내가 땅을 만지는 것이 부흥이다.
너는 가만히 서서 나의 뜻을 선포하라!
부흥을 선포하라!'

나의 기도에 주님이 감동으로 다가오셨다. 선포하라! 선포하라! 선포하라!

Part 6

영광스런 부흥의 역사

: 영국의 부흥

37 부흥의 거대한 산맥

세계의 지붕인 히말라야의 높은 산들을 일컬어 '히말라야 14좌'라고 부른다. 에베레스트를 비롯해서 K2, 칸첸중가, 로체, 마칼루 등 해발 8천 미터가 넘는 산들처럼 부흥에도 거대한 산맥들이 존재한다. 영국은 한때 부흥의 거대한 산맥 중 가장 높은 산이었다.

17세기부터 20세기까지 대영제국은 해가 지지 않는 나라였다. 그 빛의 중심은 바로 리바이벌, 부흥의 불이었다. 부흥을 기록하기 위해서는 영국을 사용하신 하나님의 사람들을 찾아야 했다. 또한 지금은 유명무실해져 이방인의 나라보다도 더 극심한 배교의 나라가 된 영국의 오늘을 진단해야만 했다.

영국에서 〈부흥〉 촬영을 위해 코디네이터를 찾다가 웨일스에서 사역 중이신 김형민 선교사를 소개받았다. 모든 과정이 기도의 과정이다. 기도하면 하나님이 지혜를 주시고, 눈을 밝게 하시어 스치듯 지나치는 인연이라도 붙잡게 하신다. 하나님은 이번 영화 촬영을 위해 가장 적합한 분들을 캐스팅해주셨다.

6박 7일의 짧은 여정에 300년에 걸친 영국의 부흥을 다 담는다는 것은 불가능한 일이다. 영국에 선교사로 파송되어 영국 부흥사를 공부 중인 김형민 선교사는 언젠가 누군가가 찾아와 영국의 부흥을 알고자 한다면 반드시 자신이 도움을 줄 것이라는 소명을 받고, 휴일마다 웨일스의 탄광 지역과 인근의 감춰진 역사를 추적해오셨다. 부흥의 심장을 가진 분이기에 가능한 일이었다.

소개를 받고 처음으로 줌(Zoom)으로 회의를 하는데, 김형민 선교사는 부흥의 심장이 격동한다면서 울먹이셨다. 이미 약속된 일정이 있었지만, 기꺼이 〈부흥〉 영화 촬영을 위해 일주일을 동행해주기로 하셨다. 또한, 허락된 시간을 적절하게 사용하기 위해 정말 한 시간 단위로 방문 일정과 섭외를 진행해주셨다.

하나님의 직접적인 개입하심이다. 〈부흥〉 영화를 통해 지금 이 시즌에 소개될 만한 곳들을 섭외하였다. 모든 과정을 성령께서 이끄셨다.

모리아교회의 과거와 오늘

첫날 촬영팀의 목적지는 20세기 가장 강력한 부흥 현장 중 하나인 1904년 웨일스 부흥의 발상지, 모리아교회였다.

웨일스 부흥은 이반 로버츠(Evan Roberts)라는 광부 출신의 청년 기도자를 통해 성령의 불이 임재한 사건이다. 그 현장인 모리아교회를 방문했으나, 교회는 이제 더 이상 예배가 드려지지 않고 이따금 찾아오는 순례자들에게만 개방되는 박물관처럼 변해 있었다. 영국인들에게 기독교는 더 이상 오늘의 종교가 아니다. 과거 자신들의 선조가 믿었던 오래된 역사의 화석일 뿐이다.

모리아교회 본당은 생각보다 작고 아담했다. 이곳에서 광산촌의 광부들과 아낙네들과 아이들이 부흥을 기도했다. 냉정하게 부흥을 위해 기도했다기보다는 고단한 자신들의 삶을 주님께 올려드렸을 것이다. 1904년 10월 31일, 당시 26세의 이반 로버츠가 자신의 고향 모리아교회에서 첫 집회를 인도했다. 그 설교 한 번으로 17명의 청년이 성령의 감동을 받았다. 웨일스 대부흥의 역사가 시작되었다.

촬영팀은 현장 고증을 통해 성령님의 강력한 임재는 본당이 아닌, 그 옆에 위치한 교육관에서 청년들이 다시 모여 기도할 때 일어났음을 확인했다. 도수가 높은 안경을 쓰고 있던 교회 관리인 베시 집사의 안내로 본당과 교육관을 살펴볼 수 있었다.

"이제는 주일 예배를 드리는 분이 없어서 이렇게 찾아오는 순례자들을 섬기는 것으로 사역을 대신하고 있어요."

곧이어 김형민 선교사의 입술에서 이반 로버츠에 대한 증언이 열정적으로 쏟아져 나왔다.

"이반 로버츠는 웨일스에서 태어난 아이였어요. 할아버지와 아버지 모두 광부였고, 당연히 소년 이반 로버츠도 광부였습니다. 꿈도 희망도 소망도 없던 광산촌의 아이였지요.

당시는 산업혁명으로 런던을 비롯한 대도시에는 새로운 산업의 물결이 터졌고, 증기기관, 화물선, 기차, 방직 공장 등 모든 현장에 에너지가 필요했습니다. 이 모든 일의 에너지원이 석탄이었습니다. 일반 대중의 난방과 영국의 추운 겨울을 나는 데도 석탄은 꼭 필요한 생존 수단이었습니다. 그 석탄 광산의 중심지가 웨일스 탄광이었던 것이지요.

런던의 몇몇 귀족과 지주들이 광산을 소유하고, 일반 서민들은 생명을 담보한 채 석탄을 채취하는 광산촌 사람으로 살아가야 했습니다. 남자는 탄을 캐고, 아낙네와 어린아이들은 1톤이 넘는 석탄이 채워진 트램(석탄 수레)을 끌어야 했습니다. 조랑말이 인간의 생명보다 우선시되는 곳이었죠. 갱도가 무너지는 사고가 발생하면, 런던의 지주들은 사람의 생명보다 조랑말들의 안전을 먼저 물어왔습니다. 1900년대 초 웨일스 탄광의 생활은 극심한 추위와 절대 빈곤의 세상이었습니다.

이러한 척박한 삶 속에서 어린 소년 광부 이반 로버츠는 13세에 하나님을 만납니다. 그리고 13년을 기도합니다. 마침내 26세에 목회자가 되었고, 자신의 첫 설교에 성령의 불이 임하게 된 것입니다."

그의 설명을 듣는데, 나 역시 가슴이 뜨거워졌다. 그도 그럴 것이 이곳은 120년 전 성령 하나님을 사모하는 간절한 마음으로 13년을 기도하고 불을 받은 바로 그 모리아교회 교육관이었기 때문이다. 오늘은 더욱더 성령의 임재를 사모한다. 성령은 불이다.

사도행전 2장 3절의 불의 혀같이 갈라진 성령의 임재를 구한다.

베시 집사의 도움으로 교육관 촬영도 순조롭게 진행되었다. 120년이 넘은 의자와 강대상의 나무들, 그리고 그날의 말씀이 기록된 성경책이 펼쳐져 있다. 베시 집사가 건반을 반주하며 웨일스 사투리로 120년 전의 찬양을 노래한다. 가늘고 높은 톤의 찬양이 건반 소리와 함께 공기를 가르며 올려진다.

창문을 통해 한낮 웨일스의 봄빛 햇살이 떨어진다. 어제도 오늘도 동일하신 살아 계신 성령님이 불처럼 바람처럼 함께하신다. 베시 집사가 풍금의 페달을 밟을 때마다, 공기 중에 먼지가 햇빛에 반사되어 부유한다. 과거로의 시간 여행처럼, 베시의 찬양을 따라 1904년 10월 31일 밤으로 이동하는 듯하다.

이반 로버츠의 핵심 메시지

이반 로버츠는 본래 내성적이고 수줍음이 많은 조용한 청년이었다. 그 청년에게 예수 심장이 임했다. 심장이 뛸 때마다 말씀이 솟구쳤고 혈관을 타고 말씀이 움직였다. 그날부터 이반 로버츠는 항상 네 가지 핵심 메시지를 선포했다.

첫째, 고백하지 않은 죄를 모두 회개하라(Unconfessed Sin).

회개할 때 가장 중요한 회개는, 하나님을 모르고 살아온 무지에 대한 회개이다. 독수리 새끼인데 자신이 병아리 새끼인 줄 알고 살아온 삶에 대한 회개가 우선되어야 한다.

둘째, 삶 속의 모든 의심스러운 것을 제거하라(Doubtful Habits). 부정의 입술을 버려야 한다.

기억나는 일이 있다. 약 50년 전, 초등학교 6학년 때의 일이다. 골목에서 아이들과 고무 물공으로 '짬뽕'이라는 야구를 모방한 놀이를 하고 있었다. 한창 놀고 있는데 동네 중앙 주택가에서 연기와 함께 붉은 불꽃이 피어오르더니 순식간에 동네가 아비규환이 되고 말았다. 사이렌 소리가 들리더니 소방차들이 달려왔다.

화재는 곧바로 진압되었다. 그러나 불과 30분 만에 단층 주택은 잿더미가 되었다. 비포장 골목길은 소방수로 진창이 되어서 곳곳에 웅덩이가 만들어졌다. 그런데 그때 홍해가 갈라지듯 충격적인 장면이 내 눈앞에 펼쳐졌다.

"우리 집이 다 탔네!"

불이 난 그 집이 방금까지 나와 공놀이를 하던 친구 진범이네 집이었다. 치마저고리를 입은 진범이 할머니가 왼손에 성경책을 끼고 나와 서 있고, 가족들이 할머니 주변을 둥그렇게 둘러 서 있는데, 갑자기 할머니 입술에서 찬양이 터져 나왔다. 찬양을 마치자마자 진범이 할머니가 물웅덩이 바닥에 무릎을 꿇었다. 곧이어 가족들 모두 무릎을 꿇었다. 내 옆에 서 있던 진범이도 어느 틈엔가 가족들 사이로 들어가 무릎을 꿇었다. 할머니가 기도하셨다.

"살아 역사하시는 주님, 주님이 우리 가족을 지켜주사 불이 나서 집도 타고 사람도 다치고 죽었어야 했는데 집만 타게 해주셨으니, 감사합니다. 이 화마 속에서 우리 자손들 털끝 하나 다치지 않게 해주신 성령 하나님 감사합니다. 속히 새 집을 지을 수 있게 힘주시옵소서. 어제도 오늘도 시퍼렇게 살아 계신 우리 주 예수 그리스도의 이름으로 간절히 기도드렸나이다."

우리는 인생을 살아가면서 수많은 위기와 좌절을 맛본다. 그러나 그럴 때마다 부정의 입술을 버리는 것, 의심을 버리는 것이 생명 된 자녀에게 주시는 특권이다. 부정의 언어를 말씀의 불로 태워야 한다. 의심하지 말아야 한다. 두려워하지 말아야 한다.

셋째, 성령의 인도하심에 즉각적으로 순종하라(Immediate Obedience to the Spirit). '바로, 지금, 즉시'가 부흥의 절대적인 요소 중 하나이다. Bend Me! 하나님 앞에 항복하는 것이다. 굴복하는 것이다. 자신의 무릎뼈를 부러뜨리는 것이다. 내 자아가 부러지는 것이다. 두 손을 들어 올려 항복하는 것이다.

넷째, 그리스도를 대중 앞에서 공개적으로 시인하라(Public Profession of Christ). 너무나도 단순한 행동이 이제는 큰 용기를 내야 하는 것으로 변질되었다. 시대마다 복음을 견인하는 외침이 있었다. 몸 되신 교회의 외침을 따라 전도와 선교가 이루어졌다.

그러나 한국 땅에서 더 이상 노방 전도는 이뤄지지 못하고 있다. 소리치며 복음을 전하는 것은 몰지각한 행동으로 취급받는다. 더 충격적인 일은, 대학교 학생식당에서 식사 전에 식사기도를 하는 우리 딸을 보고 옆에 있던 친구들이 놀라며 묻는다는 것이다.

"어머, 너 아직도 교회 다녀?"

이반 로버츠는 매번 그리스도를 공개적으로 시인하는 것으로 말씀을 마쳤다. 눈물이 핑 돈다. 촬영 가는 곳마다 눈물을 주시는데, 이번에는 감격의 눈물이 아니라 코끝이 찡해지는 안타까움의 눈물이다. 어디서부터 잘못된 것일까? "나는 예수 믿는 사람입니다"라는 고백이 부끄럽게 느껴지는 세상이 되었다. 다른 민족은 모르더라도 최소한 한민족은 그러면 안 된다. 대한민국 한반도는 복음에 빚진 땅이다. 잊어서는 안 된다.

빅 핏 탄광촌

모리아교회 촬영을 마치고 빅 핏 국립석탄광산박물관(Big Pit National Coal Museum)이 있는 탄광촌으로 향했다. 19세기 광산촌의 갱도를 체험 학습이 가능한 박물관으로 만들어 교육에 활용하고 있었다.

영국 날씨는 수시로 변한다. 갑자기 소나기가 폭우처럼 퍼붓기 시작했다. 특이하게 영국 사람들은 비를 그냥 맞으며 다닌다. 우산을 쓰고 다니는 사람이 드물다. 그만큼 영국인에게 비는 생활이다.

빅 핏 국립석탄광산박물관 주차장에 도착했다. 오랜 세월 자신의 몫을 감당했을 대형 굴착기와 석탄을 내부에서 외부로 반출하던 레일과 크고 작은 오래된 장비들이 유물처럼 이곳저곳에 방치되어 있다. 빅 핏 탄광촌은 유네스코 세계문화유산으로 지정된 블래나번 산업경관(Blaenavon Industrial Landscape) 내에 위치하며, 19세기 철광과 석탄으로 유명했던 이 지역의 모습이 역사적 자료가 된 것이다.

한때 1,400명의 광부가 90미터 아래 지하 갱도로 내려가 일을 했었다. 안전모와 안전 조끼를 받아서 촬영팀도 이반 로버츠가 일했을 90미터 아래의 지하 갱도로 내려가본다. 지금은 엘리베이터를 타고 내려가지만, 130년 전의 광부들과 탄을 나르던 여인들과 소년들은 어땠을까? 갱도 매몰로 희생된 어린아이들의 신발과 유품들이 사진으로 전시되어 있었다.

지하로 내려간 촬영팀은 광부들이 잠시 쉴 수 있었던 작은 공간들을 촬영했다. 바로 이곳에서 소년 광부 이반 로버츠가 부흥을 기도했을 것이다.

지하 갱도 아래에는 조랑말 마구간, 갱도와 갱도를 연결하는 통로들, 갱의 무너짐을 방지하기 위해 130년 전에 세워 둔 나무동발이 아직도 남아 있었다.

1904년 웨일스 부흥의 단초가 밝혀지는 순간이다. 이반 로버츠로 상징되는 웨일스의 부흥은 간절함의 간구였다. 언제 갱도 붕괴로 죽을지 모르는 불완전한 삶, 고된 노동, 그리고 혹독한 겨울과 빗줄기로 고단했을 그들의 삶에 오직 살아 계신 예수님만이 희망이었을 것이다.

매 순간 절박함으로 주님만을 바라보는 기도를 드렸을 웨일스 탄광촌 사람들의 얼굴들이 스쳐 지나갔다. 그와 동시에, 모든 물질이 차고 넘치게 풍족한 대한민국에 그리스도 예수만 바라보는 절박함이 있는가 스스로 되물어본다.

부흥과 영적 방해

1904년 10월 31일 시작된 이반 로버츠의 부흥 선포는 5개월 만에 웨일스 주민 10만 명이 그리스도에게로 돌아오는 부흥이 되었다. 인터넷이나 전화 등 소통 수단이 전무했던 시절, 오직 입소문만으로, 본인이 자기 발로 찾아와 드린 예배로 살아 계신 예수님을 만난 사람들이 들불처럼 번져 나갔다. 이 불은 바다를 건너 아프리카와 아시아로까지 번져 나갔다.

이반 로버츠의 부흥 선포는 개인의 회복과 공동체의 회심, 지역의 변화로 이어지며 영국 전체가 부흥의 불에 반응하게 되는 놀라는 변혁이었다. 여기서 나는 미국 애즈베리 부흥과 펜사콜라 부흥의 발현과 진행 그리고 쇠퇴 과정에서 나타났던 공통점을 발견하게 되었다. 바로 부흥과 동시에 시작되는 영적 방해를 기억해야 한다는 것이다. 특히 청년들은 명심해야 한다.

부흥을 주시기 위해 성령 하나님은 오늘도 그 한 사람을 캐스팅하신다. 바람처럼 불처럼 운행하신다. 그런데 선택된 한 영혼이 세워지면, 그와 동시에 어둠의 마귀 사탄도 활동한다. 웨일스 부흥의 상징인 이반 로버츠의 사역이 1904년부터 1906년까지 햇수로는 3년이지만 실질적인 사역은 1년 6개월뿐이었다는 사실을 주목해야 한다.

영적 공격은 실재하며, 부흥 선포자를 겨냥한다. 이반 로버츠에게는 먼저 규칙적이지 않은 예배 진행을 놓고 끊임없는 주변 목회자들의 이단 시비가 붙었다. 또한 지역 신문들은 이반 로버츠의 선포 내용을 가지고 연일 비판적인 기사와 부작용을 언급했다. 이에 26세의 청년 이반 로버츠는 정신적인 상처를 입고 깊은 우울증에 빠진다. 사탄의 전략은 이번에도 성공했다.

이반 로버츠는 불면으로 인한 육체적 손상과 공황 장애와 우울증 같은 정신 건강의 불안정으로 1906년부터는 공식적인 선포를 자제한다. 그리고 8년 동안 기도 동역자인 제시 팬 루이스 자매의 집에서 요양한다. 1913년 그녀와 함께 공저로 《성도들의 전쟁》(The Warfare of the Saint)을 집필한 뒤로는 어떤 공식적인 선포 없이 은둔의 기도자로 살다가 1951년 73세 나이로 소천한다.

그러므로 부흥을 간구하는 기도와 더불어 부흥의 유지를 위한 기도를 동시에 선포해야 한다.

38 웨일스의 또 한 명의 광부

하나님은 땅을 로케이션하시고 사람을 캐스팅하신다. 웨일스를 부흥의 활화산으로 선택하신 것이다.

탄광 마을 웨일스에는 이반 로버츠보다 1년 뒤에 태어난 또 한 명의 소년 광부가 있었다. 바로 2차대전 중보기도의 아버지인 리즈 하월즈(Rees Howells)이다. 웨일스란 동네에 한 살 터울로 태어난 소년 광부 이반 로버츠와 리즈 하월즈가 공식적으로 교류했다는 기록은 없다.

기도의 삶

리즈 하월즈는 광부이자 목사였던 아버지 밑에서 기도를 삶으로 배우며 성장했다. 1904년 웨일스 부흥이 일어나자 미국에서 돌아온 그는, 상대적으로 늦은 나이인 27세인 1906년 인격적인 하나님을 만나고 1910년 목회를 시작한다.

그러던 어느 날, 리즈 하월즈는 겟세마네 동산에서 땀방울이 핏방울이 되었던 그리스도 예수의 기도의 불을 받는다. 그날 이후 그의 모든 삶의 행동과 원칙은 기도를 통해 결정되었다. 기도를 중심으로, 오직 기도에만 맞춰 살았다. 누구를 만나고, 어디를 가야 하고, 무엇을 먹고 입고 자는 것까지도 기도로 주님과 함께 했다. 그는 '기도의 문'을 통해 성령 하나님과 동행하는 삶을 살았다.

리즈 하월즈의 기도로 일어난 기적은 열거하기 힘들 정도로 많다. 그는 1915년부터 1920년까지 아프리카의 선교사로 부흥을 전하고 귀국했다. 이후 1924년부터 웨일스성경대학을 설립하여 말씀으로 기도하는 다음세대 기도자를 양육했다. 웨일스성경대학의 운영 역시 외부인들에게 재정 지원을 직접 요청하는 방식이 아니라 오직 하나님의 공급을 통해서만 운영해 나갔다.

한번은 리즈 하월즈가 그의 아내와 함께 다른 지역으로 이동해야 했는데, 기차표를 살 돈이 없이 줄을 서서 기다렸다. 길게 늘어선 줄에서 매표소 앞으로 다가섰지만, 자신 앞에 다섯 명이 남을 때까지도 그의 호주머니에는 기차표를 살만한 재정이 없었다. 단지 성령 하나님께서 기차를 타고 이동하라고 명하셨고, 리즈는 그 명령에 순종했을 뿐이다.

리즈 앞에 세 사람이 남았을 때 바로 앞에 서 있던 남자가 돌아서더니 두 사람분에 해당하는 티켓값을 리즈의 손에 쥐어주었다.

"도저히 떠나지 못하겠어요. 마치지 못한 일이 있거든요. 당신이라도 가세요."

이러한 불가능한 일들의 연속이었다. 이는 주님께 전적으로 의존하는 기도자들에게 주시는 권세이자 특권이다. 우리는 자존자로 살아서는 안 되며, 철저하게 의존자로 살아가야 한다. 리즈 하월즈는 바로 그런 의존자였다.

덩케르크의 기적과 중보기도

제2차 세계대전이 터지고 영국의 청년들과 연합군의 청년 약 30만 명이 덩케르크 해안에 고립된 채 죽음을 기다리는 절박한 상황이 발생했다. 바다 가운데는 독일군의 U-보트 잠수함이 모든 항로를 점거하고 있어, 대형 군함을 이용한 철수는 불가능했다. 시시각각 덩케르크로 몰려드는 독일군들 앞에서 30만 연합군 청년의 명운이 걸려 있었다.

1940년 5월 26일, 영국 국왕 조지 6세는 이날을 '국가 기도의 날'로 선포하고 전 국민의 기도를 촉구했다. 영국 수상 윈스턴 처칠도 소형 선박을 가진 국민의 참여를 독려했다.

이 절박한 기도에 영국인들이 반응했다. 자국의 청년들과 연합군의 아들들의 생명을 구하기 위해 요트, 통통배, 바지선, 유람선까지 소형 선박이 총동원되었다. 5월 26일부터 6월 4일까지 무려 33만 8천여 명의 청년들이 기적처럼 귀환했다. 이는 덩케르크의 기적이자 중보기도의 힘이었다.

리즈 하월즈와 중보기도자들은 이 9일 동안 금식하며 영국과 연합군 청년들의 생명을 주님께 올려드렸다. 그 결과 불가사의한 일들이 발생했다.

첫째, 히틀러가 3일 동안 육군의 진격 명령을 멈추었다.

둘째, 기상 악화로 독일군 주둔 지역에 폭풍이 몰아쳐 비행기 출격이 어렵게 되었다.

셋째, 갑자기 쏟아진 폭우로 인해 땅이 진흙 바닥으로 변해 탱크의 이동이 여의찮았다.

넷째, 반면 덩케르크 해안의 구출선들에게는 잔잔한 파도와 바람이 허락됐다.

촬영팀은 리즈 하월즈 기념관에 도착하여 그가 기도 동역자들과 함께 평생 기도했던 기도방을 촬영했다. 그리고 거실로 나와 리즈 하월즈의 유품을 보는 순간 너무나 큰 감동으로 온몸이 얼어붙고 말았다. 리즈가 지구본을 돌려가면서 전 세계를 놓고 기도하던 그 지구본에 19번째 기도하는 나라로 북한과 남한이 기록되어 있었던 것이다. 시대적으로 쓰임 받던 중보기도자의 하루의 기도제목 중에 19번째 기도가 한반도였다.

하나님은 웨일스 땅에서 동시대에 같은 마을의 두 청년을 캐스팅하셨다. 성령 하나님은 동시대의 사람인 리즈 하월즈와 이반 로버츠를 각각 그들의 기질과 소명에 맞게 사용하셨다. 이반 로버츠를 통해서는 평양 대부흥의 불을 전달했고, 뒤늦게 캐스팅된 리즈 하월즈를 통해서는 한반도를 중보기도하게 하셨다.

1950년 6월 25일, 한국전쟁이 발발했다. 전쟁 발발 두 달 만에 전 국토가 공산군에 의해 점령당하고, 낙동강 전선을 사이에 두고 치열한 전투가 오갔다. 8월 30일, 나라가 풍전등화와 같은 위기 앞에서 부산 초량진교회에는 박윤선, 한상동 목사 등이 강사로 나서 250여 명의 성도들과 함께 구국기도를 올려드렸다. 그 구국 기도의 힘으로 2주 뒤 맥아더 장군의 인천상륙작전은 성공을 거두었고, 한반도의 공산화는 막을 수 있었다.

이처럼 한반도 전쟁이 발발하던 그 위기의 밤마다 웨일스에서는 중보기도자 리즈 하월즈와 동역자들이 한반도를 위해 중보기도하고 있었다. 성령 하나님은 한반도의 공산화를 막기 위해 영국 웨일스 땅에 가장 강력한 중보기도자인 리즈 하월즈의 마음을 만지셨고, 그의 19번째 기도의 땅으로 한반도를 로케이션하셨다.

또 다시 눈물을 주신다. 성령께서 주시는 감동의 눈물이다.

한반도의 청년들아 기억하라!
너희가 살아가고 있는 이 땅은 하나님이 로케이션하신 땅이며
하나님이 캐스팅하신 하나님의 사람들의
눈물과 땀의 기도로 만들어진 땅이다.
주님! 그 보혈의 피를 주시옵소서!
예수의 불을 주소서! 성령의 불을 허락하소서!

39 순교자 토마스의 유산

　내친김에 촬영팀은 로버트 저메인 토마스(Robert Jermain Thomas) 선교사가 파송된 웨일스의 하노버교회로 향했다. 토마스 선교사는 한반도를 가슴에 품은 선교사다. 그는 중국에 선교사로 파송된 후에 조선에 대한 불같은 마음을 받았고, 아내의 소천 후에도 본국으로 돌아가지 않고, 오직 조선 땅에 복음을 전한다는 사명으로 생계를 위해 세관원으로 일하기도 했다.
　마침내 미국 상선 제너럴셔먼호에 승선할 기회가 생겼다. 그는 주저함 없이 한문 성경 수백 권을 가지고 배에 올랐다.

　하노버교회 벽면에는 순교자 저메인 토마스의 이름과 연혁이 명판에 새겨져 있다. 교회 앞 무덤가에는 이름 모를 웨일스의 들꽃들이 빗방울을 머금은 채 아름답게 피어 있었다. 이 들꽃들 하나하나가 조선을 사랑했던 기도자들의 마음 같았다. 아무도 기억하지 않지만 하나님이 주신 기도의 마음에 순종한 사람들의 꽃이다.
　교회 앞 묘지를 돌면서 기도할 때, 일반 묘지에서는 느낄 수 없는 은혜가 흘러나왔다. 신기한 일이다. 한국에서도 납골당을 방문하면 마음이 무거워지곤 하는 데, 양화진 선교사 묘역이나 오산리기도원 묘역이나 부흥자들의 묘지 앞에서 서면 은혜가 흘러나온다.

하나님의 섭리와 헌신의 열매

토마스 선교사는 한문 성경을 뿌리다가 대동강변 모래사장 위에서 군관 박춘권의 칼에 참수당하며 순교했다. 그때 12세 소년 최치량이 버려진 성경책을 주워 든다. 평양성의 성문을 관리하던 영문주사 박영식은 벽지가 필요하던 차에 소년 최치량에게서 성경책을 구입하여 운영하던 여인숙의 벽지로 바른다. 박춘권의 조카 이영태는 그 여인숙에 들렀다가 벽에 붙은 성경 벽지를 읽고 그리스도 예수를 만난다.

1863년 영국 웨일스 하노버교회에서 안수받고 아내와 함께 중국 상해로 떠났던 토마스 선교사는 그로부터 불과 3년 뒤인 1866년 9월 5일 26세의 나이로 순교했다. 그는 죽기 전 성경책을 던지며 "예수 믿으시오"라고 단 한마디 외쳤을 뿐이다.

그리고 23년의 시간이 흘러, 1890년 헐몬산에서 무디에게 기도받은 사무엘 모펫 선교사가 평양에 방문했다가 널다리골 여인숙에 유숙한다. 여인숙 방문을 열고 들어선 사무엘 모펫은 주님의 섭리 앞에 무릎을 꿇었다. 그 방의 벽지가 마태복음의 한문 성경으로 도배되어 있었기 때문이다.

'이 땅에 먼저 온 자는 누구이며, 이 땅을 향한 주님의 계시는 무엇입니까?'

이 땅을 로케이션하신 하나님의 계획 안에 자신이 들어와 있음을 깨닫는 특별한 사명이었다. 하나님의 사람들에게는 하나님이 땅을 통치하시는 섭리가 작용한다. 하나님은 단 '한 사람'으로부터 시작하신다.

토마스 선교사와 무디, 사무엘 모펫과 이반 로버츠, 리즈 하월즈를 비롯하여 게일 선교사, 로버츠 하디 등 하나님이 캐스팅하신 하나님의 사람들로부터 받은 영적인 유산은 평양 대부흥으로 이어졌다.

이 역사는 일제강점기와 한국전쟁의 고난을 거쳐 1973년 여의도 빌리 그래함 전도대회와 1974년 EXPLO 10만 선교사 선포, 1984년 세계선교대회를 통해 대한민국을 세계 2위 선교사 파송 국가로 세웠다. 그리고 이제 2025년 한류를 통해 전 세계 미디어의 패권을 쥐게 하신 하나님의 계획 앞에 지금 바로 여기, 우리 청년들이 서 있다. 바로 당신이 주인공이다.

쓸쓸한 과거의 영광

런던으로 이동했다. 런던 곳곳은 기독교 유적지로 가득 차 있다. 고개를 돌리면 교회의 십자가들이 보인다. 도심의 상징마다 존 웨슬리의 동상과 흉상과 표지판이 세워져 있다.

불과 70년 전의 일들인데, 그 풍요의 나라, 복음의 나라 영국에 더 이상의 복음은 존재하지 않는 듯하다. 2010년 평등법이 통과된 이후 영국의 개신교는 급속하게 쇠퇴했다. 그나마 남아 있는 교회의 주일 예배에는 아주 연로하신 노인 성도 몇 분만이 지키고 있을 뿐이다. 재정 여건이 어려워진 교회는 나이트클럽이나 선술집에 팔리고, 이슬람이나 타 종교 시설로 매각되는 교회가 증가하고 있는 실정이다.

촬영을 통해 만난 목회자들은 한국의 청년 목회자들이 영국으로 와서 영국인들을 위해 목회해줄 것을 당부했다. 수백 년 된 교회에 성도가 서너 명뿐이다. 이들은 말씀을 증거할 목회자를 찾고 있다.

현재 한인 선교사들은 주일마다 서너 개의 현지 교회를 순회하며 설교하고 있다. 목사 한 명이 그 지역의 네다섯 개의 교회를 섬기고 있는 것이다. 그나마 교회의 생존 전략으로 노숙자 급식 봉사나 극빈자 방문 돌봄 같은 지역 공공기관과의 연계 사업으로 교회의 운영을 감당해내고 있다.

40 킹스턴역 앞 거리 전도자

나는 존 웨슬리와 조나단 에드워즈가 1703년에 태어난 인물임에 주목한다. 영국에서 태어난 웨슬리와 영국령이었던 미국 신대륙에서 태어난 에드워즈, 이 두 사람을 하나님이 같은 시대에 사용하셨다.

또 한 가지 기억해야 할 것은 존 웨슬리에게 방직 공장의 여공들과 과부와 소녀들의 중보기도가 있었다는 사실이다. 성령의 능력에는 간절하게 간구하는 중보기도가 수반되어야 한다. 2차 대전의 위기에서 영국을 구한 것도 중보기도이고, 위대한 선포자가 세워진 것도 중보기도의 힘이다.

부흥의 정탐꾼

영국 킹스턴역 앞에는 송기호 목사가 있다. 평등법이 통과된 영국에서 거리 전도를 한다는 것은 생명을 거는 일이다. 최근에도 이슬람 신도에게 테러를 당해 치아가 부러지는 일도 있었다. 송기호 목사는 이미 거리에서 특정 종교를 권유한 평등법 위반자로 네 차례나 경찰에 고발당했다.

송기호 목사를 킹스턴역 광장에서 만났다. 노숙자 출신의 영국인과 이라크 참전 트라우마로 알코올 중독자로 살다가 하나님을 만난 뒤 거리전도자로 살아가는 전도 특공대도 함께 만났다. 너무 유쾌하고 재미있는 이들이다. 성령 하나님과 동행하는 영국 땅의 정탐꾼들이다.

성경을 보면 어느 지역을 점령하기 전에 반드시 정탐꾼을 보내서 그 땅을 진단한 후에 본진이 진격한다. 송기호 목사와 런던 전도단은 부흥의 정탐꾼들이다. 하나님은 영국을 되찾기 원하신다.

지하철로 연결된 킹스턴역의 거리 전도는 단순하다. 먼저 광장 중앙에 기도자들과 찬양대가 진지를 구축한다. 엠프와 기타와 마이크와 악기를 세팅한다. 그리고 중앙에 모여 예배를 시작하기 전에 합심 기도를 드리며, 오늘의 전도에 성령 하나님이 동행하여 주십사 강청을 드린다. 그리고 찬양을 올린다. 찬양이 시작되면, 전도 모임을 아는 사람들이 자연스럽게 하나둘 모여든다.

보혈 찬양과 성령의 임재 찬양이 올려질 때, 런던 하늘에 어둠이 걷히고 성령의 빛이 몰려온다. 땅이 기경된다. 30분 이상의 찬양으로 보혈의 피가 킹스턴역 앞마당을 충만하게 채운 후, 송기호 목사는 역 앞을 지나가는 영국인 중 자신과 눈이 마주친 이에게 다가간다.

"나는 하나님을 믿는 목회자입니다. 당신을 위해 예수 그리스도의 이름으로 축복하기를 원합니다. 기도 받겠습니까?"

질문과 동시에 송 목사의 손이 상대방의 머리에 얹힌다.

"주님, 이 아들을, 이 딸을 주 예수 그리스도의 이름으로 축복하기 원합니다. 이 영혼을 구원하소서. 하나님이 당신을 사랑하시는 것을 믿습니까?"

기습적인 영적 공격이다. 나도 놀라고 상대방도 놀란다. 그런데 이 무모하리만큼 단순한 기도가 사람의 마음을 움직인다.

송기호 목사의 손이 올려진 영국인의 눈에서 닭똥 같은 눈물이 흐른다. 회심의 눈물이다. 통회의 눈물이다. 할머니 손에 이끌려 갔던 어린 시절 교회에서 세례받던 날, 아버지와 함께 기도하던 어린 날이 스쳐 지나간다.

영국의 현실

놀랍게도 70년 전, 아니 50년 전, 아니 불과 2000년까지만 해도 영국은 기독교 국가였다. 해가 떠서 결코 지지 않는 복음의 나라였던 영국이 이제는 무슬림 유입과 평등법으로 기독교인 비율이 현저하게 낮아져 선교 대상 국가가 되었다.

송기호 목사의 거리 전도에는 은혜와 성령의 권능이 뒤따른다. 초대교회 시절처럼 기독교를 전하는 것이 금기된 땅에서 거리 전도는 생명을 내건 행위이다. 그 절박성 때문에 현장마다 기적에 가까운 열매들이 맺힌다.

"하나님이 좋게 해주셔서 오늘도 12명을 전도했습니다."

촬영팀이 오기 전에도 송 목사는 매일 메신저로 전도 보고를 해주었다. 그 메시지의 첫 문장은 "하나님이 좋게 해주셔서"이다.

나는 이 문장에 담긴 절대 신뢰와 친근감을 느낀다.

함께 전도하는 영국인 존 할아버지는 알코올 중독 노숙자였다. 송기호 목사의 거리 전도를 통해 예수님을 만났다. 예수님을 만나니 죄인인 것이 깨달아졌다. 그날부터 무거운 나무 십자가를 지고 다니며 거리 전도에 참여했다.

"예수 믿고 구원받아야 합니다"라는 문구가 적힌 티셔츠를 입은 존 할아버지가 감추고 아껴 두었던 웨하스 과자를 청년 스태프 주영에게 쥐어준다. 극구 사양하는데도 주영의 품에 넣어준다. 하나님의 사명 가진 청년을 보니 무엇이라도 주고 싶으신 듯하다.

1시간 찬양과 2시간 전도로 20여 명이 넘는 사람들에게 복음을 증거했다. 촬영팀도 성령이 이끄시는 대로 정말 전도가 되는 현장을 촬영했다. 전도는 하는 게 아니다. 되는 것이다.

드론 카메라도 날려서 킹스턴 역사 주변의 항공 촬영도 했다. 우리의 기습 공격에 화들짝 놀라는 어둠의 세력이 느껴지는 듯했다. 우리는 복음 특공대이다. 거리 전도를 마친 뒤에 맥도널드 햄버거로 허기진 배를 채운다.

런던 구릉지대 산기도

영국의 촬영 마지막 날, 런던의 구릉지대로 산기도를 올라갔다. 정말이지 한국인들의 부흥에 대한 DNA는 탁월하다. 그래서 하나님이 한국의 사명자들을 사용하시는 듯하다. 우리는 '부흥'이란 말만 들어도 피가 솟구쳐 오르게 되어 있다. 한반도는 기도의 땅이고, 한반도는 부흥의 땅이다. '주여 삼창'의 기도를 주신 민족이다.

어둠이 내려앉은 영국 런던의 구릉지대 정상에서 영국의 회복을 위해 목청껏 '주여 삼창'을 외친다. 거리전도자 송기호 목사의 기도가 하늘로 올라간다.

송기호 목사의 말이다.

"런던 시내는 이슬람의 침노와 마약과 술, 동성애와 혼란스러운 성별 정체성으로 흔들리고 패악한 것처럼 보이지만, 하나님은 그 땅의 회복을 놓고 목 놓아 기도하는 기도자들을 세우셨습니다."

런던 산기도에서 촬영팀의 박효훈 감독이 방언을 선물로 받았다. 〈부흥〉 영화를 촬영하기 직전에 하나님을 영접하더니, 이젠 촬영 기간 중에 방언도 받았다. 나중 된 자가 먼저 된다는 말씀처럼 현장 곳곳에 하나님이 직접 개입하시니 영광이다.

런던 산기도를 끝으로 영국에서의 촬영이 마무리되었다. 마음의 감동으로 성령께서 우리의 중보기도를 사용하신다고 하신다.

산기도를 마치고 내려오면서 송기호 목사가 다시 한번 힘주어 말한다.

"그럼에도 불구하고 영국은 회복됩니다. 기도하면 하나님이 하십니다!"

Part 7

하나님의 감춰진 계획

: 인도의 부흥

41 갈보리템플의 기적

영화 〈부흥〉에 대한 사명을 받기 전, 카메라 관련 회사를 운영 중인 지인으로부터 인도의 나갈랜드(Nagaland)에 대한 이야기를 들은 적이 있다. 인도 북부에 나갈랜드란 곳이 있는데, 그곳에 사는 사람 모두가 하나님을 믿는다는 것이다. 그것도 초기 장로교회 원형 그대로 말이다. 몇몇 자료를 살펴보니 사실인 듯했다. 언젠가 기회가 되면 반드시 가보리라 마음을 먹었다.

〈부흥〉 촬영이 진행되면서 다음 촬영지로 인도에 대한 마음을 주셨다. 인도에 대해 조사할수록 너무나 거대한 나라이고, 하나님의 감춰진 계획이 있는 나라라는 확신이 들었다.

2023년 통계를 보니 인도는 하루에 대략 6만 5천 명의 신생아가 태어난다. 1초에 0.75명이다. 쉽게 계산하면 3초에 2명꼴로 아이가 태어나는 셈이다. 1년에는 2천 370만 명이 넘는 아이가 태어난다. 대한민국 인구가 약 5천1백만 정도이니, 한 해 한국 인구의 약 40퍼센트에 해당하는 인구가 태어나는 나라다. 거대한 댐에 수문이 열려 터져 나오는 듯한 분출의 힘이 느껴진다. 2023년에 인도는 중국을 꺾고 세계 인구 1위에 등극했다. 이 인도 땅에 하나님의 계획이 있다. 1904년 웨일스 부흥의 불꽃이 121년 전 인도 마이랑(Mairang)에 떨어졌다.

인도가 워낙 거대한 대륙이기에 촬영은 1차와 2차로 나누어 진행하기로 했다. 1차 촬영은 현재 지금 일어나고 있는 인도의 부흥을, 2차 촬영은 과거에 일어난 인도 부흥의 뿌리와 영적 전쟁을 촬영하기로 했다.

인도에 도착하자, 눈을 뜨기 어려울 정도의 매연이 눈을 따갑게 한다. 숨 쉬는 것조차 고통스럽다. 오토바이를 개조한 대중교통인 오토릭샤에서 뿜어져 나오는 매연과 난방 연기, 공장 지대의 미세먼지가 조금 과장하면 한 치 앞도 안 보일 정도이다.

가장 견디기 힘든 것은 소음이었다. 귀청이 찢어질 듯한 오토릭샤와 자동차들의 경적 소리가 단 1초의 정적도 허용하지 않고 끊임없이 울려댔다. 소음 지옥이 따로 없었다. 인도네시아를 비롯한 이슬람 국가를 방문했을 때 정해진 시간마다 울려 퍼지는 무슬림 기도 소리와는 또 다른 영적 공격이다.

교통 신호는 무시된 채 무질서한 혼돈 속에서 그들만의 암묵적이고 동물적인 움직임에 의해 차량들이 오고 가는데, 그 소용돌이 같은 흐름 속에서 사고가 나지 않는 것이 신기한 일이었다.

도로 주변으로는 방치된 소와 자기 구역 안을 걸어 다니는 개들이 보였고, 도로 곳곳에는 이들이 쏟아낸 용변들이 가득했다. 그 사이로 이마에 붉은 '빈디'(Bindi)를 찍은 힌두인들이 밀물과 썰

물처럼 걸어 다녔다. 빈디는 동물 제사를 통해 신의 축복을 받았다는 상징이자, 힌두의 시바 신을 통해 제3의 눈을 받았다는 표시이다. 기혼 여성을 나타내기도 하는데, 최근에는 미혼 여성이나 어린 소녀들이 장식용으로도 빈디를 찍는다.

갈보리템플

비행기가 도착하자마자 하이데라바드의 갈보리템플(Calvary Temple)을 방문했다. 이 교회는 세계에서 두 번째로 급성장 중인 교회로, 사티쉬 쿠마르(Satish Kumar) 목사가 시무하는 교회다. 교회 앞에 도착하니 교회가 하나의 마을을 형성하고 있었다. 비유로 하자면 압구정동 전체가 하나의 교회 타운인 것이다.

"한 번에 2만 명씩 매일 본교회에서 하루 5번의 예배가 드려집니다."

안내를 해주는 목사님의 설명이다.

사티쉬 쿠마르 목사는 저녁 예배 설교 중이었다. 예배를 마친 뒤에 2만 명의 식사를 제공하는 건물로 들어갔다. 대형 가마솥 50여 개에서 밥을 짓고 있었는데, 어마어마한 화력으로 인해 식당 안은 사우나를 방불케 했고 땀이 흘렀다. 밥을 짓는 용광로 안에 들어온 것 같았다. 예배를 통해 암을 치유 받고 기적과 신유를 경험한 성도들이 봉사자로 헌신 중인데, 일사불란하게 양파와 감자와 채소 등을 자르고 다듬는다. 밥을 짓는 가마솥 외에 카레를

끓이는 가마솥도 10여 개가 넘는다. 식사는 간단하다. 쟁반에 밥을 덜고 카레를 뿌린다. 그것으로 한 끼가 해결된다.

"사티쉬 쿠마르 목사의 설교는 말씀을 기반으로 한 원색 복음입니다. 설교마다 '그리스도 예수 안에서'란 말씀이 강조됩니다."

통역해주시는 목사님의 부연 설명이다. 설교를 마친 사티쉬 쿠마르 목사와 인터뷰를 할 수 있었다. 50대 초반의 사티쉬 목사는 성령의 불로 가득 찬 사람이다. 마치 히브리 민족을 출애굽 시켰던 모세와도 같은 담대함이 느껴졌다.

"저희 집안은 브라만 계급이에요. 아버지가 극장을 운영해서 부유한 가정에서 태어났지요. 막내다 보니 사고뭉치였습니다. 극장에서 폭력적인 영화를 보게 되면, 동네 아이들과 오토바이를 타고 다니면서 주먹다짐을 했고, 도박하는 영화를 본 뒤엔 카드 도박에 빠지기도 했고, 담배와 술을 12세 이전부터 배워서 거짓말을 밥 먹듯이 하고, 아버지 지갑에서 돈을 훔치고, 싸움을 일삼던 집안의 골칫덩이였어요.

그런데 언제부터인가 이런 생각이 드는 거예요. '착하게 살고 싶은데 내 맘대로 안 되는 것은 왜일까? 왜 힌두신에게 빌 때마다 분노가 치밀어 오를까?'

그런 생각을 하고 있던 어느 날, 동네 공터를 지나고 있는데 거리 전도자를 만났어요. 그 분이 나에게 전도지를 주면서 이렇게 말했어요.

'영접하는 자 곧 그 이름을 믿는 자들에게는 하나님의 자녀가 되는 권세를 주신다. 너는 예수 신의 아들이다. 그 신이 모든 힌두의 신보다 높다. 천지를 창조한 하나님이 너를 자녀로 삼았다. 독생한 외아들 예수를 보내서 십자가에 못 박혀 죽게 하신 그 피로 너를 샀다.'

그런데 이 말이 갑자기 믿어지는 겁니다. 내가 하나님의 자녀라는 사실이 믿어졌어요."

하나님의 캐스팅이다. 그래서 그날부터 사티쉬 쿠마르 목사는 성경책을 읽었고, 17세 때부터 설교를 시작했다. 성경을 더 깊게 알고 싶고 또 알아야겠다는 마음을 주셔서 영국으로 유학을 갔다가 27세에 영국에서 목회 안수를 받고 귀국했다. 다시 사티쉬 쿠마르 목사가 증언한다.

"2005년, 고향 하이데라바드에서 25명의 가족을 포함한 성도들과 첫 예배를 드렸습니다. 그렇게 목회자로 사역하는데, 어느 날 성령 하나님이 땅의 한 곳, 바로 이곳을 가리키면서 많은 사람이 모여서 예배하는 교회를 건축하라는 감동을 주셨어요."

부흥자들의 특징은 즉시 바로 순종하는 것이다. 사티쉬 쿠마르 목사는 성도들과 함께 교회 건축을 위해 40일 금식기도를 세 번 드렸다.

"세 번째 40일 금식을 마치고 마침내 2012년 교회 건축을 시작했어요. 그런데 성령께서 단 52일 만에 완공하라는 음성을 주십니다. 문제는 모든 인도 땅 안에서 종교 시설은 국가의 허가를 받아야 건축이 가능한데, 타 종교 시설의 건축 허가는 법적으로야 가능했지만, 현질적으로는 불가능했어요. 인도는 힌두 국가이기 때문입니다."

사티쉬 쿠마르는 느헤미야가 성전을 건축한 것처럼 성경에 기록된 대로 52일 만에 교회 건축을 하기 위해 기도하고 행했다. 그런데 난관에 부딪혔다. 차를 한 모금 들이킨 사티쉬 쿠마르가 다시 말을 이었다.

"여러 어려움이 있었지만 첫째는 인도 정부의 행정력을 동원한 방해였습니다. 보이지 않는 억압이었죠. 두 번째는 내부 목회자들의 불신이었어요. 모든 부교역자들이 무허가로 건축한다는 것에 동의하지 않았어요. 절대로 정부가 허가를 내주지 않을 것이라 주장했어요. 구체적으로는 철근과 골조는 누가 가져올 것이며, 시멘트와 전기시설은 어떻게 할 것이고, 토목과 배관과 에어컨까지, 다 불가능한 일이었죠. 맞아요. 세상 사람의 눈으로는 불가능 한 일이죠. 세 번째는 지금 건축하려고 하는 땅 전체가 교회의 소유가 아니었어요. 땅 주인에게서 아직 구입하지 못한 토지가 남아 있었습니다. 즉, 지금 남의 땅에다 교회를 짓겠다는 것입니다.
그때 주님이 말씀을 주셨어요. 스가랴 4장 6절의 '이는 힘으로 되지 아니하며 능력으로 되지 아니하고 오직 나의 영으로 되느니라' 라는 말씀이었습니다. 이 말씀으로 교회를 건축했습니다. 하나님이 하시면 교회가 지어질 것이고 하나님이 하시는 일이 아니면 교회는 지어지지 못할 것이라고 생각했습니다. 정확하게 교회는 52일 만에 건축되었습니다."

기적이다. 온몸에 전율이 흐른다. 그리고 인도 정부와는 어떻게 해결했는지 궁금했다.

"인도 정부는 기독교 성전 철거를 위해 시의회를 소집하고 불법건축물에 대한 철거를 강제하는 행정명령을 만드는 데 90일을 사용합니다. 그런데 우리 교회는 그사이에 52일 만에 완공되었죠. 하나님이 왜 52일 만에 교회를 지으라 하셨는지 그 이유를 나중에 알게 되었습니다. 시의회에서 완공된 교회를 막상 철거한다고 하니, 우리 측 변호사들도 소송 준비를 했습니다. 그러다가 오래된 문서 하나를 발견했죠. 그 문서에 따르면 인도의 모든 힌두 성전들이 토지대장이나 건축물대장이 없는 무허가 건물들이란 거예요. 그래서 형평성을 고려할 때 갈보리템플을 무허가로 몰아 철거하려면 모든 힌두 성전도 다 철거해야 하는 논리가 만들어집니다. 하나님이 하시는 방법입니다. 순종이 제사보다 더 귀합니다. 법적으로 싸워 이길 명분을 주신 거죠."

사티쉬 쿠마르 목사의 순종으로 힌두 땅에 가장 큰 개신교 교회가 세워졌다.

"다른 큰 산 하나는 남의 땅에 지은 건물입니다. 땅 주인이 부당함을 호소하고 철거하겠다고 하면 막을 방법이 없습니다. 어떻게 되었을까요?"

사티쉬 목사가 미소를 지으며 물었다.

"땅 주인이 교회가 지어지고 정부와 공방이 오고 가는 모습을 지켜보았다고 합니다. 그 사람은 하이데라바드주의 가장 많은 땅을 소유하고 있는 부동산 재벌인데, 한순간에 철거될 줄 알았던 갈보리 템플이 정부를 상대로 한 싸움에서 철거되지 않는 모습을 보고 마음에 결정을 내립니다.
'사티쉬 목사, 나는 당신에게 땅을 절대로 팔지 않을 것이오. 그냥 줄 것이오. 대신 조건이 있소. 나와 나의 자손을 위해 당신의 하나님께 매일 복을 빌어준다고 약속하시오. 그런다면 내가 당신에게 땅을 기증하겠소.'"

하나님이 이끄시는 방법이다. 사람의 마음을 만지시는 하나님이시다. 땅 주인은 하나님을 인도의 3억 3천만 힌두 신 중 가장 큰 신이라 생각했던 것이다. 그래서 오히려 사티쉬 쿠마르 목사에게 자기 가족을 위해 복을 빌어줄 것을 부탁하며 땅을 준 것이다.

사티쉬 쿠마르 목사의 간증을 듣는데, 열왕기하 7장의 장면이 떠올랐다. 이스라엘의 사마리아성이 아람 왕 벤하닷의 군대에게 포위되어, 성 안에서는 극심한 기근과 포위로 인해 먹을 것이 없어 자기 자녀를 잡아먹는 비참한 상황에 이르렀다. 그때 하나님은 엘리사를 통하여 예언하게 하셨고, 성을 포위한 아람 군대에게 환청이 들리게 하여 모든 보급품과 병거와 식량을 다 놓고 도망치게 하셨다. 여호와의 손이 갈보리템플을 감싸셨다. 주님이 행하기로 하시면 못하실 것이 없다. 주님의 거룩한 손을 보게 하신다.

사티쉬 쿠마르 목사의 갈보리템플은 그 후 다시 증축을 해서 한 번에 5만 명이 예배드리는 교회로 성장했다. 주일에 다섯 번, 모두 25만 명이 드리는 예배와 12개 지교회 예배까지 합친다면 68만 명(2025년 기준)이 예배를 드린다. 그리고 14개 언어로 번역되는 방송을 통해 매월 3백만 명 이상이 사티쉬 쿠마르 목사의 설교를 듣는다. 그런데도 그의 겸손이 보였다.

"전 세계 메가처치의 타락은 물질에서 시작됩니다. 지도자들은 돈, 섹스, 권력에 무너지곤 하죠. 하지만 저희 갈보리템플은 언제 철거될지 모른다는 절박함 속에서 세워진 교회입니다. 아직도 정부와 법적인 다툼을 진행하고 있기에 매일 금식할 수밖에 없어요. 저는 한동안 강대상 뒤에서 살았습니다. 그곳에서 먹고 자고 기도하고 말씀을 읽었지요. 지금도 바로 옆 관사에서 지냅니다.

또한, 교회 이름을 '처치'(Church)라고 짓지 않고 '템플'(Temple)이라 지은 것은 힌두교도들에게 친근하게 다가가기 위한 지혜였습니다. 그리고 저희 교회를 세계에서 두 번째로 큰 교회라고 칭하는 것 역시 다른 지도자들의 질투를 피하기 위해서였습니다."

오후에는 갈보리템플 옆에 지어진 병원을 방문했다. 갈보리템플은 복음을 전하는 동시에 지역 내 모든 사람에게 의료보험과 같은 혜택을 주면서 치료를 해준다. 국가가 보살피지 못하는 의료 분야에 교회가 헌신하니 부흥의 불길이 더 크게 타오른다.

하나님은 교회 신학교에서 목양 중인 젊은 인도 기독교 청년들을 보여주셨다. 배움터의 부흥이다. 삶터의 부흥이다. 학교와 가정에서 부흥이 일어나고 있었다. 사티쉬 쿠마르 목사는 청년들을 '지저스 아미'라고 부른다. 예수 군대이다. 그들은 군인들과 같은 제복에 모자를 쓰고 다닌다.

한 영혼을 캐스팅하셔서 이렇게 사용하시는 주님을 찬양한다. 하나님이 지금 이 순간 힌두 땅을 움켜쥐시고 진동케 하신다. 최소한 인도의 하이데라바드의 고지는 하나님의 군대가 지키고 있다!

42 거짓에 묶여버린 사람들

3일간의 촬영을 마치고 바라나시(Varanasi)로 이동했다. 바라나시는 인도 우타르 프라데시주에 위치한 도시로, 갠지스강의 서쪽 제방을 따라 자리 잡고 있다. 인도 사람들은 바라나시의 갠지스강에 시바신과 정화의 여신인 강가(Ganga)의 축복이 깃들어 있다고 믿는다. 특히 갠지스강에서 화장해야 윤회의 사슬을 끊고 해탈(모크샤)의 경지에 이른다고 믿고 있다. 갠지스강은 어머니의 강이자 생명의 강이고, 출산의 강이고, 치유와 회복의 강이다.

갠지스강의 거짓 세계관

촬영팀은 배를 빌려서 화장 의식이 벌어지고 있는 현장을 갠지스강 건너 선상에서 촬영했다. 화장을 하기 전 시신 주위를 다섯 바퀴 도는 의식을 통해 흙, 물, 불, 공기, 하늘로 시신을 돌려보내고 우주의 순환으로 돌아가게 한다.

제방에 있는 여러 화장터 중 '마니카르니카 가트'(Manikarnika Ghat)는 수천 년 동안 화장의 불이 꺼지지 않고 타오르는 곳이다. 이곳에서는 슬퍼하는 통곡 소리를 거의 들을 수 없는데, 이는 죽음을 고통스러운 윤회에서 벗어나는 새로운 시작으로 받아들이는 그들의 가치관 때문이다.

일반적으로 모든 인도인은 바라나시 갠지스강에서 화장하기를 희망한다. 그래야 해탈한다고 믿기 때문이다. 그러나 화장할 재정이 없는 고아나 과부, 노숙인이나 장애인 같은 경우 죽게 되면 달이 뜨지 않는 어두운 밤(무월광), 갠지스강가로 나와 시신에 돌을 매달아 수장시키는 경우가 있다. 그렇게 해서라도 해탈의 한 자락이라도 부여잡고 싶은 것이다.

갠지스강 밑바닥에는 얼마나 많은 시신들이 끈에 묶인 채 부유하듯 떠 있는 것일까? 폭풍이나 홍수로 강이 범람할 때면, 시신을 묶고 있던 줄이 끊어져 사체가 강가로 떠밀려오고, 개들이 무리지어 그 시신들을 뜯어 먹는 비참한 광경이 벌어지기도 한다.

또한 인도인들은 갠지스강 물을 성스러운 시바 여신의 물로 여기고 있기에, 신생아가 태어나면 이 물에서 목욕을 시키고, 빨래를 하고, 목욕도 한다. 바로 그 옆 제방 위에서는 시체가 화장되고 있다.

5~10미터 간격으로 나뉜 제방에는 벽화와 함께 수많은 신들이 운집해 있으며, 신의 사제들은 자신의 공간에서 신도들에게 자기 신의 설화를 강론 중이다. 자신이 추종하는 신의 사제의 설법을 듣기 위해 햇빛을 가리는 대형 파라솔 아래로 사람들이 모여든다.

그러나 그 위 갠지스강 상류에는 대규모 염색공장과 가죽 가공

공장들이 있다. 시간마다 암을 유발하는 폐수와 독성거품을 여과 없이 방류한다. 인도 사람들은 발암물질이 가득한 갠지스강의 물을 성스러운 시바 여신의 물이라 생각하고 식수로 사용하며 음용한다. 그들이 생명의 강이라 생각하는 갠지스강에서 매년 장티푸스와 콜레라가 발생한다.

코디팀으로부터 이 같은 설명을 듣자, 아침에 호텔에서 먹었던 갠지스강의 생수로 만든 카레가 생각났다. 속이 메스껍다. 사람이 이토록 간사하다.

드론 카메라를 띄워 갠지스강 전체를 담았다. 조금만 객관성을 가지고 보면 지옥도가 따로 없는 모습이다. 그런데도 이 땅의 사람들은 시체가 매달려 있는, 발암물질 가득한 오염된 강물을 성스러운 생명수라고 생각한다. 왜 그럴까?

바로 거짓 세계관에 묶여 있기 때문이다. 태어나면서부터 3억 3천만 힌두 귀신에게 묶인 채 살아가며 진리와 거짓을 구분하지 못하기 때문이다. 문득 김일성, 김정일, 김정은을 태양신이라 교육받고 72년 된 주체사상에 빠진 북한 주민들의 삶이 생각난다. 거짓의 화인(火印)을 맞게 되면, 영혼이 묶이게 된다.

바라나시의 촬영을 마치고 하이데라바드에 있는 시크교도들의 사원도 카메라에 담았다. 3억 3천만 만신(萬神)의 나라답게 모든 귀신들이 저마다 주인 행세를 하고 있다. 각각의 귀신들에게 묶인 채 고통스럽게 살아가고 있는 인도의 영혼들을 보았다. 누구도 웃는 사람이 없었다. 그저 묵묵부답, 자신에게 주어진 일들을 할 뿐이다.

길거리에는 소가 지천으로 돌아다닌다. 인도에서는 소를 신성시한다. 그래서 소 한 마리에 부위별로 84개의 신이 있다고 믿는다. 소뿔, 눈, 머리, 다리, 꼬리, 엉덩이에도 신이 있다고 믿는 것이다. 농경시대에 소는 농사에 없어서는 안 될 가축으로 여겼고, 식용으로 소머리부터 발목까지 버릴 것이 없는 먹거리였다. 소머리국밥, 소꼬리탕, 우족탕, 안심, 등심, 채끝, 갈비살, 양지, 꾸리살 등 우리는 먹거리로 보는 소를 그들은 신으로 받든다. 무엇을 보고 자라느냐에 따라 생각이 달라진다.

43 아미르의 눈빛

찬디가르(Chandigarh)로 이동하기 위해 공항으로 갔다. 인도에서 열리는 'BSH 인도 집회'를 촬영하기 위해서다.

인도는 큰 나라이기 때문에 국내 이동도 비행기를 타고 이동해야 했다. 촬영팀에게 가장 큰 어려움 중에 하나가 바로 공항 검색대를 통과하는 것이다. 이런저런 구실로 촬영 장비 하나하나에 시비를 걸기 시작하면, 장비 통과에만 서너 시간이 소요된다. 자칫 비행기를 놓칠 수도 있다. 다행스럽게도 인도 경험이 많은 코디팀이 안내를 맡아주어서 수월하게 통과했다. 가는 곳마다 준비된 분들을 만난다. 하나님의 은혜다.

기도자를 통해 역사하신다

하나님은 단 한 순간도 쉬지 않으시고, 기도자들을 찾으시고 모으신다. 인도 집회에서 불가촉천민 출신인 MK 목사를 만났다. 그가 사역하는 비하르(Bihar)주는 인도에서 가장 빈곤한 지역으로, 토지 없는 농민들이 대부분이다. 특히 무사하르(Musahar) 부족은 '쥐를 먹는 사람'이라는 뜻으로, 극심한 배고픔 때문에 과거 쥐를 잡아먹던 사람들을 보고 멸시하는 가운데 만

들어진 말이다.

이 천대받던 곳에 MK 목사를 통해 국제학교가 세워졌다. 메기 양어장과 양계장을 통해서 학생들의 학비가 충당되었다. 깨끗한 건물과 기숙사가 지어졌고, 고산지대 아이들의 등하교를 위한 버스도 마련되었다. 손가락질받고 천대받던 땅에 하나님의 사람이 세워지니 아이들의 삶이 변한다.

촬영팀이 도착한 날은 침례가 있는 날이었다. 학교 건물 앞에 1미터 깊이의 침례탕이 만들어졌다. 오늘의 침례식은 며칠 전부터 공지가 된 듯하다. 삼삼오오 침례와 예배를 드리기 위해 오는 사람들로 인산인해를 이룬다. 한국의 70년대 예배를 보는 듯하다. 대다수가 걸어서 온다. 머리에 짐을 이고 온 어머니들도 보인다.

먼저 예배를 드리기 위해 온 사람들에게는 쟁반 위에 쌀밥과 카레가 제공되었다. 하루에 한 끼 식사조차 어려운 이들에게는 이 한 끼가 더없이 귀한 식사다. 배식을 받기 위한 줄이 꼬리에 꼬리를 물고 길게 이어졌다.

또 다른 줄은 침례를 받기 위한 줄이다. 한국과 인도의 목회자들이 함께 침례를 베풀었다.

나는 할머니 손을 붙잡고 먼 길을 걸어온 듯한 아미르(7세)와 눈이 마주쳤다. 할머니는 백내장인 듯 눈에 흰자가 가득하여 앞을 못 보시는 것 같았다. 할머니의 손을 꼭 잡고 8시간 넘게 걸어

온 아미르의 눈이 불안해 보였다.

나중에 알게 된 사실이지만, 아미르는 불가촉천민 소년이고, 고산지대에 사는데 할머니는 백내장으로 앞을 못 보신다. 부모님은 도시로 돈을 벌러 나간 뒤 소식이 없다.

남의 집 허드렛일을 해서 할머니와 하루하루 연명하던 아미르에게 반가운 소식이 들려왔다. 예수라는 신이 있는데, 그 신을 믿기만 하면 마음에 평안이 온단다. 또 할머니 눈도 고쳐준단다. 예수라는 신이 죽은 사람도 살린다고 한다. 믿기만 하면 살린다고 한다. 힌두의 신들은 제물을 바쳐야 하고 분노하고 사람을 부려 먹는데, 예수신은 그렇지 않다고 한다. 밑져야 본전이다. 아미르가 할머니를 설득해서 세인트학교까지 걸어왔다.

별보다 빛나는 눈동자

오랜 시간 흙먼지 길을 걸어온 소년의 머리는 땀으로 절어서 젤처럼 말라붙어 있었다. 팔과 다리에도 땀이 말라붙어 해풍에 말린 오징어처럼 허연 도포가 생겼다. 침례탕 앞에 선 소년 아미르가 불안한 눈빛으로 긴장했다.

목사님이 예수 그리스도의 이름으로 침례를 베풀자, 아미르가 침례탕 아래 물속으로 들어갔다가 다시 올라온다. 양손으로 얼굴의 물을 닦아낸다. 산에서 내려온 물을 받은 탓에 수온이 찬 듯 아미르의 입술이 파르르 떨리고, 양팔에는 닭살이 돋았다.

그런데 나는 그 순간 너무나도 놀라운 눈빛을 보았다. 촬영 감독의 카메라 안으로 들어온 아미르의 눈빛이다. 조금 전까지 불안으로 떨던 고산족 불가촉천민 아미르의 불안했던 눈에 사랑이 가득하다. 주님이 주신 평강의 눈이다.

그 아이가 갑자기 울음을 터트린다. 왜 우는지 모르지만 눈물이 난다고 했다. 성령 하나님이 심령이 가난한 7세 아미르를 위로하신다. 아미르의 눈에 가득해진 평강이 나를 울린다.

수백 명의 힌두인들이 하나님을 만났다. 이내 침례탕은 흙탕물로 변하고 말았다. 침례탕의 물이 더러워진 만큼 그들의 영혼이 씻겨진 것 같아 감사했다.

부흥은 하나님을 만나는 것이다. 하나님을 만나면 주님의 은혜로 자유함을 얻게 된다. 삶의 희망도, 꿈도 없었던 불가촉천민 소년 아미르는 영원한 하나님의 아들이 되었다. 단 한 번의 예배가 사람의 운명을 바꾼다. 하나님을 만난 아미르가 눈물을 멈추지 않는다. 감격의 눈물이고 기쁨의 눈물이다.

늦은 저녁까지 침례를 진행했다. 그리고 간단하게 식사를 마친 뒤 저녁 예배를 드렸다. 하나님을 처음 만난 사람들이 드리는 첫 예배였다. 첫 생명, 첫 소산, 첫 정성이다.

한국에서 온 목회자들의 말씀 선포가 이어졌다. 바닥에 앉은 채 선포되는 말씀에 귀를 기울이고 있는, 하나님이 선택하신 영혼들을 본다. 나는 세상을 살아오면서 그토록 아름다운 눈빛, 보석

보다 더 빛나는 눈들을 본 적이 없다. 통역을 통해 예수 그리스도가 누구인지, 우리의 죄를 위해 십자가에 못 박혀 죽으신 그리스도 예수가 나의 하나님이라는 말씀이 전해지자 몇몇 아이들이 눈물을 흘렸다.

예수님은 죽으시고 부활 승천하시면서, 성령 하나님을 우리에게 보내주셨다. 자녀가 된 사람들 안에 성령 하나님이 함께 거하신다. 하나님은 힘이 아주 센 분이다. 그래서 힌두 신들은 접근하지도 못한다.

나는 차마 강대상 위에서 그들을 내려다볼 수 없어서 무릎을 꿇고 아이들 눈높이에 내 눈을 맞췄다. 눈이 마주치는 아이들마다 빙그레 웃는다. 하나님을 만난 아이들의 웃음이다.

오랜만에 인도의 밤하늘을 본다. 일교차가 큰 시골 지역이다 보니 공기가 맑고 차다. 하늘 높이 인도의 별들이 반짝거린다. 조금 전 예배 때 본 아이들의 눈빛과 교차한다.

야식 파티

비하르주의 촬영을 마치고 국경지대로 이동하기 위해 인도 아삼주 구와하티 공항으로 가는 국내선 비행기를 탔다. 인도에서만 벌써 4번째 비행기 이동이다. 국경지대 촬영은 델리에서 온 데보라 선교사가 안내해주기로 했다. 데보라 선교사는 여의도순복음교회 파송 선교사로, 델리 시장통에 교회를 개척하고 현지 사역자들을 목양하여 2개의 지교회도 개척했다. 결혼도 하지 않고 오직 주님의 음성에만 순종하는 기도의 딸이다.

구와하티 공항에서 데보라 선교사가 합류했다. 데보라 선교사가 운전자와 차량을 렌트하여 함께 장비를 싣고 이동한다. 불모의 선교지를 개척하는 것만큼의 어려움은 아닐지라도 〈부흥〉 영화를 촬영한다는 것도 만만한 일은 아니다. 인도의 고산족을 만나기 위해 12인승 차량으로 이동하기 시작했다.

구불구불 비포장 산길이 주는 피로감에 몸이 녹아내린다. 빡빡한 일정 탓도 있지만, 사전 정보가 전혀 없는 곳을 간다는 것과 반드시 필요한 내용을 촬영해야 한다는 중압감이 이중 삼중의 어려움으로 다가왔다. 이럴 때마다 주님께 찬양을 올려드린다. 밤 11시가 넘어서 이젠 산길을 내려가기 시작했다. 허기가 지면서 출출해졌다.

"한국이라면 분식집에라도 들러서 떡볶이에 라면 한 그릇 하면 딱인데."

내 말에 청년 강인이 빠르게 답한다.

"구글 맵으로 찾아볼까요? 한국 분식점이 있는지?"

"여긴 한국으로 치면 강원도 첩첩산중인데, 인도 산 속에 분식점이 있겠어?"

"어? 감독님, 있는데요? 여기서 3.5마일만 가면 돼요. 5분 거리예요."

말도 안 되는 일이 눈 앞에 펼쳐졌다. 인도 산속에 한국 분식점이라니, 믿어지지 않는다. 그런데 정말 있다. 산중 마을 안쪽에 한국 분식점이 있었다. 늦은 시간인데도 김밥과 만두 같은 한국 음식을 먹고 있었다.

촬영팀은 분식점에 들어가서 오랜만에 라면과 떡볶이와 김밥을 주문했다. 데보라 선교사는 촬영팀들이 조카 같고 아들 같은지 흐뭇한 미소를 짓는다. 분식점 사장님은 15년 전 한국에 근로자로 왔다가 10년간 생활하며 주님을 만나, 총신대학교에서 목회 안수를 받은 목사님이었다. 자비량 목회를 위해 한국 분식점을 열었는데 생각보다 너무 장사가 잘된다고 했다.

"내일모레가 크리스마스라 설교 준비를 하러 들어가려고 마감했는데, 〈부흥〉 촬영팀이 왔네요."

사장님은 우리의 방문을 보고 주님이 보내신 것이라며 기뻐했다. 생각지도 못한 야식 파티였다.

44 산꼭대기 교회와 시장통 교회

인도 국경지대의 카시족들의 마을인 마이랑에서 아침을 맞았다. 일어나 호텔 밖으로 나가 보니, 밤 사이 높은 산꼭대기 마을에 도착해 있었다. 델리와 달리 공기도 맑고 사람들도 인도 사람의 모습이 아니라 동남아시아 사람의 모습이다. 바로 미얀마 국경과 맞닿아 있으니 미얀마 사람이라고 해도 믿을 정도다.

정말로 특이한 것은 마을 곳곳에 십자가가 보인다는 것이다. 이곳은 약 120년 전, 웨일스의 부흥의 불을 가지고 온 선교사들에 의해 유일신을 믿던 카시족들이 하나님을 구주로 받아들인 곳이다. 지역 주민의 90퍼센트가 기독교인이라고 한다. 우리는 미리 약속된 마이랑교회로 이동했다.

마이랑장로교회의 예배

구름 아래, 산꼭대기에 교회가 있었다. 우리가 온다고 하니 목사님과 사모님이 정장에 원피스 차림으로 나와 반겨주셨다. 목사님이 만난 하나님에 대해 인터뷰를 하고 드론으로 고산지대를 촬영했다.

곧이어 초대 장로교단의 원형을 간직하고 있다는 마이랑장로

교회로 이동했다. 《부흥의 여정》을 집필했던 박용규 교수의 책에도 소개된 지역이다. 그런데 촬영에 대해 극도의 거부감을 보인다. 낭패다.

교회는 오랜 전통에 따라 철저하게 장로교 당회의 지침에 따라야 하는데, 교회 본부가 고산들 위에 흩어져 위치하고 있어, 촬영 허가에 대한 안건 토의가 아직 이루어지지 않았기 때문에 마이랑 장로교회 단독으로 허락할 수 없다는 답변이었다.

대신 예배 참여와 스케치 촬영은 허락해주었다. 카메라에 대한 거부감들이 있는 것 같아서 휴대폰으로 촬영하는 것은 괜찮냐고 물으니, 다행히 그건 괜찮다고 하신다.

잠시 후 예배 시간이 되자, 고산 정상에는 어울리지 않는 양복과 원피스 치마 정장 차림의 마을 주민들이 교회로 올라오기 시작했다. 예배당은 독특하게 남자와 여자의 자리가 구별되어 있었다.

아침에 인서트 촬영을 위해 마을을 올라오면서 길을 안내해주셨던 분이 알고 보니 12명의 장로 중 한 분이었다. 마이랑교회에는 목사님 한 분에 장로님 12분이 계셨다. 목사님은 네 군데 산꼭대기 교회를 동시에 담임하고 계셨다.

건반에 맞춰 찬양을 부르는데, 귀가 열리는 찬양을 들었다. 고산족 사람들이라 그런지 정말 노래를 잘한다. 청아하고 맑은 소리가 교회 건물 안에서 공명을 일으켜 더 큰 울림으로 찬양이 다가왔다.

　예배 시간은 세 시간이 넘는 듯했다. 목사님은 사회를 볼 뿐이고 설교와 모든 진행을 장로님들이 하신다. 강대상 아래 성도들을 마주보며 12명의 장로들이 앉아 있다. 장로 중 한 분이 일어나 강대상에 올라가 시편 23편을 두 시간 넘게 설교하셨다. 자신이 기르는 산양의 행동을 빗대어 양들의 습성과 목자의 사랑을 설교하신다. 말을 다 알아들을 수는 없었지만, 카시어의 운율이 아름답다.

　예배를 마치고 먼 곳에서 온 이방인들에게 인도 차와 감자떡을 내오신다. 생각보다 감자떡이 맛있고, 제법 요기가 되었다. 인도 마이랑교회는 완전하게 성시화 된 땅의 모습을 그대로 재현하고 있었다. 지금도 매일 저녁에는 기도회가 열린다. 또 새롭게 교회를 증축 중이다. 교회가 지역 고산지대의 삶과 일치한다.
　카시 땅에는 1841년부터 웨일스 칼빈주의 감리교 선교사들이 입국해서 복음을 증거했다. 이들은 19세기 말부터 인도의 부흥을 위해 기도해줄 것을 영국과 미국과 호주에 편지를 보내 요청했다.
　1904년도에 그 기도 열기는 더욱 거세졌고 카시족 그리스도인들은 웨일스교회를 자신들의 모교회라 생각하며, 카시 땅에도 동일한 웨일스의 부흥을 앙망했다. 그들은 1905년부터 18개월 동안 매일 밤 기도회를 가졌다. 1906년 3월 첫주 주일예배 때 성령의 임재가 강력하게 나타났다. 통회와 자복이 터져 나왔다. 이 카시 마이랑교회의 부흥은 나우공(Nowgong), 골라그하트(Golaghat), 시브사가르(Sibsagar), 라킴푸르(Lakhimpur)를 비롯한 인도 국경 아삼 지역의 동북부로 확산되었다. 그 후에 메갈라야 전역으로 확대되었고, 인도 묵티와 펀자브로 흘러가게 되었다.

카시 100주년기념회관에는 마을 공터에 수십만 명이 모여서 예배드리던 2006년의 자료 영상이 준비되어 있었다.

하나님나라의 작은 모형

모든 촬영을 마치고, 다시 숙소로 이동했다. 촬영은 두세 시간 안에 끝나는데, 오고 가는 길이 반나절이다. 그래도 모든 것이 감사하다. 현지 선교사들의 일상적인 삶이 우리 촬영팀에게는 단 한 순간이다. 숙소로 가기 전 마이랑 시내에서 식사를 하기로 했다.

크리스마스를 앞두고 모든 도로에 캐럴이 흐르고 있었다. 다운타운의 중심지 도로 중앙에서 카시족 목사님이 성경책을 들고 예수님의 사랑을 노상에서 선포하고 있었다. 영국 회중교회의 야외 설교를 보는 듯하다.

마이랑 사람들이 성탄을 즐기기 위해 가족과 함께 나온 모습이 보인다. 회중 선포에 "아멘"이라고 화답한다. 목사님 앞으로 모여든다. 그리곤 예배에 집중한다. 은혜가 아닐 수 없다. 예수 그리스도의 심장이 뛰는 땅의 크리스마스 집회이다. 언제 어디서나 주님을 자랑할 수 있는 땅, 주님만 높여드리는 땅이다.

'오 주님, 이 부족한 자에게 하나님이 통치하시는 하나님나라

의 모형을 보게 하십니다!'

이것이 부흥의 도시만이 누릴 수 있는 특권이다. 시민들의 얼굴에 아기 예수의 탄생을 축복하는 성탄의 기쁨이 흐른다.

삼삼오오 기타를 치며 캐럴을 부르는 청년들도 있다. 마치 한국의 7,80년대 성탄절 날 집집마다 돌면서 새벽송을 부르던 모습 같았다. 한국도 저렇게 하나님께 순수했던 시간들이 있었는데…! 한때는 예수님이 모든 한반도 문화의 중심이셨다. 기독교의 빛이 한반도의 청년들을 견인했었다. 성령 하나님이 모든 것을 보게 하시고 기록하게 하신다.

우리 촬영팀도 식당에서 가장 맛있다는 고기를 주문해 먹었다. 인도 카레와 난이 입맛에 맞는 걸 보니 떠날 때가 된 것 같다. 마이랑은 숙소가 생각보다 춥고, 온수가 나오지 않아 어려움들이 있었지만, 절대 감사로 나아간다. 일교차가 크고 오랜 객지 생활로 체력이 방전되다 보니 기침과 고열로 몸이 아픈 팀원들이 생기고 있다. '조금 더 힘을 주세요'라고 기도드린다.

데보라 선교사와 함께 델리 선교관으로 복귀했다. 처녀의 몸으로 사명의 불을 받아 델리에 온 지 30년. 5층 선교센터는 데보라 선교사의 땀과 눈물과 기도의 열매다. 5층 건물 바로 옆에 교육관과 예배 처소가 따로 있다. 이 델리 시장통 안에서는 가장 깨끗하고 모든 이들의 위로처가 되는 교회이다. 교회 안에 게스트하우스가 있어 달리 숙소를 잡지 않아도 되고, 아침저녁으로 맛

있는 차와 식사를 주시니 감사할 뿐이다. 따뜻한 물로 몸을 씻고 나서야 여독이 풀린다.

가난한 자의 기도를 받으신다

이제 오늘 저녁이면 2주간의 인도 촬영을 마무리하고 귀국한다. 데보라 선교사의 제자 목사가 사역하는 시장통 교회를 방문하자고 하신다. 처음 데보라 선교사가 개척한 교회인데, 지금은 제자 목사가 담임목회를 하고 있다. 일종의 격려 심방인 셈이다. 시장통을 심방하면서 인도의 부흥을 허락하신 하나님의 마음을 받는다.

인도는 아직도 브라만 계급과 불가촉천민의 계급 등 눈에 보이지 않는 차별이 존재한다. 시장에서 다리미로 남의 옷을 다림질하며 살아가는 사람의 자녀들은 일평생 대를 이어 시장에서 다리미질하며 살아간다. 남존여비 사상과 성폭력이 난무하는 곳이다. 도덕적 개념이 사회적으로 열악한 계층에서는 더욱 심각하다. 근친상간의 피해도 수두룩하다.

데보라 선교사와 방문한 시장통의 심방 장소에서 술 취해 들어와 성폭행하는 아버지와 오빠의 폭력을 견디다 못해 도망친 자매들을 만났다. 기다랗게 늘어선 복도마다 너무나 허술한 방문이 있고 그 방문 안 한 평 남짓한 곳에 침대와 간단한 주방 시설이 있었다. 산업화 시절 구로공업단지 내에 있었던 쪽방촌이 인도 델리 시장 안으로 들어왔다. 어쩌면 그보다도 더 열악해 보인다.

그토록 무서운 두려움 속에서 두 자매는 하나님을 만났다. 세상의 삶은 여전히 녹록지 않지만, 주님을 만나 부흥자로 살아가니 기쁨이 넘친다. 상처가 많았던 자매들의 방에서 주님의 사랑을 증거하고 기도한다. 두 자매의 얼굴에 감사의 눈물이 흐른다. 우리가 심방을 왔다고 하니 시장통 방마다 서로 초대하려고 난리다. 이분들은 이방에서 온 기도자들을 하나님이 보낸 사람들이라고 생각한다.

또 다른 방을 심방했다. 6명 대가족이 두 평 방 안에서 함께 살고 있었다. 할머니와 손자와 손녀가 침대에서 자고, 바닥에서는 아들, 며느리와 갓 태어난 막내딸이 잔다. 뻥튀기 같은 과자와 인도의 전통차 짜이(chai)를 내오신다.

다리가 불편한 할머니가 이방 촬영팀에게 주 예수 그리스도의 이름으로 기도를 요청하신다. 할머니의 아픈 다리를 위해 기도한다고 하니, 제법 청년티가 나는 손자까지 두 손을 모으고 무릎을 꿇는다.

심령이 가난한 인도 시장통 사람들의 기도이다. 신분이 낮고 하루 벌어 하루 먹고 사는 삶이지만, 살아 계신 그리스도 예수 안에서 살아간다. 그들의 눈에서 삶터 부흥의 기쁨을 본다.

가장 낮은 곳에 함께하시는 주님, 이 땅을 기경하옵소서!

시장통 교회

데보라 선교사가 인도로 와서 처음 개척한 교회인 시장통 교회의 예배에 참석하기로 했다. 하나님은 데보라 선교사가 많은 어려움 속에서도 인도 사람을 가슴으로 사랑하게 하셨다.

건물주는 교회가 들어선 30년 동안 돈을 많이 벌었다고 한다. 그것이 데보라 선교사와 그녀가 믿는 하나님 덕분이라며 월세를 올리지 않고 사용하게 해주었다.

건물주는 시장이 재개발되어 지금 사용하고 있는 건물을 철거하고 새로 신축을 한다면서, 괜찮다면 새 건물에도 교회가 들어와 지금처럼 자신과 자신의 자녀를 위해 기도해주면 좋겠다고 제안했다. 모든 것이 하나님의 은혜이다.

오늘이 시장통 예배당의 마지막 고별 예배이다. 저녁 예배인데도 시장의 어지간한 사람들은 다 참석했다. 30평 정도 되는 공간에 250여 명이 모인 듯했다. 예배를 드리기 전에 보혈 찬양과 성령 찬양이 올려진다.

"감독님, 귀신 들린 사람이 몇 명 왔어요. 말씀 선포 마치고 축귀 사역 같이해요."

세상에, 나보고 귀신을 같이 쫓아내자고 한다. 촬영 계획에 없던 급박한 일이 벌어졌다. 하나님께 묻는다.

'주님, 인도 델리 시장통 안에서 귀신을 쫓아내라고요? 무당을 인간문화재 만들어주다 주님을 만난 것은 맞지만 지금 귀신을 쫓아내라고요? 한국 귀신도 아니고 인도 귀신을요?'

예수의 이름으로 악한 영은 떠나가라!

데보라 선교사는 유다 사자처럼 귀신 들린 인도 여인의 머리에 안수한다. 빈디를 이마에 찍은 인도 여인이 '으악' 비명을 지르며 뒤로 넘어간다. 데보라 선교사가 그 여인의 배에 올라탔다.

"주 예수 그리스도의 이름으로 명하노니, 이 여인의 몸에서 사악한 어둠을 떠날지어다!"

힌디어로 사탄을 꾸짖는다. 선교사 아래에 깔린 여인의 몸이 활처럼 휘더니 데보라 선교사를 밀쳐내려고 한다.

"감독님, 손 좀 잡아요!"

나도 달려들어 바닥에 누워 있는 여인의 양손을 붙잡는다. 귀신 들린 여인의 눈빛이 번득이며 날카롭다. 내가 붙잡은 손에 힘이 들어가더니 나를 밀쳐 버린다. 하마터면 뒤로 넘어갈 뻔했다. 두 손을 다 제압하는 것이 여의치 않다.

200여 명이 넘는 시장통 사람들이 바닥에 엎드린 채 실랑이 중인 우리를 구경하듯 내려다보고 있다. 강대상에서는 찬양팀의 찬양과 방언 기도가 선포되는 중이다. 오른팔을 잡으면 왼팔이 허우적대며 저항하고, 왼팔을 제압하면 오른팔이 방해가 된다.

"윤 감독님, 양팔 다 잡아야 돼!"

데보라 선교사의 다급한 요청에 다른 쪽에서 안수기도를 하고 있는 오영관 목사를 붙잡아 끌어 왼팔을 맡긴다. 세 명이 합심해서 예수 그리스도의 이름으로 축귀를 선포한다.

"주 예수 그리스도의 이름으로 명한다! 귀신아 떠나가라!"

견고한 어둠의 진이 무너지는 듯 여인의 발광 역시 만만치 않다. 눈이 돌아가고 혀가 날름거린다. 순간 이런 일들을 예측하고 준비하지 못한 나의 부족을 회개했다. 영적 전쟁은 언제 어디서나 벌어질 수 있는데, 현재 벌어지고 있는 일인데 말이다.

오 목사는 다시 안수기도하는 곳으로 돌아갔다. 내가 오른팔을 제압했지만, 왼팔을 마구 휘저어대니 이것이 문제다. 함께 기도하는 강인 형제는 3시간 기도 자리를 지키는 청년이다. 카메라로 스케치하고 있는 강인 형제를 붙잡아서 왼팔을 잡게 했다. 이제야 자세가 잡힌다. 데보라 선교사가 힌두어로 다시 축귀를 명한다.

"예수 그리스도의 이름으로 명하니 이 여자에게서 떠나갈지어다!"

생각보다 쉽지 않다. 벌써 한 시간째다. 땀이 비오듯 흐른다. 고개를 슬쩍 들어보니, 시장통의 사람들이 모여들어 구경 중이다. 그 순간 바알 선지자와 싸우던 엘리야가 떠오른다. 마음속으로 기도했다.

'주님, 제가 부족한 사람임을 고백합니다. 그런데 시장통의 사람들이 귀신 들린 여인과의 싸움을 지켜보고 있습니다. 전능하신 주님, 이 죄인의 고백을 들으사, 주님의 영광이 드러나게 하옵소서! 행여라도 저의 부족으로 하나님의 살아 계심이 증거되지 못하여 시장 사람들에게 주님의 영광이 가려질까 두렵습니다. 주님,

영광 받아주옵소서!'

신기한 일이다. 나의 부족을 고하고 주님의 영광을 선포하자, 큰 파도 같은 평강이 밀려온다. 마음속으로 '이제 됐다'는 믿음이 차오른다. 내가 조용히 귀신 들린 여인의 눈을 보며 말했다.

"나사렛 예수의 이름으로 명한다. 이 여인의 몸에서 떠나라! 예수 그리스도의 이름으로 명한다. 떠나라!"

두 번째 꾸지람이 있기도 전에 여인의 눈이 정상으로 풀린다. 그리고 혀가 들어간다. 한 시간 반의 축귀 사역이 끝났다. 그런데 문득 이 귀신이 완전히 여인의 몸을 떠난 것이 아니라 잠시 빠져나가 숨어 있다는 생각이 든다.

함께 동행했던 오 목사가 비행기 시간을 상기시켜준다.

"감독님, 십 분 안에 출발해야 비행기 탑니다."

마음속으로 잠시 갈등했다. 이 여인에게 완전한 축귀 사역을 하려면 이틀은 더 기도해야 한다. 그런데 그러려면 모든 일정을 뒤로 미뤄야 한다.

"알겠습니다. 자, 오늘은 여기까지."

이후의 일들은 데보라 선교사와 하나님께 맡기기로 했다.

인도에서의 모든 일정을 마치고, 귀국 비행기에 탑승했다. 인도의 사역을 함께한 데보라 선교사와는 수십 년 생사고락을 함께한 듯한 오누이가 되었다. 귀국 비행기 안에서 완전하게 축귀 사역을 마치지 못한 아쉬움이 계속 마음에 남았다.

'주님, 이 죄인의 연약함을 용서하소서!'

사실 축귀 사역은 그때가 두 번째였다. 정말 예상치 못했던 일이다 보니 너무 많이 놀란 것도 사실이다. 영적으로 무장하지 못한 나의 부족을 주님께 올려드린다.

3억 3천만 우상의 나라 인도에서의 〈부흥〉 촬영이 끝났다. 하나님은 언제나 쉬지 않으시며 포기하지 않으신다.

Part 8

회개와 회복

: 이스라엘의 부흥

45 이스라엘의 평안을 구하라

이스라엘과 하마스와의 전쟁은 2023년 10월 7일 시작됐다. 초막절 마지막 날 저녁에 벌어진 노바 음악 축제의 현장을 하마스가 기습적으로 공격하여 수백 명의 민간인이 축제 현장에서 사망했고, 생존자 대부분이 납치되었다.

그로부터 지난한 전쟁이 시작되었다. 양측의 공방으로 가자지구는 초토화되었다. 여러 차례 휴전과 합의가 진행되었지만, 여전히 전쟁 중이다. CNN 뉴스를 통해 연일 미사일이 발사되고 인질들이 처형당했다는 소식들이 전해졌다.

하마스의 땅굴이 가자지구 전 지역에 거미줄처럼 깔려 있다. 더 심각한 것은 공공기관인 종합병원 지하 또는 어린 학생들이 공부하는 교실 바닥 아래에 하마스의 주요 시설들이 위치해 있다는 것이다. 이는 외부로부터 직접 공격을 불가능하게 만드는, 탁월하게 설계된 전략적인 인간 방패막이다.

성령 하나님이 이 전쟁 기간에 이스라엘을 가기 원하셨다. 〈부흥〉을 촬영한 지 2년이 지난 2024년 봄부터 만나는 사람마다 잊을 만하면 이스라엘 이야기를 꺼냈다. 이스라엘을 촬영하라는 성령님의 분명한 사인이었다.

분명 촬영은 해야 하는데, 전쟁 중이라 갈 수 없는 상황이었다. 하지만 촬영을 하기로 마음을 먹자, 그전까지 문제로 생각되던 것들이 성냥갑처럼 납작해졌다.

영화 〈부흥〉은 성경에 기록된 최초의 부흥, 오순절 마가 다락방을 기록하지 않고는 그 원형에 대해 말할 수 없다. 이스라엘 촬영은 콜로라도에서 인사를 드린 황성주 박사와 '사랑의봉사단'의 도움으로 함께 이동하게 되었다. 전쟁 중이라 개인의 입출국은 엄격하게 통제되었지만, 오랫동안 NGO 활동을 해온 사랑의봉사단의 네트워크 덕분에 쉽게 입국을 허락받을 수 있었다.

말씀으로 이끄시는 이스라엘 촬영

2024년 6월 17일부터 9박 10일의 일정으로, 성령님이 허락하시는 이스라엘의 장소들을 촬영하기로 했다. 출국 비행기 안에서 사도행전 2장 3절의 '불의 혀'와 함께 시편 23편을 받았다.

오순절 마가의 다락방이 궁금하다. 예수님이 부활 승천하신 뒤, 보혜사 성령이 오신 장소이다. 최초 성령의 불 세례가 임했던 곳이 궁금했다.

갈멜산 엘리야의 불도 촬영해야 한다. 또 황금사원 다윗성 앞에서 역대하 7장 1절의 '솔로몬이 기도를 마치매 불이 하늘에서부터 내려온' 솔로몬의 불을 받아야 했다. 이스라엘의 단에서 브엘세바까지 아직도 타오르고 있는 성령의 불들을 담아 와야 했다.

시편 23편은 내가 제작한 영화 〈철가방 우수씨〉의 실존인물인 김우수 씨가 임종하던 날 아침 마지막으로 묵상한 성경 구절이다. 김우수 씨는 고아 출신의 폭력 및 방화범으로 수감 중 교도소 안에서 하나님을 인격적으로 만난 뒤, 72만 원 급여의 중국집 배달부로 살았다.

그가 5명의 고아를 후원하다 소천한 실화를 바탕으로 최수종, 김수미 씨가 주연을 맡았고, 부활의 김태원이 주제곡을, 디자이너 이상봉이 미술을 기부했다. 소설가 이외수와 모든 참가 연기자들도 재능을 기부했으며, 배급사 CJ까지 배급을 재능 기부했던 한국 영화 역사상 전무후무한 작품이었다.

자료조사를 위해 김우수 씨가 거처하던 압구정의 문화고시원을 방문했다. 창문 없는 한 평 남짓한 방에 들어서자, 후원 아이들의 사진 액자 앞에 펼쳐져 있던 성경책이 눈에 들어왔다. 시편 23편이 펼쳐져 있었다.

이스라엘로 향하는 비행기 안에서 성령 하나님이 다시 시편 23편을 집중적으로 묵상케 하신다. 하나님은 다윗을 통해 히브리 민족과 열방의 모든 선택한 사람들에게 시편 23편을 허락하셨다.

여호와는 나의 목자시니
내게 부족함이 없으리로다 시 23:1

주님 한 분만으로 나의 부족이 다 채워지는 것이 부흥이다. 첫 구절부터 형통을 허락하신다. 이스라엘까지 가는 직항이 없어서 두바이에 내려서 텔아비브로 가는 비행기로 환승했다. 두바이 공항에서 또다시 시편 122편 6절을 받았다.

예루살렘을 위하여 평안을 구하라
예루살렘을 사랑하는 자는 형통하리로다 시 122:6

욥바 벤 구리온 공항에 도착해서 키부츠로 이동했다. 주님이 축복하셔서 이스라엘 땅 전체가 개간되었고, 그 덕분에 모든 과일의 당도가 높았다. 모든 나무와 과실수 아래에는 아주 작은 고무 호스가 연결되어 물을 공급하고 있었다. 이 고무 호스는 호텔 테라스의 화분에도 이어져 있었는데, 이스라엘 땅이 지금처럼 숲을 이룰 수 있는 것은 주님이 허락하신 수리와 개간 시설 덕분이다. 키부츠에 도착해서 건강한 유기농 식단인 이스라엘 현지식으로 식사를 했다.

현지 선교사를 통해 유대인 중에 환상과 계시로 하나님을 만난 메시아닉 쥬 인사들과 교제했다. 그들 자체가 생명을 건 부흥자들이다. 이스라엘 유대인 사회에서 개신교인 기독교를 믿는다는 것은 스스로 유대 공동체로부터 외톨이가 되는 고난의 길을 선택하는 것이다.

이스라엘에서 사역하는 정규채 선교사가 천년도 넘은 유대인과 개신교 간의 갈등의 골을 아주 쉽게 설명해주셨다.

"개신교 기독교인들은 바리새인들이 예수를 팔아 십자가에 죽게 한 죄인이라 생각합니다. 그래서 로마가 그리스도 예수를 구세주로 받아들이는 그 순간부터 유대인을 핍박했죠.

4세기 이후 기독교인들이 유대인에게 행한 죄가 너무 많습니다. 11세기 십자군 전쟁 당시 유대 마을을 약탈하고 방화했고, 15세기와 16세기 종교재판으로 학살했습니다. 20세기 독일 나치는 유대인 6백만 명을 살해했어요. 무려 1,700년 동안 개신교 기독교인이 유대인들에게 가했던 잘못을 지금이라도 사과해야 합니다. 예수님의 이름으로 사과해야 합니다.

그래서 저는 유대인을 만날 때마다 용서를 구하고, 이스라엘을 축복하고, 이스라엘을 위해 기도합니다. 용서는요 피해자가 '이제 그만하셔도 됩니다'라고 말할 때까지 진심으로 구하는 것입니다. 유대인들에게 예수 그리스도란 이름과 십자가는 저주와 증오의 상징이에요."

숙소로 돌아와서 주님 앞에 기도했다. 이스라엘이 치유되도록 기도했다. 기도가 깊어지자 이 땅에 있다는 사실만으로도 감사가 올라온다.

46 갈멜산의 불

오늘은 빌립보 가이사랴(Caesarea Philippi)로 이동한다. 헤롯 대왕의 위풍당당했던 해안 성전의 위용과 사도 바울의 열방 선교의 첫 발자취 등을 드론으로 촬영했다. 예수를 못 박아 죽인 헤롯 가문을 살펴보면서, 악인도 의인도 모두가 다 하나님이 캐스팅하셨단 사실을 깨닫는다.

그리고 이어서 이동한 오늘의 주요 촬영 장소는 갈멜산이다. 바알 선지자들과 싸워 이긴 엘리야를 만나야 했다.

이스라엘 촬영을 통해 만나는 첫 번째 불이다. 갈멜산은 회개의 머리이다. 유대인의 영적인 생명을 걸고 엘리야가 싸운 다대일의 싸움이다. 성경의 변환점마다 하나님이 캐스팅한 부흥자들은 혼자 싸워야 했다. 그러나 사실상 혼자가 아니라 성령 하나님이 함께하셨다.

다윗도 그러했고, 삼손도 그러했고, 사도 바울도 그러했다. 아마존 밀림에서 순교한 짐 엘리엇(Jim Eliot) 선교사도, 신사참배를 거부했던 주기철 목사도 혼자 싸웠다.

사명의 결정적인 클라이맥스를 이루는 꼭짓점에는 성령님과 동행하는 한 영혼만 외롭게 서 있다.

카르멜 수도원

이스라엘 북서부 하이파(Haifa) 근처에 길게 뻗어 있는 갈멜산 산맥의 한 자락, 해발 480미터 고지에 위치한 무흐라카 카르멜 수도원(Muhraqa Carmelite Monastery)에 도착했다. 수도원 마당 정원에는 칼을 든 엘리야 선지자의 석상이 세워져 있었다. 카르멜 수도원이 만들어진 이래로 관광객이 전혀 없는 일은 처음이라고 한다. 보통 때라면 서너 시간 줄을 서서 기다렸다가 본당 안에 들어갈 수 있는데, 전쟁 기간이다 보니 촬영팀과 사랑의봉사단 이외에 다른 팀의 모습은 보이지 않았다.

마당을 가로질러서 곧바로 본당으로 들어갔다. 엘리야가 쌓았다던 중앙 제단은 12개의 돌로 만들어졌는데, 이스라엘 12지파를 상징한다. 우리가 서 있는 본당 안이 성경 열왕기상 18장에 기록된 엘리야와 바알 선지자들 간의 불의 대결이 벌어졌던 장소다. 그 장소를 기리기 위해 후대가 교회를 세운 것이다. 엘리야는 바알 선지자 450명과 아세라 선지자 400명 등 850명을 모아 누가 참된 신인지를 가리는 대결을 펼쳤다.

너희는 너희 신의 이름을 부르라
나는 여호와의 이름을 부르니 이에 불로 응답하는 신
그가 하나님이니라 왕상 18:24

불로 응답하는 신이 하나님이시다. 할렐루야! 성령은 불이다. 바알 선지자들이 아무리 부르짖어도 응답이 없었으나, 엘리야가 하나님께 기도하자 하늘에서 불이 내려와 제물과 나무, 심지어 주변의 물까지 태워버렸다. 이후 엘리야는 승리하고 거짓 선지자들을 기손 강에서 처단했다.

본당 안에 들어온 김에 예배를 드렸다. 온 맘 다해 찬양을 부르고, 기도했다. 나도 모르게 부르짖는 기도가 튀어나왔다. 하늘의 불을 강청하며 방언으로 기도를 드렸다. 함께 한 촬영팀과 사랑의봉사단 팀도 합심으로 기도했다. 사랑의봉사단에는 국제꿈의학교(IDS) 학생들도 있었다. 어린 학생들에게 카르멜 수도원에서 드리는 기도는 평생의 특별한 기억으로 남을 것이다.

기도의 불이 기둥이 되어 하늘로 올라가는 기쁨을 주셨다. 그런데 갑자기 흰 사제복을 입은 수사가 놀라서 달려 들어왔다. 우리들의 통성기도를 말리듯이 허공에 손을 내저으며 기겁한다.

"이곳은 침묵의 수도원이에요. 묵상하는 곳입니다. 여기에서 부르짖는 기도는 안 됩니다."

너무 놀라 달려온 수사를 진정시키고 예배당을 나왔다. 주님께 영광을 올리는데 정결함이 우선이지 인간이 만들어낸 규칙이 우선되어서는 안 된다고 믿는다. 하지만 수도원의 전통이라니 존중하기로 했다.

수도원의 옥상 전망대에 올라섰다. 저 멀리 하나님이 씨를 뿌리신다는 이스르엘 골짜기 평야(Jezreel Valley)가 보인다. 그 옆으로 바알과 아세라 선지자들을 쳐 죽인 1년 내내 물이 마르지 않는 기손강과 그 저편 멀리에는 아주 흐릿하게 갈릴리바다도 보인다.

이스라엘에서는 특별한 인터뷰 없이 성령님이 주시는 감동에 따라 그리스도 예수의 흔적을 촬영하기로 했다.

미지근할 정도의 바람이 불어온다. 성령의 바람이 가져다주는 온기라 생각하니 어딜 가든지 은혜다. 긍휼히 여겨주셔서 주님을 믿게 해주시고, 값없이 주신 은혜로 이스라엘까지 이끌어주시다니, 은혜가 아닐 수 없다.

영적 전쟁 후 믿음을 지켜라

갈릴리 바닷가 해변에서 다시 말씀을 받는다. 믿음의 불이다. 믿음이 없이는 기쁘시게 하지 못한다.

> 믿음이 없이는 하나님을 기쁘시게 하지 못하나니
> 하나님께 나아가는 자는 반드시 그가 계신 것과
> 또한 그가 자기를 찾는 자들에게
> 상 주시는 이심을 믿어야 할지니라 히 11:6

갈멜산의 엘리야가 믿음이 있었을 때는 주님의 기쁨이 가득차 담대하게 나아갔지만, 믿음이 사라지고 두려움이 찾아오자 이세

벨의 겁박이 무서워 도망친다.

이해되지 않는 연약함이다. 칼을 뽑아 들어 자신들의 몸에 자해를 하며, 바알과 아세라 신에게 기도하는 850여 명의 이방 선지자 앞에서는 그토록 당당했던 엘리야 선지지가 아합 왕의 부인 이사벨의 겁박에 굴복한다.

영적 전쟁은 한 번의 전투가 아니다. 예수님이 오시는 재림의 순간까지 힘써야 한다. 영적 전쟁에서 가장 크게 명심해야 할 것은 마음에 무엇을 담느냐가 관건이란 사실이다.

모든 지킬 만한 것 중에 더욱 네 마음을 지키라
생명의 근원이 이에서 남이니라 잠 4:23

마음에 두려움을 담으면 두려운 자가 되는 것이다. 그래서 성경에는 360번 이상 "두려워하지 말라"라고 기록하고 있다. 내 마음이 빛의 성전이 될 수도 있고 무너진 어둠의 성전이 될 수도 있다.

차량으로 이동하는 곳마다 전쟁 중이라 군인들이 검문과 검색을 했다. 주요 교회와 관광지에는 소규모 분대 또는 중대 병력이 주둔하고 있었다. 어린 여학생들조차 기관단총을 메고 있었다. 개인에게 지급되는 전투 장비다. 월요일부터 금요일까지 근무하는데, 주말에는 교대로 집에 갈 수 있다고 한다. 부대에서 나와 집으로 갈 때도 본인에게 지급된 총기를 소유한 채 집으로 간다.

이스라엘의 모든 국토가 전쟁터이다. 이스라엘 청년들은 고등학교를 졸업하자마자 남녀 구분 없이 모두 의무 복무를 한다. 성적에 의해 공군이나 해군과 같은 특수 부대로 배치가 된다. 일반 보병은 보통의 평범한 청년들이다.

이스라엘 사람들은 태어나면서부터 실제적인 전쟁을 경험하며 살아간다. 군을 제대하고 난 후 대학에 입학한다. 대학의 전공이 군대 시절 병과와 연결되는 경우가 일반적이다. 제대 후 군대 선임들이 운영하는 기업으로 자연스럽게 스카우트되어 입사한다. 이스라엘은 생존하기 위해 투쟁한다. 이스라엘에서 또 하루가 지나간다.

외국에 촬영을 나오게 되면, 감사할 일은 영적으로 주님과의 관계가 더욱 깊어진다는 것이다. 왜냐하면 24시간 다른 생각 없이 예수님만을 높여드리는 촬영에만 집중하기 때문이다. 가는 곳마다 예수님의 흔적, 만나는 사람마다 예수 이야기, 꿈속에서조차 예수님을 사모하는 꿈을 꾼다.

47 진정한 부흥은 회개

오병이어교회, 베드로수위권교회, 가버나움교회와 팔복교회를 거쳐 갈릴리 호수로 가서 선상 예배를 촬영했다. 부흥의 진원지이자 그리스도 예수의 모든 흔적을 가능하면 다 담고자 했다.

베드로가 물고기를 잡았던 갈릴리 바다, 예수님이 물 위를 걸으셨던 곳이다. 2천 년 전의 이야기이지만, 선상 위에 부는 바람을 향해 두 손을 올린다.

요단강에서 세례

배에서 내려 차량으로 다시 이동하여 요단강 카스르 알-야후드(Qasr al-Yahud) 세례터에 도착했다. 국제꿈의학교 학생들 중에 아직 세례를 받지 않은 학생들이 있어서 세례식을 준비했다.

가만히 생각하니 1986년 강원도 화천, 전방 육군 7사단에 근무하던 신병 시절이 생각난다. 예수님을 인격적으로 만나기 전이다. 철책선 근무를 앞두고 교회에 가면 초코파이를 주고 절에 가면 떡을 준다는데, 갑자기 초코파이가 먹고 싶어서 교회를 택했다. 연병장에서 전방 철책 투입을 앞두고 수백 명의 장병들이 단체로 세례를 받았다. 유치한 일이지만 초코파이를 먹기 위해 세례를 받았던 그 기억이 떠오른다.

  꿈의학교 학생들 틈에 끼여서 요단강 물에 다시 세례를 받았다. 부흥을 기록하는 책임자로서 주님 앞에 두 손을 들고 항복하는 침례이다. 제법 유속이 빠른 요단강을 바라보았다. 회색 빛깔이다. 석회암들이 많아서란다. 중동선교회 홍계현 목사님과 황성주 박사가 직접 세례를 집도했다. 편안한 마음으로 몸을 뒤로 넘긴다. 내 몸이 요단강 물에 잠긴다.

  "성부와 성자와 성령의 이름으로 윤학렬에게 세례를 주노라."

  예수님이 2천 년 전에 세례를 받으셨던 그 요단강이다. 뒤로 넘어가면서 숨을 잘못 참았는지 코로 강물이 들어왔다. 신기한 일이다. 요단강 물이 짜다. 내 혀가 잘못됐나 싶어서 물을 먹은 다른 학생들에게 물어보니 그 학생도 짜다고 했다.

  순간 내 눈에 또 한번 감동의 눈물이 핑하고 돈다. '예수님의 피'라는 생각이 들었다. 요단강 물이 살아 계신 '예수님의 피'다. '예수님의 피'이기 때문에 짠 것이다. 또 감사가 흐른다. 내가 '예수 피'를 마셨습니다. 영화 〈부흥〉을 촬영하면서 더욱더 예수님 안에 거하는 삶을 살아가게 하신다.

이스라엘의 고통과 평안

  세례를 마친 뒤에 가자지구가 내려다보이는 전망대로 이동했다. 전망대 위에는 교전 중인 가자지구가 내려다보인다. 전망대를 지키는 학생 군인들과 민병대원들이 접근과 촬영을 불허하듯 막아선다. 그러나 성령 하나님이 이 땅의 축복을 위해 국제꿈의학교 학생들에게 이스라엘의 국가 '하티크바'(Hatikvah, 희망)를 한국에서부터 준비하게 하셨다. 이스라엘 국기와 태극기를 흔들며 하티크바(Hatikvah, 희망)를 부른다.

> 심장 깊은 곳에 아직,
> 유대인의 영혼이 갈망하고 있고,
> 동방의 끝을 향하여 앞으로,
> 눈이 시온을 바라보고 있는 한
> 우리의 희망은 아직 사라지지 않았네,
> 2천 년 된 그 희망은,
> 우리의 땅에서 자유로운 민족이 되는 것,
> 시온과 예루살렘의 땅에서.

갑자기 깃발이 흔들릴 정도로 강한 바람이 불어온다. 강풍에 가까운 바람이다. 전쟁 중인 이스라엘 청년 군인들이 우리가 부르는 자신들의 조국, 이스라엘의 애국가 '하티크바'에 감동한 듯하다. 검문이고 검색이고 모든 규칙이 무장 해제된다. 진심의 힘이다. 눈물이 고인다. 주님의 애통이 느껴진다. 이 땅에 힘겹게 살아온 히브리 민족의 역사적인 고통이 피부로 전해온다.

국제꿈의학교 학생들이 시편 122편 6절의 말씀으로 만든 히브리 찬양 〈샬루샬롬 예루샬라임〉(Sha'alu Shalom Yerushalayim)을 부르며 예루살렘의 평안을 구했다.

"샬롬 샬롬 샬롬, 샬루샬롬 예루샬라임."

청년 군인들이 흐느낀다. 긴장된 대치 상황 속에서 갑자기 찾아온 자기보다 어린 또래의 학생들이 부르는 위로에 마음이 열리고 위로받는 듯하다.

두 손을 들어 통성으로 기도한다. 누가 뭐라 할 것도 없이 한마음이 된다. 내 양손이 뜨거워진다. 펼쳐 든 손가락 사이로 광야의 바람이 휘감겨 나간다.

'주님, 주님의 마음을 주시옵소서. 아버지의 마음을 부어주십시오.'

진정한 부흥은 이스라엘의 회개이다. 회복이다. 그래야 하나님 나라가 완성된다. 그 회복의 도구가 한반도 한민족이라 나는 생각한다.

이스라엘의 역사와 한반도의 역사는 너무나 유사한 점이 많다. 1948년 5월 흩어졌던 이스라엘이 독립을 선언했으며, 대한민국도 1948년 8월 15일 대한민국 정부를 수립하며 새로운 시대를 열었다. 전 세계 수많은 기독교인 중에 알리야(Aliyah) 운동, 즉 디아스포라 유대인들을 이스라엘 본국으로 귀환하는 운동에 직접적으로 헌신하는 나라는 대한민국이 거의 유일하다.

1919년 3.1운동이 벌어지고 난 뒤, 미국 필라델피아 리틀극장에서는 서재필, 이승만을 비롯한 한인 지도자들과 교포들이 모여 '필라델피아 한인대회'를 열었다. 3.1운동의 정신을 미국과 국제사회에 알리기 위한 독립운동이었다. 당시 이 대회에 유대인 랍비이자 기자로 활동하던 조 베네딕트가 참여하여 큰 역할을 했다. 그는 메시아닉 유대인이었다.

숙소에 돌아와서도 이스라엘을 위해 기도하게 하신다. 대전환 시기에 우리를 사용하시는 주님, 영광 받아 주시옵소서!

대부흥의 시즌

귀국 직전 이른 아침, 골고다 언덕을 오른다. 예수님이 십자가를 지신 그 길을 따라 올라간다. 마지막으로 통곡의 벽을 다시 한번 방문한다. 〈부흥〉 영화를 10억 구령의 도구로 하나님나라의 완성을 위해 사용하여주시길 바라는 기도문을 통곡의 벽 틈 사이에 꽂아 놓는다.

비행기 안에서 주님께 물어본다.
'주님, 부흥은 무엇입니까?'
'부흥은 나다.'
마음으로 말씀을 주신다.
'부흥을 기도하는 자, 나보다 더 큰 일을 하리라.'
요한복음 14장 12절 말씀을 주신다.

내가 진실로 진실로 너희에게 이르노니

나를 믿는 자는 내가 하는 일을 그도 할 것이요

또한 그보다 큰일도 하리니

이는 내가 아버지께로 감이라 요 14:12

부흥은 인류의 역사이다. 2020년 온 인류가 최초로 경험한 지구 전체가 셧다운되었던 코로나 팬데믹은 새로운 시대를 이끌어냈다. 2023년부터는 1년 단위로 세계가 변화되고 있다. 변화의 속도가 검증의 속도를 추월한 지 오래다.

2025년부터는 6개월 간격으로 세상이 변화되고 있다. 아무도 예측하지 못하는 시대를 살아간다. 대부흥(Great Revival)의 시즌이다. 인간이 예측할 수 없는 새로운 인류의 질서가 만들어진다고 해도 무방한 시간이다. 이스라엘을 사랑하는 자에게 형통이 있으리라.

Part 9

뿌려진 순교의 씨앗과 열매

: 아프리카의 부흥

48 나이지리아를 향해

〈부흥〉을 촬영한 지 2년이 다 되어간다. 미국과 영국, 인도와 이스라엘 등 4개 대륙을 촬영했다. 이제 아프리카의 부흥의 불을 담으려고 준비 중이다. 중앙의 이집트와 서쪽의 나이지리아 그리고 동쪽의 에티오피아를 잇는 삼각형 축으로 촬영 계획을 잡았다. 그런데 그 시발점인 아프리카 나이지리아의 문이 열리지 않고 있었다.

> 아무것도 염려하지 말고 다만 모든 일에 기도와 간구로,
> 너희 구할 것을 감사함으로 하나님께 아뢰라
> 그리하면 모든 지각에 뛰어난 하나님의 평강이
> 그리스도 예수 안에서 너희 마음과 생각을 지키시리라
> 빌 4:6,7

한 가지 이상한 일은 꿈에 자꾸만 라인하르트 본케(Reinhard Bonnke) 목사를 보여주신다는 것이다. 라인하르트 본케는 독일 출신의 세계적인 복음 전도자로, 특히 아프리카 대륙에서 강력한 성령의 역사와 기적으로 유명하여 '불의 전도자'로 불렸다.

9세에 그리스도를 영접했고, 십 대에 이미 아프리카 선교사로 캐스팅 받았다. 34세인 1974년 국제전도사역 단체인 'CfaN'(Christ for All Nations)을 설립하여 아프리카 전역을 순회하며 대규모 복음전도집회를 열었다. 2000년 나이지리아 라고스 집회에는 약 160만 명이 모여 기도했고, 평생 약 7,400만 명 이상의 사람들에게 그리스도를 영접하게 했다. 2019년 79세 일기로 소천했다.

그의 복음 선포 현장에는 늘 표적과 기사가 일어났는데, 특히 맹인이 눈을 뜨는 사례와 나이지리아에서 한 여인의 죽은 남편의 시신이 본케 목사의 설교 도중 숨을 쉬기 시작한 기적은 그의 사역의 전환점이 되었다. 에이즈, 암, 전신마비 등 다양한 질병을 치유 받은 사람들의 간증은 아프리카 검은 대륙에 부흥의 불을 던졌다. 2003년에는 대한민국에서 열린 '라인하르트 본케 성령 축제'를 인도하기도 했다.

그런데 이분의 메시지가 수시로 내 휴대폰에 연동이 된다. 유튜브에 접속할 때마다 유독 본케 목사의 나이지리아 집회 영상들이 보이기 시작했다.

수백만 명이 모여서 주님을 만난다. 처음 만난 주님의 사랑에 감사하고 감격해서 눈물이 터져 나온다. 하나님을 만나면 영이 반응하여 이유도 모를 눈물이 흐르고, 그동안 예수님을 모르고 살아왔던 시간이 너무나 죄송스럽다. 어떤 이들은 살아오면서 그토록 고생스럽게 달라붙어 있던 두려움이 사라진다. 나를 괴롭혔던 상처들이 녹아내린다.

하나님은 피조물인 자신의 자녀들이 이 땅에서 천국을 누리며 살기를 원하신다.

베드로가 이르되 은과 금은 내게 없거니와
내게 있는 이것을 네게 주노니
나사렛 예수 그리스도의 이름으로 일어나 걸으라 하고 행 3:6

모든 묶임이 끊어졌다. 일어나 걸으라 명하셨다.

그가 말씀하시매 이루어졌으며
명령하시매 견고히 섰도다 시 33:9

인간의 작은 믿음들, 그러나 그 너머 크신 하나님의 모습만 영상에 보였다.

뜻밖의 연결고리

며칠째 수소문했지만, 사방을 둘러보아도 아프리카 나이지리아로 들어갈 방법이 보이지 않았다. 아프리카 전문가인 정훈태 교수님도 만났다. 그는 나이지리아 대신 같은 서아프리카 국가인 코트디부아르나 부르키나파소를 추천해주셨다. 일단 안전하고,

현지 선교사들의 도움을 받기도 훨씬 수월했기 때문이다. 하지만 성령 하나님은 나이지리아를 촬영하기 원하셨다.

파리에 계신 아프리카 순회 선교사를 통해 나이지리아의 상황을 들었다.

"이슬람 무장 단체 보코하람에 의해 매년 7천 명에서 1만 2천 명이 순교하는 나라입니다. 그 순교의 피로 나이지리아는 부흥하고 있습니다."

며칠째 눈만 감으면 아프리카의 초원을 보여주신다. 그러나 현실적인 접촉점은 생기지 않았다. 이럴 때는 더욱 민감하게 나를 이끄시는 주님께만 집중해야 한다. 목회자 세미나를 주로 하시는 인천 기쁨의교회 치유집회에서 영화〈부흥〉을 소개할 기회가 생겼다.

영화 소개도 소개지만, 많은 목사님이 계신 자리에서 중보기도를 받고 싶었다. 부흥의 역사를 추적하고 촬영하면서 기도의 힘이 얼마나 중요한지 누구보다 잘 알고 있기 때문이다.

4백여 분의 목사님 앞에서〈부흥〉영화 제작 과정을 나누고, 나이지리아 촬영을 위한 중보기도를 부탁드렸다. 예배를 마치고 나오는데, 반주했던 자매가 찾아왔다.

"감독님, 제가 아프리카 나이지리아 목사님을 알고 있어요. 동두천에 있는 RCCG(Redeemed Christian Church of God) 교회의 스티브 목사님인데요, 만나보시겠어요?"

그 자매는 선교단체 출신으로 오래전 중동 선교를 다녀왔고,

지금은 아프리카 선교를 놓고 기도 중이라고 했다. 하나님이 진행하시는 일에서 가장 중요한 것은 순종이다. 지금 즉시 행동하는 것이다. 나는 연락처를 받자마자, 스티브 목사에게 전화를 걸었다.

연락이 되고 곧바로 찾아갔다.

RCCG 스티브 목사

"전화드렸던 윤학렬 감독입니다."

"스티브 목사예요."

만나자마자 악수하고 서로를 가슴 가득 안았다. 50대 초반의 키가 크신 스티브 목사는 대나무처럼 곧고 강직해 보였다. 만난 지 5분도 채 안 되었는데, 수십 년 함께 동고동락한 듯한 믿음의 형제가 되었다. 유창한 한국말에, '서당 개 3년이면 풍월을 읊는다'는 속담까지 아는 분이다.

"감사합니다, 감사합니다!"

스티브 목사가 연신 감사하다고 한다. 감사는 내가 드려야 하는데, 왜 나에게 감사하다고 하는 걸까? RCCG 동두천교회는 보산동 옛 미군 부대 앞에 있는 인터내셔널 교회다. 18년 전 나이지리아에서 파송되었다고 하니 놀라울 정도로 신묘하고 막측할 뿐이다.

또 다른 감동은 하나님에 대한 그의 '순종'이다. 생각해보라.

검은 피부의 나이지리아 목사가 한국에서 개척하고 목회를 한다는 것은 결코 쉬운 일이 아니다.

"나이지리아에서 신학을 했지만, 한국 땅에 묻히라고 하셨기에 대전신대원에서 다시 공부했어요."

문화 차이와 편견을 이겨내야 했다. 수년째 성도 한 명 오지 않는 절박한 목회 현장이다. 파송한 본국 나이지리아에 선교보고도 할 수 없었다.

"순교의 땅 나이지리아에서 왜 저를 한반도에 오게 하셨을까? 성령 하나님이 말씀해주시기 전까지 매주 이틀 이상 금식했어요. 제 사명은 한국을 위해 중보기도하는 것입니다."

그의 눈이 반짝 빛났다. 사명자의 눈이다.

나이지리아는 서아프리카에 위치해 있다. 수도는 아부자(Abuja)이고 인구는 약 2억 3,700만 명으로 세계 6위의 국가다. 인구 대비 종교 분포는 기독교가 45퍼센트, 이슬람이 50퍼센트, 그리고 5퍼센트가 기타 민속종교를 믿는다.

250개 이상의 민족이 모여 사는 다민족 국가로, 그들의 언어만 500개가 넘는다. 1890년 영국의 식민지였던 라고스 근처 해안부터 선교가 시작됐으며, 내륙 북쪽은 니제르에서 내려온 이슬람이 자리를 잡았다.

순교의 땅 나이지리아

나이지리아는 크게 세 지역으로 나뉜다. 무슬림 지역인 북쪽의 하우사와 동쪽의 이보, 서쪽으로 요루바 민족이다. 북쪽 지역은 보코하람의 강력한 영향 아래 서구 교육을 금지하고 기독교 혐오가 극렬하다.

1960년 나이지리아가 독립한 뒤에도 본국으로 귀환을 거부한 영국 선교사들이 복음을 증거했다. RCCG 교회도 그 열매 중 하나이다. 북쪽 차드와 니제르에 복음을 증거했고, 개종하는 사람들이 생겨나자 무슬림의 박해가 시작됐다. 순교자들이 생겨나면 잠시 그 현장을 피해 다시 남쪽으로 와서 신앙을 키우다가 잠잠해지면 다시 북쪽으로 파송되어 복음을 전했다.

죽을 것을 알고 가는 길이다. 그 길 앞에서 가슴이 먹먹해진다. 우리의 인생길에 죽을 것을 알면서 가는 길을 경험 하는 사람이 몇이나 될까? 아브라함의 손에 이끌려 모리아산의 번제물로 올라가던 이삭의 마음일까?

이삭이 순종했던 그곳에 솔로몬의 성전이 세워졌다. 수많은 핍박으로 순교가 일어났지만 그 결과 나이지리아는 강력한 복음 전도의 나라, 선교의 나라가 되었다.

북쪽 보코하람이 교회를 급습하여 목회자를 참수하고 성도들을 철사줄로 묶어 화형식을 한다. 교회를 불태우는 순교의 뉴스 영상들을 모니터한다. 그 영상들을 보는데 북한 땅의 지하 성도들과 억류된 선교사들이 떠오른다. 본질은 하나다. 그 고난이 부흥의 씨앗이 된다.

아프리카의 아주사

나이지리아 RCCG 교회는 성도 약 1천만 명에 육박하는 개신교 최대 교회이다. 매년 8월에 열리는 성회에는 수백만 명이 참여한다. 스티브 목사가 보여준 2024년 성회 영상을 보니, 정말 수백만 명이 모여 기도하고 있었다.

기독교인 50만 명이 거주하는 성시화가 이뤄진 곳이다. 직접 가보지 못해 안타까워하는 내게 스티브 목사가 제안했다. "감독님, 10월 늦가을 성회에 함께 가시죠."

하나님이 드디어 아프리카 검은 대륙의 문을 열어주셨다. 2주 뒤 본격적인 나이지리아 부흥 촬영에 앞서 동두천에서 기도하고 있는 스티브 목사를 먼저 인터뷰하기로 했다.

1990년, 성령 하나님은 '내가 너를 아시아의 가장 먼 나라로 보내겠다. 믿음으로 나와 함께 걸으라'는 말씀을 주셨다. 이때까지만 해도 한국에 대한 마음이 전혀 없었다. 2004년, 성령 하나님은 그를 아는 사람이 단 한 명도 없는 한국 땅으로 강력하게 이끄셔서 목회를 하게 하셨다.

나는 먼저 나이지리아 최대 교회인 RCCG에 대해 물었다.

"RCCG 교회의 부흥은 1998년 래키 해변에서 시작됐어요. 그때 주강사가 지금의 담임목사 아데보예(Enoch Adeboye)입니다. 라고스는 서울보다 훨씬 큰 도시예요. 당시 한 6백만 명 정도가 한 장소에서 예배를 드렸죠. 이전에 없었던 세계 최대 규모의 집회였죠.

이 부흥은 글로벌 운동으로 확산되었고, 세계 각지의 아프리카 사람들이 나이지리아에 모여 집회하고 다시 흩어지는 '아프리카의 아주사 부흥'이 되었어요.

가보면 아시겠지만, 처음에는 가로 세로 1.5킬로미터 규모의 담이 없는 집회장에서 모였는데 지금은 사람이 더 많아져서 가로와 세로 각각 3킬로미터 크기의 새 집회장이 생겼어요. 참여 인원을 정확하게 셀 수는 없지만 대략 8백만 명 이상 모입니다. 직접 가서 보세요."

스티브 목사가 미소를 보인다. 8백만 명이 모인다니! 하나님이 아프리카를 사용하고 계신다.

"RCCG 교회는 현재 성도 수가 9백만 명이 넘습니다. 2021년 기준 200여 개국에 약 5만 1,580개의 지교회가 있어요. 그리고 197개국에 약 1만 9,500여 명의 선교사가 있죠. 우리의 목표는 제3세계 모든 도시와 마을에 '걸어서 5분 거리'가 되는 곳마다 교회를 세우고, 선진국 모든 나라에 '차로 5분 거리'마다 교회를 세우는 거예요. 실제로 이 일은 일어나고 있어요. 전 세계 모든 국가에, 사람이 살고 있는 모든 땅에 교회가 세워지는 것이 우리의 목표입니다."

입을 크게 벌려 하나님의 사명을 완수하고 있는 아프리카 나이지리아, 그 거대한 부흥의 현장을 향해 촬영의 방아쇠가 당겨졌다.

49 기도의 아들, 아데보예

　스티브 목사와 촬영팀은 7박 8일의 일정으로 아프리카 나이지리아의 부흥을 촬영하기 위해 출국했다. 직항이 없어서 두바이를 경유하기로 했다. 순교가 일어난 북부 보코하람 무장 지역도 촬영하려고 했지만, 안전상의 문제로 포기해야 했다.

　두바이를 거쳐 스티브 목사와 함께 나이지리아 라고스 공항에 도착했다. 아프리카 국가들의 입국 절차가 으레 그렇듯이 나이지리아 입국도 호락호락하지 않았다. 보안 검색대를 통과한 짐은 공항 직원의 1차 검열과 세관원의 2차 검열, 군인의 3차 검열, 그리고 경찰관의 4차 검열이 끝나야 했다. 이 모든 검색이 직사각형 라인 안에서 다 이뤄진다.

　황당한 것은 1차 검열에 적발되면 실랑이가 벌어지는데, 달러를 손에 쥐여주면 통과시켜준다. 이런 모습이 2차 세관, 3차 군인, 4차 경찰까지 이어진다. 아직 투명하지 못한 행정 시스템이 아쉬운 부분이다.

　그런데 우리에겐 RCCG 교회에서 파송된 스티브 목사가 있었다. 공항에 내리자마자, 스티브 목사가 선물이라며 RCCG 로고가 박힌 모자를 내밀며 쓰라고 했다. 이유를 몰랐는데, 공항 검색대에서 입국 수속과 함께 촬영 장비를 통관하다 보니 그 이유를 알게 되었다.

하나님 사람의 보증수표

사례비를 받기 위해 공항 직원들이 끊임없이 시비를 걸어왔다.

"이 짐 누구 거죠? 촬영? 무슨 촬영이에요? 카메라 가방 열어보세요. 드론은 뭐예요? 항공 촬영도 하나요? 이 가방은요? 렌즈 가방도 열어보세요. 배터리 용량은요? 삼각대는 몇 개죠?"

스티브 목사가 유창한 현지어로 나섰다.

"아데보예 목사가 초정한 한국에서 온 손님들의 짐이야. 그냥 통과시켜줘!"

보증수표를 꺼내듯이 '아데보예 목사'라는 말에 공항 직원들의 눈빛이 수그러들고 태도가 친절로 바뀌었다. 하나님이 허락하신 영적 권위의 힘이다. 하나님이 아데보예라는 한 사람을 선택하셔서 사용하고 계셨다.

RCCG 교회에서 마중 나온 차량을 타고 '리뎀션 시티'(The Redemption City, 구원의 도시)로 들어섰다. 50만 명 이상이 거주하는 도시 자체가 교회였다. 기쁨의 웃음이 나올 뿐이다. 주님이 축복하시면 도시 부흥이 어떻게 이루어지는지를 가르쳐주시는 듯했다. 성시화된 도시 안에 경찰서와 관공서와 식료품 상가와 미용실까지, 모든 의식주와 서로 간의 교통이 믿는 자들로 이뤄진다.

RCCG 교회 호텔에 여장을 풀고, 먼저 거리 스케치 촬영에 나섰다. 바나나를 머리에 이고 걷는 어머니들의 모습과 소를 몰고 가는 소년의 모습, 교복을 입고 하교를 하는 학생들도 보인다. 드론을 띄워 도시 전체를 조망했다.

놀라운 것은 바나나를 머리에 이고 걷는 어머니들이 걸으면서 방언으로 기도하고 있다는 것이다. 걷는 기도이다. 삶이 기도이다. 또다시 감동을 주신다.

'그래서 나이지리아에 축복을 허락하셨구나.'

걸으면서 기도한다는 것은 모든 삶이 기도에 맞춰져 있다는 뜻이다. 기도의 생활화다. 세상에 그 어느 곳에도 기댈 곳 하나 없을 때, 절박함과 두려움이 인생을 송두리째 삼키려 할 때도 하늘은 열려 있다.

한국전쟁이 끝나고 나의 할머니도 걸으며 기도했다. 한숨 대신 "아버지"를 읊조리셨다.

"아버지, 불쌍히 여기시고 긍휼히 여기소서!"

나이지리아 어머니들을 보면서 우리의 할머니가 떠올랐다.

다음 날 아데보예 목사님과 인터뷰하기 전에 사모님을 만났다. 사모님은 먼 곳에서 온 우리를 극진하게 대접해주셨다. 밤사이에 불편한 점은 없었는지, 식사는 입에 맞는지, 따로 먹고 싶은 음식은 없는지도 묻는다.

오후에는 RCCG 교회를 촬영했다. 입이 다물어지지 않았다.

교회가 3킬로미터이다. 끝에서 끝이 보이지 않았다. 차량으로 이동하면서 촬영해야 했다. 마치 아프리카 수사자가 사바나 위에서 평야를 내려다보는 듯한 영적 위용이 느껴졌다. 교회 자체에서 엄청난 권세가 흘러나오고 있었다. 땅을 통치하는 하나님이시다.

교회를 중심으로 주거 지역과 상업 지역과 교육 시설과 농사 지역이 분할되어 있었다. 말 그대로 '5분 거리'마다 지교회가 있었다. 주일예배 이후에는 각자 지교회로 흩어져 매일 예배를 드린다고 한다. 이 도시 안에서의 삶은 그리스도 예수 안에서 사는 삶이었다.

300만 기도 함성

드디어 금요철야예배를 촬영하기 시작했다. 원래는 50만에서 100만 명 정도 모이는 예배인데, 가을 성회 및 〈부흥〉 촬영팀 방문 소식에 조금 더 많이 모였다고 한다. 유튜브 참여자를 포함해 300만 명이다. 최소 150만 명은 모인 듯했다. 금요철야는 저녁 7시부터 새벽 2시까지 총 7시간 동안 이어진다. 찬양단만 3천 명에서 1만 명이 참여한다. 찬양과 설교가 네 번 반복된다. 그리고 12시에 아데보예 목사가 마무리 설교를 한다. 강대상과 회중석 사이에 100미터 정도의 공간이 있다. 설교를 마친 아데보예 목사가 콜링을 선포하면서 숫자를 세기 시작했다.

"하나, 둘, 셋 … . 스물하나!"

그의 카운팅에 기도 제목을 가진 남녀노소가 강대상 앞으로 나가 무릎을 꿇는다. 그리고 한 시간 이상 방언으로 기도하기 시작한다. 3백만의 방언기도가 하늘로 올려진다. 지구상 어느 곳에 이토록 많은 무리의 기도가 있을까? 드론으로 기도하는 3백만의 함성을 담았다.

땅이 흔들리는 기도다. 이 기도의 힘이 9백만 성도를 만들었고, 전 세계 197개국에 교회가 세워지게 했다.

영적 거장의 굶주림

금요철야를 마치고 마침내 아데보예 목사를 만났다. 방역과 보안 문제로 5개의 방을 통과해야 아데보예 목사를 만날 수 있었다. 일반 방문객은 휴대폰 소지가 안 되는데, 나는 인터뷰 질문지가 휴대폰 안에 저장되어 있다는 기지로, 나만 핸드폰을 소지한 채 집무실로 이동했다. 카메라를 설치하고 촬영팀 전원이 손 소독을 했다.

1942년생이니 올해 83세인 그는, 나이지리아 산골의 가난한 소년이었다. 하지만 명석한 두뇌로 마을 최초의 대학생이 되었다. 부족민 전체가 맨발로 살아가는 산골 마을의 소년이 나이지리아 대학교 수학과에 합격했다.

대학교 기숙사로 떠나기 일주일 전에 마을 주민들이 돈을 모아서 청년 아데보예에게 신발을 사주었다. 처음 신발을 선물 받고 일주일 동안 걷는 연습을 했다. 드디어 내전 중인 나이지리아의 대학생이 되었고, 수학과 유체역학 그리고 응용수학으로 박사학

위까지 받았다. 1973년 아내와 함께 자녀의 문제를 포함한 삶의 문제를 해결하기 위해 자신이 누구인지 알고 싶어서 교회를 찾아갔고, 31세에 하나님을 만났다. 그리고 3년 뒤인 1975년 33세에 목회자가 되었고 1981년에는 RCCG의 총감독이 되었다.

"총감독이 되고 1년 뒤에 한국의 오산리최자실기념금식기도원에 방문했습니다. 우리 RCCG는 1952년 조시아 아킨다요미(Josiah Akindayomi) 목사에 의해 개척되었고, 여의도순복음교회는 1958년에 조용기 목사에 의해 비슷한 시기에 시작되었죠. 나는 부흥을 사모합니다. 부흥은 하나님의 임재하심입니다. 그래서 그 당시 가장 큰 부흥을 이루고 있는 조용기 목사를 찾아갔지요. 1982년도에요. 궁금했습니다. 부흥하는 교회의 비밀을 알고 싶었어요. '하나님, 한국에서 행하신 것과 동일하게 나이지리아에도 역사해주세요.' 저는 기도굴에 들어가 간절하게 기도했습니다."

우리만 모른다. 한반도의 60~80년대를 휩쓸었던 그 부흥의 불이 어떤 불이었는지 우리만 간과하고 있다. 나는 이 기록이 반드시 오늘의 한국을 다시 깨우는 새로운 부흥의 불이 될 것을 확신한다. 다시 아데보예 목사가 말을 잇는다.

"나이지리아에 돌아와서 전 성도와 함께 매일 철야 기도를 했습니다. 그 당시에 40개밖에 없었던 교회가 지금은 나이지리아에만 3

만 8천 개, 전 세계에 5만 개 가까이 세워졌습니다. 성령님이 하셨지요."

아데보예 목사의 눈에 갈망의 불꽃이 일렁인다. 팔십이 넘은 목회자에게 아직도 영적인 굶주림이 느껴진다. 나이지리아를 넘어 전 세계에 복음을 증거하겠다는 사명이다.

삶의 문제로 고민하던 수학 교사 아데보예를 31세에 하나님이 캐스팅하셨다. 그리고 입을 크게 벌리게 하사 41세부터 성령의 불을 주셨다. 하나님이 하신 그 일을 맡기셨다. '하나님이 하신 그 일을' 하는 사람을 우린 부흥자라 부른다.

아데보예 목사는 2025년 5월 한국의 대선이 있기 직전에 전용비행기를 타고 한국에 와서 2박 3일간 한국을 향한 중보기도 성회를 마친 뒤 출국했다. 동두천 RCCG 교회에서 다시 만난 나에게 아데보예 목사는 '바디매오의 기도'를 선물로 던져주었다.

"감독님, 마가복음 10장 47, 48절 말씀을 드립니다. '다윗의 자손 예수여 나를 불쌍히 여기소서.' 감독님이 만드는 작품이 주님을 향해 부르짖는 간구의 도구가 될 것을 선포합니다. 축복합니다."

아데보예 목사를 수행하고 있는 그의 막내아들이 2025년 8월에 있는 천만 집회에 초청했다. 아쉽지만 영화 〈부흥〉 작업을 마치고 난 뒤에 찾아뵙겠다고 약속했다.

50 순교의 열매

이는 만군의 여호와께서 복 주시며 이르시되
내 백성 애굽이여, 내 손으로 지은 앗수르여,
나의 기업 이스라엘이여, 복이 있을지어다 하실 것임이라

사 19:25

이집트는 수에즈 운하를 비롯해 지정학적으로 유럽과 아시아를 잇는 전략적인 위치의 땅이다. 약 1억 1,100만 명의 인구 중 90퍼센트는 수니파 무슬림이고, 10퍼센트는 기독교인이다. 이집트는 성경에 무려 700번 이상 언급되었고, 중동 분쟁의 도화선인 이스라엘과 가장 크게 대립 중인 근본주의 무장 단체 무슬림형제단의 발상지이기도 하다.

동시에 이곳은 2천 년 전 갓 태어난 아기 예수가 헤롯 대왕의 살해 위협을 피해 3년 6개월 동안 피난했던 곳이며, 애굽 땅에서 노예 생활을 하던 히브리인들이 바로와의 영적 전쟁을 이겨내고 모세와 함께 출애굽의 역사를 쓴 땅이기도 하다.

이런 이집트가 7세기(641년)까지 기독교 국가였다는 사실을 알고 있는 사람들은 몇 명이나 될까? 스핑크스와 태양신 파라오의

피라미드와 나일강의 다신 우상숭배와 지금은 강력한 무슬림의 땅인 이집트가 기독교 국가였다는 사실이 믿기지 않는다.

마가 순교와 부흥의 시작

이집트 땅은 마가의 다락방 오순절 부흥의 증거자였던 마가가 열방에 복음을 전하기 위해 예수를 증거하다가 순교한 땅이다. 성난 이교도들이 마가의 목에 밧줄을 걸고 알렉산드리아 거리로 끌고 다니며 온 몸을 찢어 죽였다. 그곳에 교회가 세워졌다. 첫 순교자인 마가는 이집트 콥트 교회(Coptic church)의 초대 교황이 되었다. 지금은 118대 교황이 세워졌다.

부흥은 내가 죽고 예수로 사는 것이다. 부흥자의 죽음 뒤로 생명이 살아난다. 부흥은 'Re-vival'(다시 살아남), 즉 생명을 살리는 것이다. 생명이 살아난 한 영혼이 예수님이 주신 사랑과 은혜에 감격해서, 믿지 않는 다른 이에게 자신이 받은 은혜를 증거한다.

그래서 부흥은 불이다. 부흥의 불은 전이되고, 확산되고, 증가된다. 부흥의 불은 성령 하나님이 캐스팅한 한 사람을 통해서 기하급수적으로 번져가는 승법번식(乘法繁殖) 하는 것이다.

7세기, 이슬람 세력이 이집트를 정복하자 이집트 콥트 교인들은 사막과 광야로 이주했다. 사막 한가운데 한때는 천여 개가 넘는 수도원 교회가 있었다. 이들은 생명의 위협과 핍박을 피하기 위해 척박한 광야에 동굴을 파고 은둔하며, 오직 하나님만 바라보며 자급자족했다. '침묵하며 기다리는 부흥의 신앙'이 이집트 콥트 교회의 신앙이었다.

우리 촬영팀은 '공중교회'를 비롯한 카이로 시내의 여러 교회와 수도원 교회들을 탐방 촬영했다. 2015년, 예배를 드리던 콥트 교인들에게 총기 테러가 자행되었고, 수십 명이 순교했다. 이곳에 순교자 교회가 세워졌다.

2017년 4월, 종려주일 기간 중에 무슬림 무장 단체의 폭탄 테러로 마가교회에서 16명이 순교했다.

예배자들의 순교 뒤에는 반드시 열매가 열린다. 테러 현장마다 교회가 세워졌다. 이집트 기독교의 영성은 순교의 영성이다. 지금 내 눈에는 보이지 않지만 쉬지 않고 일하시는 하나님의 사랑 앞에 심장이 터질 것 같았다.

이집트 콥트 교인들은 자신들을 테러한 자국의 무슬림들을 온 마음을 다해 용서했다. 단지 예수를 믿는다는 이유만으로 핍박받다 죽어간다고 해도, 이 땅에 그리스도의 사랑이 증거되기만 한다면, 예수님을 자랑하는 것이 가장 큰 사랑이라 생각했다.

테러 피해의 직접적인 당사자들인 유가족의 얼굴에서 온유하신 성령님을 만난다. 마가교회 순교자인 아버지의 얼굴도 모른 채 유복자로 태어난 어린 소녀가 "아버지를 보지 못해 슬프지만 예수님의 사랑과 계획에 감사드립니다"라고 말한다. 믿어지지 않을 만큼 성숙한 신앙이다.

분노가 동력이 되어 버린 한국 사회에 가장 필요한 예수 그리스도의 사랑이 이곳 이집트 콥트 교인들을 통해 증거되고 있었다.

현재 이집트에는 아직도 50여 개의 수도원 교회가 남아 있다. 시리아 수도원, 바라무스 수도원, 와디 엘 나트룬 수도원 등 여러 수도원에 거하는 수도사들은 온종일 방문객들에게 복음을 증거 하고, 직접 노동을 하며 2평 남짓한 방에서 하나님을 묵상한다. 몇 권의 기독교 서적과 성경책 그리고 아주 간단한 옷 두어 벌과 밥그릇과 수저가 그들이 소유한 전부였다. 수도사의 삶은 하루 24시간의 모든 시간이 주님께 집중되어 있었다.

쓰레기 마을의 기적

카이로 시내 동남쪽에 위치한 자발린 마을로 이동했다. 자발린(Zabbaleen)은 아랍어로 쓰레기란 뜻이다. 이름 그대로, 카이로 시내의 모든 쓰레기가 이 동네로 집결된다. 마을 입구부터 언덕 정상까지 마을 전체가 거대한 쓰레기산이었다. 주민들은 트럭 가득 실려온 도심의 쓰레기를 분리수거하고 재활용해서 살아간다.

마을 입구에 들어서자마자 악취가 코를 찔렀다. 트럭 한 대가 지나갈 만한 1차선 도로에 쓰레기를 상하차한 트럭들이 양방향으로 기적같이 오고 간다. 한 시간 이상 마을 입구부터 동네 산 정상까지 차량으로 가다 서다를 반복하며 촬영했다.

신기한 일은 다른 이집트 사람들은 소란스럽고 동작이 거칠며 분주하다는 인상을 받았는데, 이곳 쓰레기 마을 사람들은 온유하며 차분했다.

동네 정상에 오르자, 놀라운 광경이 펼쳐졌다. 산 정상 언덕의 교차로와 같은 광장 뒤로 거대한 산 벽면에 예수 그리스도의 벽화가 새겨져 있었다. 콥트 교회 영성에 감동한 유럽의 조각가가 수십 년 전에 새겨 넣은 벽화라 한다.

그리고 이 마을에 세워진 중동권 최대 규모의 예배 장소인 '동굴교회'를 방문했다. 별다른 음향 장치가 없어도 동굴 내 공명으로 모든 장소에 말씀이 전달되었다. 한쪽에는 수백 개의 휠체어와 수천 개의 목발이 쌓여 있었다. 단순히 예배때 말씀을 듣는 중에 치유가 일어났다. 이집트 전국에서 질병을 치료받기 위한 환자들이 지금도 찾아온다.

가장 악취가 진동하는 쓰레기 마을, 가장 낮은 그곳에서 성령 하나님은 그분을 갈망하는 부흥자들을 선택하셔서 예배받고 계셨다.

사메 모리스 목사

이집트 개신교의 가장 큰 지도자 중의 한 명이며, 카이로의 카스르 엘 도바라 복음교회(Kasr El Dobara Evangelical Church, KDEC)의 담임 목회자인 사메 모리스(Rev. Dr. Sameh Maurice) 목사를 만났다. 성령의 도우심이었다. 그는 원래 외과 의사였는데,

1988년 하나님을 만나 2007년에 담임 목회를 시작했다.

그의 사역에는 기적이 끊이지 않았다. 권총을 들고 찾아온 무슬림에게 죽을 뻔했으나, 무슬림의 권총이 격발되지 않는 기적으로 기사회생한 적도 있고, 천여 명이 넘는 성도가 동일한 꿈을 꾸는 기적도 있었다. 성령께서 꿈에서 가르쳐주신 장소를 찾아가 수백 년 전의 오래된 성경을 찾아온 적도 있다.

2011년 이집트 혁명 당시, 사메 모리스 목사는 생명의 위협을 느끼면서도 교회를 타흐리르 광장 시위대를 위한 야전 병원으로 개방했다. 이 헌신은 그의 사역에 큰 힘이 되었다. 현재 그는 '추수의 날'(Days of Harvest)이라는 운동을 이끈다. 또한 방송과 소셜미디어를 통해 '그리스도의 학교'(School of Christ) 시리즈로 아랍뿐만 아니라 전 세계 수백만 기독교인에게 영향을 미치고 있다.

사메 모리스 목사의 인터뷰가 시작됐다.

"우리는 복음주의 교회로서 약 1,300개의 교회를 가지고 있습니다. 이집트에서 태어난 기독교인의 수는 아랍권 국가 전체의 기독교인 수보다 훨씬 많은 1,700만 명에 이릅니다.

요르단이나 레바논 등 어느 나라를 가도 거듭난 그리스도인이 1만 명 미만입니다. 이집트는 여전히 아랍 교회의 어머니입니다. 대다수의 신자, 목사, 성직자가 이집트에 있고, 선교사도 파송하기 시작했습니다. 그래서 아랍 전역으로 복음을 전하러 가는 선교사들이 있습니다."

사메 모리스 목사님의 말씀에 깊은 울림이 시작된다.

"하나님께 감사하면서도 동시에 큰 책임감도 느껴집니다. 하나님께서 이집트에 기독교를 남겨두신 것과 지난 150년 동안 이집트에서 거듭난 그리스도인의 수가 증가한 상황 때문입니다. 우리 인구 중 적어도 3,400만 명이 기독교 배경을 가지고 있습니다.
특히 지난 20년 동안 비기독교적 배경을 가진 많은 사람이 그리스도를 믿게 되었고, 지난 10년 동안 모든 배경에서 많은 사람이 그리스도를 믿게 되었습니다. 그래서 우리는 아랍에 희망을 제시합니다. 그들과 함께하고 싶습니다. 그들을 위해 기도하고 싶습니다. 선교사들을 파송하고 싶습니다. 우리는 이집트에서 지금 일어나고 있는 것처럼, 아랍 전역에서 교회가 성장하도록 격려하고 싶습니다."

확신의 찬 대답이다. 내가 곧이어 물었다.
"목사님이 생각하시는 부흥의 정의는 무엇인가요?"

"이 말은 특별히 제 삶에서 가장 중요합니다. 1971년부터 주님이 이집트를 찾아오셔서 제 눈으로 직접 부흥을 보게 될 것이라는 환상을 보여주셨어요. 제게 부흥이란 수백만 명이 그리스도께 나아오는 것을 의미합니다. 죽은 자들이 복음의 능력으로 다시 살아날 것입니다. 교회가 살아 있고, 열렬히 빛나며, 밤낮으로 영혼을 얻는 것입니다. 대규모의 인원이 1세기로 돌아가는 것이죠.
왜냐하면 지금은 미디어를 통해 같은 시간에 수백만 명에게 다가갈 수 있기 때문에 1, 2세기에는 전혀 불가능했던 대규모 전도가 가능하기 때문입니다. 이것이 우리가 기도하고 갈망하는 것이며, 우리는 이러한 방향으로 일들이 일어나는 것을 보게 되었습니다."

사메 모리스 목사가 '미디어와 추수'란 단어를 힘주어 꺼냈다.

"우린 '추수'와 '함께'를 사명으로 여깁니다. 하나님께서는 우리에게 연합하라고 명하고 계십니다. 연합의 능력으로 우리가 하나 되기를 기도할 때, 우리는 견고한 진을 무너뜨릴 수 있습니다. 우리는 추수한 것을 아버지의 집으로 돌려보낼 수 있습니다.
추수가 목표이지만, 기도 안에서 이루어지는 연합과 그 연합 능력이 추수를 이루는 길입니다. 저는 그리스도의 몸 된 교회가 함께 모여 기도하고 앞으로 다가올 큰 추수를 바라는 그런 모임을 큰 열정으로 찾고 있습니다. 우리는 수년간 그렇게 하려고 노력해왔고, 지도자들이 연합하여 함께 모이는 것은 그 시작 단계일 뿐입니다."

죽을 고비를 수 차례 넘긴 부흥자 사메 모리스가 격정에 차서 선포한다.

"'물이 바다를 덮음같이 주님의 영광을 아는 지식이 우리 땅에 가득 차기를 바라는 것이 우리의 기도입니다. 저는 이 기도가 이루어지기를 소망합니다."

내가 물었다.
"왜 이집트의 코미디와 이집트의 패션이, 왜 이집트의 유행어가 중동에 큰 영향을 미칠까요?"

"이집트는 과거 아랍권의 할리우드였습니다. 영화, 극장, 연극, 노래, TV 시리즈, 유명한 코미디언들이 이집트에서 나왔고, 특히 '아델 이맘'은 오랫동안 코미디언들의 영웅이었습니다.
아랍권 국가에는 다양한 아랍어 구어체와 방언이 있습니다. 코미디언과 유명 배우, 가수 덕분에 아랍 전역에서 우리 방언(이집트 아랍어)을 이해하게 되었습니다. 이제 다른 많은 나라들이 훌륭한 제작자가 되었지만, 오랫동안 우리는 아랍 전체의 할리우드라고 할 수 있는 유일한 존재였습니다."

하나님이 이집트를 중동의 사명자로 캐스팅하셨다.

"우리 교회의 예배는 600만 명이 시청합니다. 이집트인뿐만 아니라 전 세계의 아랍인입니다. 우리는 같은 언어를 사용하는 모든 사람에게 사랑과 희망의 메시지를 전달하는 데 주의를 기울이고 있습니다. 이것은 특권이자 책임입니다.
다시 한번 말씀드리지만, 이것이 이집트가 선두 국가인 이유입니다. 레바논처럼 자유롭지는 않지만, 그 덕분에 우리는 여전히 아랍권에서 큰 영향력을 행사하고 있습니다."

사메 모리스 목사가 〈부흥〉 영화를 위해 기도해주었다.

"주님, 주께서 여기뿐만 아니라 전 세계에서 행하시는 일에 감사드립니다. 이러한 회복의 시간을 주셔서 감사합니다. 교회가 일어나 온 세상에 생명과 복음을 전하는 신부가 될 때입니다.
형제들을 위해 기도합니다. 이들이 전 세계적으로 일어나고 있는 일을 기록하는 영화를 제작해주기를 기도합니다. 모든 믿는 이들이 일어나 외치고 복음을 전할 수 있는 나팔 소리가 될 수 있도록 좋은 환경을 허락해주십시오. 예수님의 이름으로 그들을 축복하시고 풍성한 인도하심을 허락하소서."

낮은 자를 섬기는 숨은 부흥자들

이집트는 중동 난민들의 집결지다. 수단과 시리아 난민들을 비롯한 중동 난민들이 이곳으로 들어온다. UN은 난민의 거처를 제공하는 이집트 정부에 지원금을 지급한다.
바로 이 난민 무슬림에게 복음을 증거하는 사람들이 있다. 한국에서 파송된 선교사들이다. 하나님은 온 천하 만물을 창조하시고, 사람을 창조하시고, 그 사람 중에 선교사를 창조하셨다고 예수전도단의 설립자인 로렌 커닝햄(Loren Cunningham) 목사가 말했다.

자신의 삶을 뒤로 하고, 언어가 다르고 생활이 다른 이곳에 와서, 난민들에게 생명 다해 복음을 증거하는 감춰진 부흥자들이 있다. 예수에 미쳤기에 가능한 일들이다. 수단 난민 학생들에게 기숙사를 제공하고, 학교를 지어 교육하고 복음을 먹인다. 매일 수백 명의 수단 난민 학생들에게 먹일 빵을 놓고 기도하며, 무슬림 땅에 하나님의 영광을 드높일 만한 사람을 세우기 위해 헌신하는 부흥자들을 보았다.

안정된 직업을 뒤로하고 난민 사역에 헌신하는 부부 선교사, 이집트 도심에서 거리전도사로 살아가는 평신도 선교사, 8명의 아이와 함께 아버지로 어머니로 이집트인을 사랑하는 마음으로 생명을 내놓고 복음을 증거하는 가족 부흥사들을 만났다.

살아 계신 하나님을 만났기에 거짓의 영인 알라로부터 해방된 사람들이 있다. 하나님을 꿈속에서 만난 이집트인, 환상처럼 자신의 사무실 벽면에 피 흘리시며 찾아오신 예수님을 만난 이집트인, 이들이 기독교로 개종하는 순간, 가문과 가족으로부터 명예살해 위협을 당하게 된다. 졸지에 오갈 데가 없어진 하나님을 만난 이집트인들을 자신들이 운영하는 농장으로 데려와 보호해주며, 목양하고 있는 농장 선교사들을 만났다.

유적지가 되어버린 교회를 통해 감춰진 비밀들도 취재했다. 순교를 각오하고 개신교 교회를 세우고 목회하는 사메 모리스도 만났다. 예수에 미친 사람들, 예수님을 삶으로 증거하는 사람들, 나는 그 사람들을 '부흥자'라 부른다.

숙소에서 인터뷰 영상을 모니터하는데, 사메 모리스 목사의 마지막 기도가 울림으로 다가온다.

"이집트 땅에, 중동에 복음이 더욱 확산되어 이곳에 하나님나라가 임하게 하소서!"

이집트에서 하나님나라의 임재를 선포하니 부흥이 더욱더 입체화 된다.

에티오피아의 부흥의 계절

다시 비행기로 아프리카 대륙의 마지막 촬영지인 에티오피아로 이동했다. 에티오피아는 아프리카 연합의 심장이다. 왕실 근위병들이 한국전쟁 당시 참전했다. 단 한 번의 전투에서도 패한 적이 없는 무적의 군대다. 한국의 민주화를 위해 공헌했다는 자부심도 크다.

에티오피아는 그 이후 왕정 체제가 붕괴되고 공산정권이 들어서면서 한국과는 한동안 소원했다. 멩기스투 공산정권의 종교박해 이후, 2018년 오순절 신자인 아비 아메드(Abiy Ahmed) 총리가 집권하면서 에티오피아는 또 다른 부흥의 시즌을 맞이하고 있다.

현재 공설 운동장마다 대규모 집회가 이어지고 있다. 한국의 1980년대를 방불케 한다. 주일날 수만 명의 성도들이 운동장에 모여서 찬양하고 예배드린다. 하나님이 이 땅을 지금 이순간 사용하고 계신다.

성경에도 여러 차례 에티오피아에 대한 말씀이 기록되어 있다. 에티오피아는 성경의 '구스' 땅이다. 모세의 아내가 구스 여인이었고, 예레미야 선지자가 구덩이에 갇혔을 때 그를 구해준 환관 에벳멜렉이 구스 사람이었다는 기록들이다.

열왕기상에 보면 시바 여왕이 솔로몬 왕의 지혜를 시험하기 위해 왔다. 에티오피아 정교회는 이 시바 여왕이 에티오피아 여왕이며, 그녀와 솔로몬 사이에서 태어난 메넬리크 1세가 왕조가 되어서 에티오피아에 언약궤를 가져왔다고 믿는다. 사도행전 8장 27-39절 말씀에도 에티오피아 내시에 대해 빌립이 말씀을 가르쳐 주고 떠나는 대목이 기록되어 있다. 성경에 기록된 나라에는 하나님이 지명하시고 로케이션하시고 캐스팅하신 사명이 있다.

커피의 나라답게 호텔 로비에서 커피콩을 직접 숯불에 볶아 핸드드립한 에티오피아 커피를 마셨다. 정말 잊을 수 없는 향과 맛이다. 성령 하나님의 위로 같았다.

여장을 풀자마자 에티오피아에서 현지인들을 목양하고 계신

이부흥, 이신앙 선교사 부부를 만났다. 이부흥 선교사는 치과의 사란 직업을 가지고 있다. 세상 사람들은 에티오피아의 치과의사 로만 기억할 것이다. 하지만 그들은 단순한 치과의사가 아니다. 에티오피아로 피해 나온 무슬림 수단 난민들에게 복음을 가르치 고 사랑을 먹인다.

하나님은 지금 시리아 난민, 수단 난민, 아프가니스탄 등의 난 민을 통해 수천 년 이슬람의 벽을 무너트리고 계신다. 부흥자로 세워진 그들이 절박한 난민 중에서 새롭게 캐스팅되는 또 다른 부 흥자를 목양한다.

불을 가진 자가 불을 전달한다. 난민 신분에서 베들레헴 코드 로 만나게 된 수단 기독교인들은 수단 땅으로 역파송된다. 그리 고 예수 그리스도를 증거하다 순교한다. 하나님만이 기억하시는 하나님의 사람들이다.

Part 10
거대한 함성의 물결

: 브라질과 네팔의 부흥

51 브라질에 떨어진 부흥의 불

하나님이 땅을 만지시는 것, 이것이 부흥이다. 말만 들어도 벌써 눈물이 흐른다. 주님이 땅을 만지신다. 주님이 나를 만지신다. 당신을 만지신다. 그분의 손이 내려와 그 땅을 감싸신다. 그리고 그 장면을 목격하는 자가 존재한다. 바로 부흥자다.

부흥을 선포하고 갈망하고 예배하는 자에게 그 불을 허락하신다. 부흥은 예수의 불이다. 누가복음 12장 49절에서 예수님은 "내가 불을 땅에 던지러 왔노니"라고 말씀하셨다. 악이 관영한 그 땅에 예수의 불이 떨어지는 것이 부흥이다.

숨겨진 동역자

지난 2년 6개월 동안 성령에 붙잡혀 5개 대륙을 안방 드나들듯이 건너다녔다. 수개월의 미국 촬영과 영국 촬영, 하마스와 전쟁 중인 이스라엘과 인도의 델리와 나갈랜드 국경 고산지대, 아프리카 나이지리아의 3백만 예배, 이집트와 중동 난민 부흥까지 오랜 촬영으로 나와 제작진 모두가 정신적, 육체적으로 지친 상태였다.

더욱이 지난 5월부터는 재정의 고갈로 남겨진 브라질과 네팔 그리고 북한 촬영은 자료 화면으로 대체할 생각이었다. 그러나 성령 하나님은 그분의 계획을 멈추시거나 포기하지 않으신다. 순종하는 자가 있기만 하면 반드시 역사하신다.

2025년 6월 13일 오래 투병하던 하나님의 딸 천정은 자매가 소천했다. 100차례 이상 항암치료를 받으면서도 동료 환우들에게 복음을 증거하던 하나님의 사람이었다. 자신의 장례식장에 가장 화려하고 좋은 옷을 입고 조문와달라고 부탁하던 자매였다. 예수님을 만나러 가는 천국 잔치에 왜 검은 상복을 입고 슬피 우는지 모르겠다며, 자신의 장례식만큼은 천국 파티를 열고 싶다는 유언 같은 촬영을 했었다.

장례식장에서 규장 출판사의 여진구 대표를 만났다. 여 대표는 안부와 함께 〈부흥〉 영화의 제작 현황을 물으셨고, 남미 브라질 촬영에 대해 선뜻 말을 하지 못하는 나를 보자마자, 즉시 HTM의 손기철 장로님에게 전화를 걸었다.

수개월 동안 멈춰 있던 브라질과 네팔 촬영은 단 7분 만에 손기철 장로님, 규장의 여진구 대표, HTM 교역자, 화요치유집회의 기도하는 분들의 헌신으로 진행될 수 있었다. 부흥이 터지기 전에 감춰진 분들의 기도가 존재하듯이, 우리 촬영에도 보이지 않는 기도와 헌신의 동역자들이 있었다.

마지막 남미대륙의 촬영은 이렇게 시작됐다. 브라질은 남아메리카 대륙의 거의 절반을 차지하는 매우 큰 나라이며, 세계에서 다섯 번째로 큰 국가이자, 2억 1천만 명이 넘는 인구와 다양한 지형과 기후를 가진 연방 공화국이다. 300년이 넘는 포르투갈 식민 지배로 대다수의 국민들은 가톨릭 신자이다.

그랬던 브라질 땅에 성령의 역사가 시작되었다. 최근 수십 년 사이에 오순절 교회를 중심으로 하나님이 브라질을 만지시는 부흥이 시작되었다. 예배 시간마다 통회와 자복이 일어나고, 예수 그리스도를 선포하는 것만으로 은혜를 입고, 찬양과 예배를 통해 강력한 치유가 일어나고 있다.

7천만 명에 달하는 개신교 부흥은 라틴 아메리카를 넘어 이탈리아, 독일, 스페인, 포르투갈 등 유럽으로도 퍼지고 있다. 미국과의 갈등과 관세 전쟁, 그리고 정치적인 불안정이 성령 하나님께만 집중하게 하는 결과를 가져왔다. 브라질은 현재 4만 명 이상의 해외 선교사를 파송해 한국과 세계 2위 선교 대국을 놓고 선의의 경쟁 중이며, 교회 부흥과 선교 부흥이란 기적이 일어나고 있다.

브라질과 한국의 부흥

26시간을 비행한 후 브라질에 도착한 촬영팀은 상파울루 씨다 지교회의 깔리토(Carlito) 목사를 통해 들불처럼 일어나고 있는 브라질 부흥에 대해 들을 수 있었다.

모든 부흥의 역사가 그렇듯, 브라질 부흥의 동력도 기도였다.

부흥은 기도하는 사람들에게 임재한다. 브라질 사람들은 예배에 집중한다. 축제에 가까운 찬양과 열정적인 설교를 듣고 통성으로 부르짖는다. 얼마나 한국교회와 유사한지 예배 장면을 촬영하다가 깜짝 놀랐다.

더더욱 놀란 사실은 브라질 사람들이 북한을 위해 간절히 기도한다는 것이다. 일면식도 없는 북한 땅에 억류 중인 기독교인들을 위해 간절하게 통성으로 기도한다. 촬영팀이 방문한 교회마다 북한 중보기도팀이 존재했다. 한인교회가 아닌 브라질 현지 교회에서 한반도의 복음 통일을 위해 기도하고 있었다.

다음날 브라질 기도원에서 '전 세계 Go Action 복음 전도운동'을 하고 있는 조나단 선교사를 만났다. 조나단 선교사는 한반도의 중요성에 대해 언급하면서, '오늘 지금 즉시' 이뤄지는 부흥은 바로 SNS가 도구가 되는 부흥이 될 것이며, 예배가 끊어지지 않고 임재가 이뤄질 때 이제는 전 세계가 실시간으로 그 현장을 공유하게 될 것이라고 설명했다. 그리고 그 부흥이 브라질과 한국에서 이뤄지도록 선포했다. 두 나라의 공통점은 열정이다.

또 다른 브라질교회 특징은 회개 선포였다. 회개 운동을 펼치고 있는 강한성교회의 라파엘 목사는 토속신앙과 가톨릭의 결합이 가져온 기복신앙의 땅 브라질에 회복을 강조했다. 축귀와 치유 등의 현상으로만 나타나는 브라질교회에게 필요한 것은 성경 말씀이라면서 말씀의 중요성을 이야기했다.

걷는 기도의 에르난데스 목사

최종 촬영은 브라질 '예수 행진'(March for Jesus) 운동의 에르난데스(Hernandes) 목사와의 인터뷰였다. 1992년에 시작된 '예수 행진'이 33년이 지난 2025년 현재 250만 명이 참여하는 브라질의 축제가 되었다. 타락한 삼바축제를 회개하고자 시작한 예수 행진이 이제는 상파울루시의 공식 행사로 지정되어 온 시민이 참여하는 도시 축제가 되었다.

오전 10시부터 시작해서 도심을 행진하며 저녁까지 이어진 예배에는 역대하 7장 14절 말씀이 선포되었다. 오직 예수와 성령 하나님만을 외치며 행진하는 250만의 기도였다.

> 내 이름으로 일컫는 내 백성이 그들의 악한 길에서 떠나
> 스스로 낮추고 기도하여 내 얼굴을 찾으면
> 내가 하늘에서 듣고 그들의 죄를 사하고
> 그들의 땅을 고칠지라 대하 7:14

예수 행진을 마치고 다음 날, 에르난데스 목사가 사역하는 리본교회 예배에 참석했다. 사전 섭외가 되지 않은 상태에서 무작정 찾아간 것이었다.

통역을 해주시는 선교사님이 1990년대 초반 조용기 목사가 브라질을 방문했던 때의 이야기를 해주었다. 수백만 명의 성도가 조용기 목사를 보기 위해 상파울루 비행장으로 몰려들었고, 조용

기 목사는 군중을 헤치고 들어갈 수 없었기에 헬기를 타고 비행장 중앙에 내려 설교를 했다. 그때 수만 명의 질병이 치유되었고, 이 장면이 국영 TV로 방송되어서 지금도 브라질 사람들은 조용기 목사에게 경외심을 가진다고 했다.

순간 내 머리에 번쩍하며 생각나는 일이 있었다. 내가 장로교 성도였던 시절부터 조용기 목사님이 이런저런 이유로 여섯 번의 안수 기도를 해주셨다. 아마도 영화 감독 중에는 가장 많은 안수 기도를 받은 성도였을 터이다. 그래서 그 말을 통역 선교사님께 했더니, 이 말에 권능이 실린 듯 일이 일사천리로 진행되었다.

조용기 목사에게 여섯 번 안수 기도를 받은 한국의 영화 감독이 당신의 예수 행진을 인터뷰하기 위해 찾아왔다는 말에 3대가 함께 거주하는 에르난데스 목사의 응접실이 개방되었다.

놀라운 성령님의 이끄심이다. 인터뷰 끝에 에르난데스 목사는 자신의 예수 행진 기도회가 33년 동안 아르헨티나, 캐나다, 콜롬비아, 쿠바, 미국, 핀란드, 프랑스, 이탈리아, 일본, 모잠비크, 러시아, 이스라엘이 함께하는 국제적인 행사가 되면서 자신의 이름이 알려져 자칫 하나님의 영광을 가리는 것이 아닌지 기도 중이었는데, 〈부흥〉 촬영팀의 방문을 하나님의 격려로 생각한다고 말했다. 그제서야 갑작스러운 인터뷰 요청이 허락된 이유를 알게 됐다.

또 한 가지는 에르난데스 목사가 성령 세례를 받고 난 뒤에

1990년대 조용기 목사를 만나기 위해 한국을 무작정 방문하여 여의도순복음교회를 찾아간 적이 있었다고 한다. 애석하게도 해외 순방 중이라 직접 만나지 못했지만, 3일 동안 기도하고 왔다고 했다. 그런데 오늘 나의 방문이 마치 자신이 만나고 싶어 했던 조용기 목사의 방문이란 생각이 들어 인터뷰를 허락했다고 했다.

브라질을 촬영하면서 하나님은 단 한 순간도 쉬지 않으시며 역사하신다는 것을 깨달았다. 이제 새로운 21세기 부흥의 불이 떨어졌다. 20세기 영국 탄광촌 웨일스 부흥이 인도, 미국, 호주, 한반도, 중국의 부흥으로 확산되었듯이 이 땅에 부흥의 불이 떨어졌다. 폭발 직전의 성령의 불이 넘실거리고 있다.

우리의 간절한 기도가 부흥의 불을 앞당긴다. 기도하자! 예수의 불로!

52 네팔에 맺힌 한 영혼의 열매

하나님은 세상 사람들이 기억하는 사람이 아니라 하나님이 기억하시는 한 사람을 찾으신다. 아프리카와 브라질의 촬영을 마치고 귀국하자마자, 바로 다음 날 마지막 부흥의 종착점인 네팔을 촬영하기 위해 출국했다.

무리할 만큼의 혹독한 일정이지만, 주님이 주신 사명이기에 감당했다. 또 네팔은 부흥 영화의 마지막 장소이자 하나님이 선택하신 한 영혼의 열매를 확인하는 여정이었다.

2024년 부흥을 촬영 중에 거제도 고현교회를 방문한 적이 있다. 고현교회 박정곤 목사는 마산 부흥의 불을 직접 체험한 분인데, 청년 선포 집회를 위해 나를 부르신 것이다.

선포 전에 목양실에서 차담을 나누는데, 네팔에서 선교를 하다가 은퇴하신 뒤 후원 교회였던 고현교회를 방문하신 70대 초반의 이상룡, 이혜련 선교사님과 스치듯 인사를 나누었다. 네팔에서 40년 사역하다가 은퇴하시고 영월에서 텃밭을 가꾸면서 노년을 보낸다고 하시기에, 그런가보다 하고 스쳐 지나쳤다.

브라질 촬영 중에 성령께서 네팔에서 핍박받는 기독교인들에 대한 마음을 주셨다. 성령님이 이끄시는 대로 순종하여, 마지막 촬영을 네팔 고산지대와 카트만두로 정했다. 문득 고현교회에서 인사를 나눈 이상룡 선교사님이 생각나서, 현지 안내를 위해 연락을 드렸다. 반가워하시며 네팔 카트만두의 어부회 회장과 연결해주셨다.

네팔은 BBC 기독교 다큐멘터리가 나간 뒤로 네팔 정부의 검열이 심해져서 선교사라는 용어 자체를 아예 사용하지 않는다고 했다. 카톡방도 어부회란 명칭을 쓰고 있었다. 선교사를 물고기를 낚는 어부로 표현하니 이해가 되었다.

한 영혼의 열매

마지막 촬영지 네팔 땅에서 하나님이 선택하신 한 영혼의 열매들을 보게 하셨다. 참된 부흥은 열매로 나타난다. 카트만두에 도착했다. 인도와는 또 다른 영적인 어려움이 느껴진다. 에베레스트산과 여러 고산이 몰려 있는 정령의 나라였다. 시내를 비롯하여 5미터 간격으로 신전이 혼재되어 있다.

촬영하던 박효훈 감독이 시장 거리를 촬영하다 구토를 느꼈다. 영적으로 민감한 사람들에게 찾아오는 현상이다. 도심 한가운데 전기줄이 보스턴에서 보았던 사탄교의 염소 몸통과 뿔처럼 뒤엉켜 묶여 있었다. 지금 당장 합선으로 화재가 발생한다 해도 이상하지 않을 정도였다.

네팔 고산족이자 소수 민족인 29만 명의 셸파족에게 복음이 전해졌다. 셸파족은 산악 등반을 하는 전 세계 등반인이나 관광객들의 짐을 산 정상까지 운반하는 일로 생계를 유지하는 사람들이다. 세계의 지붕이라 말하는 히말라야 고산지에서 태어나 생활하다 보니 다른 사람들보다 폐활량이 좋고 고산병으로부터 자유로운 사람들이다.

라마불교와 힌두신이 네팔의 사람들을 수천 년 동안 묶어 놨다. 셸파 고산족에게 유럽과 미국의 여러 선교사가 복음을 증거하러 들어갔다가 실패했다. 노르웨이 선교사는 지붕을 고치다 떨어져 허리가 부러져 철수했고, 다른 여러 나라의 선교사들도 자녀 문제와 질병 등의 예기치 못한 상황들로 고산 셸파족에게 복음을 증거하지 못했다.

하나님은 이런 네팔 고산족을 위해 40여 년 전 언어학자인 이상룡, 이혜련 부부를 캐스팅하셨다. 대학에 근무하면서 네팔 정부의 허락을 받아 한국어와 네팔어 양국의 사전을 만드는 학자로 일하게 하셨다. 일과 뒤에는 밤을 새워가며 셸파어로 사복음서 성경을 만들었다. 40년의 시간을 낯선 환경과 핍박과 풍토병과 싸워야 했고, 강제 추방의 검열과 감시를 피해야 했으며, 자녀들의 삶마저 온전하게 하나님께 바쳐야만 했다.

하나님은 하나님의 사람을 캐스팅하신다. 에베레스트 히말라야 산에 짐을 지고 오르내리는 셸파족의 영혼을 위해 이상룡, 이혜련 선교사를 캐스팅하셨다. 세상은 모른다. 이들의 삶을. 그러나 하나님은 기억하신다. 하나님만이 수고와 눈물을 아신다. 이제 칠십이 넘어 은퇴한 두 분은 현재도 강원도 영월 땅에서 제3세계 언어로 만들어지는 성경을 감수하는 컨설턴트로 헌신하고 있다. 사명자에게 영적인 은퇴는 없다.

네팔의 기독교인들은 토요일을 주일로 드린다. 네팔인들의 휴일이 토요일이기 때문이다. 현지화 전략에 따라 네팔의 개신교 교회들도 토요일을 주일로 섬긴다. 네팔 카트만두에는 5층짜리 느헤미야 선교관이 있다. 네팔에 거주하는 기독교인이라면 누구나 이곳에 와서 예배를 드릴 수 있다.

토요일 하루 종일, 아침부터 저녁까지 예배가 끊이지 않는다. 평일에는 누구라도 찾아와 기도드릴 수 있다. 네팔 카트만두의 느헤미야 선교관은 허인석 선교사와 기도자들에 의해 세워졌다. 아마도 이 책에 기록되지 않았다면 그 누구도 허인석의 이름을 기억하지 못 할 것이다.

촬영팀에게 네팔 느헤미야 선교관을 보게 하시고, 그곳에서 현지 사역자들을 인터뷰하게 하신 성령 하나님이 허인석 선교사를 기록하게 하신다.

'내 아들아 내가 너를 기억한다. 수고하는 나의 아들아.'

허인석 선교사는 네팔 선교사로 일평생 그 땅을 위해 헌신했다. 22년 동안 카트만두에서 헌신했고, 네팔 서쪽 비렌드라나가르(Birendranagar) 지역에서 7년을 선교한 뒤 코로나 시기에 은퇴 후 귀국했다. 이젠 허 선교사도 70대 노인이 되었다. 일평생 땀과 피와 눈물로 네팔을 위해 기도했다.

네팔 지진이 일어났을 때 무너진 건물 더미 사이로 죽어가는 사람들을 구조했다. 죽어가는 육신의 호흡을 붙잡고 예수의 이름을 먹였다. '예수의 이름 그 소중한 이름'을 전했다.

이제 그 땅에 토요일마다 찬양이 울려 퍼진다. 카트만두 시내에도 청년들이 모여 기도하고 찬양한다. 셀파족 마을에도 이상룡 선교사가 전해준 복음의 씨앗을 한 자매가 먹고 기독교인이 되어서 이제 그곳에 교회가 세워져 200여 명이 넘게 부흥되었다. 국경 고산지대마다 교회가 세워졌다.

고산지대 비탈길 산중에서 모내기하다가도 예배 시간이 되니 양복을 입고 예배당으로 모여든다. 이 모든 일이 가능한 이유는 세상이 기억하지 못하는 단 한 사람, 그러나 하나님이 기억하시는 바로 그 사람, 하나님이 캐스팅하신 한 사람의 부흥자로부터 시작된다.

에필로그

    2년 7개월의 촬영, 그리고 계속되는 편집 마무리까지 총 3년여의 시간이 걸린 것 같다. 그 사이에 정말 많은 일들이 있었다. 미국과 한국의 대통령이 바뀌었다. 이스라엘과 하마스의 전쟁은 아직도 진행 중이다. 러시아와 우크라이나도 마찬가지이다. 미국의 청년 복음선포자 찰리 커크(Charlie Kirk)는 죽기 일주일 전 트위터에 이런 글을 남겼다. 방한 중에 한국 땅에서 올린 유언 같은 글이다.
    "부흥을 보았다. 우리 눈앞에 펼쳐지고 있다."

    일터 부흥과 삶터 부흥을 경험한 규장 출판사의 도움으로 영화 〈부흥〉의 마지막 제작이 가능하게 됐다. 규장 출판사는 2007년 통회와 자복을 통한 일터 부흥을 경험한 공동체다. 한국교회에 크고 작은 빛을 문서 사역과 '롬팔이팔', '주마중' 유튜브 영상 사역을 통해 흘려보내고 있다.
    최근에는 청룡사 절터에 교회를 세우는 놀라운 기적의 중심에 서 있기도 했다. 그 기적을 이뤄낸 프로젝트가 '돌항아리 프로젝트'인데, 후원과 기도로 사랑의 돌항아리를 채워 하나님의 사역을 세워나가는 프로젝트이다. 그 네 번째가 〈부흥〉이다. 1천6백여 명이 넘는 후원

자들이 마지막 제작에 동참해주셨다. 그리고 600명이 넘는 중보자들이 단체 채팅방에 모여서 함께 기도해주고 계신다.

처음 시작했던 글로 마무리를 맺고 싶다. 하나님은 땅을 로케이션하시고, 사람을 캐스팅해서서 사용하신다. 세상일을 하는 사람들이 아니라 '하나님이 하신 그 일을 하는 사람들'이 부흥자이다.

해외에서 90여 명, 국내에서 40여 명의 영적 지도자들을 통해 부흥을 인터뷰할 수 있었다. 아마도 집회 현장 촬영까지 합치면 천만 명이 넘는 분들 앞에서 카메라를 들었을 것이다. 그러니 스치듯 지나친 사람들만 어림잡아도 수백만이 넘는다.

그중에 직접 대면한 분들도 수없이 많다. 그래도 선명하게 단 한 사람의 눈빛만 떠오른다. 인도 불가촉천민 소년 아미르의 눈빛이다. 하나님을 처음 만난 소년의 눈만큼 아름다운 눈은 없다. 당신에게 묻고 싶다. 하나님을 만난 첫날의 그 눈을 지금도 간직하고 있냐고.

하나님은 한 영혼(One Soul)을 캐스팅해서서 하나님의 뜻을 이루신다. 인도 하이데라바드의 사티쉬 쿠마르 목사를 통해 인도를 기경하게 하신다. 수학교사 아데보예를 캐스팅해서서 나이지리아를 열망의 천만교회로 이끄신다. 이집트 사메 모리스 목사를 통해 중동에 하나님나라를 선포하게 하신다.

이제 하나님의 무대에 한반도 대한민국의 등장이 남아 있다. 한반도가 주님의 손에 올려져 있다. 이 글을 읽는 당신이 부흥자로 캐스팅되었다!

우리는 그가 만드신 바라
그리스도 예수 안에서 선한 일을 위하여 지으심을 받은 자니
이 일은 하나님이 전에 예비하사
우리로 그 가운데서 행하게 하려 하심이니라 엡 2:10

〈부흥〉 영화 제작을 통해 일터 부흥과 삶터 부흥과 배움터인 캠퍼스의 부흥을 깨닫게 하셨다. 〈부흥〉 영화와 책이 전 세계에 살아 계신 하나님을 높여드리는 도구가 될 것을 선포한다.

감사를 전합니다

영화 〈부흥〉은 기도를 통해 이뤄졌다. 촬영 기간 내내 부흥을 통

해 귀한 만남과 가르침을 받았다.

무디를 통해 성령의 불을, 조나단 에드워즈를 통해 말씀의 불을, 사티쉬 쿠마르 목사를 통해 순종을, 황성주 박사에게는 홀리(Holy), 히든(Hidden), 험블(Humble)의 10억 구령 사명과 절대 감사를, 이영훈 목사에게 성령 충만을, 아데보예 목사에게 부르짖음을, 손기철 장로에게 하나님나라의 완성을, 박영숙 목사에게는 강청의 기도를, 브라이언 박 목사에게는 오직 예수를, 치유사역자 이종선 목사에게는 이뤄지는 말씀을, 박상원 목사에게는 북한 동족에 대한 사랑을, 이홍남 목사를 통해서는 다음세대를, 김상률 목사에게는 매일예배를, 나주성좌산 박훈식 목사에게는 순종의 기도를, 주기쁨교회 김폴 목사에게서 천국과 지옥의 메시지를, 서정희 목사에게는 주님의 뜻을, 전리사 목사에게는 주님과의 동행을 그리고 예수님께 성령의 불을 받았다.

5년 전 인천의 작은 병원 진료실에서 예배에 생명을 건 윤동락 목사, 조요한 원장, 장미희 전도사와 함께 미디어를 통한 복음증거를 선포했다. 하나님은 신음 같은 기도를 들으셨다.

지금 이 순간에도 파주삼마교회 5층 예배실에서 부르짖는 기도로 부흥을 선포하고 있을 삼마교회 교역자와 성도님들, 모세오경 기러

기반 동역자들(김지하, 이영계, 박미순, 전현숙, 정하윤, 정미경, 한윤정, 김진자, 윤희정, 박은영, 김강원), 방송작가 시절부터 늘 함께해주신 백성기 목사와 영광교회 김변호 목사, KTX 부흥자 전문희 집사, 전도왕 박인숙 권사, 백성희 전도사, 고현희 목사와 애즈베리 최초 경비를 헌금해주신 감근선 회장, 한울교구 박옥자 목사, 함연숙 국장과 HTM의 헌신자들, 해외 선교 중인 IDS 꿈쟁이들과 배은혜 센터장, 판교의 박화목 선교사, 성금자 권사, 박현숙 권사, 장영미 대표와 이로미안의 중보자들, 호흡으로 기도하시는 조정희 선생, 걷는 중보자 김재선 목사, 보련산기도원의 이정순 목사, 업드림선교회, 영 안에서 사랑하는 누나 케냐 임은미 선교사와 안방기도회, 신촌 하나비전교회, 해외 촬영 때마다 섬겨주신 이귀숙, 신혜순, 혜숙, 기쁨 자매 권사들, 석태임 권사와 롯선교회, 전마리아 목사, 마포 길교회 안나 전도사를 비롯한 예배자 중보기도팀, 이진희 목사와 온누리교회 마리아행전 중보자들, 목요일 마리아무릎기도팀, 제주도 이기풍선교관과 이명화 선교사, 해외 촬영에 도움을 주신 사랑의봉사단 어용희 대표, 믿음으로 함께 해주신 이롬그룹 김동원 부회장, 이롬홀딩스 황의현 대표, 무엇보다 하나님나라를 놓고 늘 기도하는 하늘의 우물 천정재단의 유경내 이사장과 장정민 이사에게 깊은 감사를 드린다.

부족한 글을 책으로 엮어주신 규장 출판사와 영화 개봉과 홍보를 위해 혼신을 다해주시는 갓피플 뉴미디어팀, 그리고 함께 발로 뛰어주고 계신 규장·갓피플 여진구 대표에게 깊은 감사를 전한다.

3년 동안 부족한 사람을 만났음에도 동고동락해준 팀원들 강인, 미지, 희수, 주영, 준영, 곽지혜, 박상현, 박효훈, 장성택, 안진희와 헌신자 김서윤에게 특별한 감사를 드린다.

일평생 남은 호흡을 중보기도로 살아가는 데보라 선교사에게 성령 하나님의 이름으로 감사드린다.

사랑하는 아내 조선아 집사와 2천번제 846회차 가족예배를 인도하는 아들 영준과 딸 효진이에게도 예수 그리스도의 사랑을 전한다.

끝으로 한번 더 제작에 참여해주신 1,700분의 부흥자들께, 하나님이 사용하시는 모든 분들께 감사드리며, 다시 한번 God's Casting!

부흥

초판 1쇄 발행	2025년 12월 3일
초판 5쇄 발행	2025년 12월 23일
지은이	윤학렬
펴낸이	여진구
책임편집	이영주 진효지
편집	최현수 구주은 안수경 김도연 김아진 배예담
책임디자인	정은혜 ∣ 마영애 노지현 조은혜
마케팅	김상순 강성민
제작	조영석 허병용
마케팅지원	최영배 정나영
경영지원	김혜경 김경희 김영하

303비전성경암송학교 유니게 과정
이슬비전도학교 / 303비전성경암송학교 / 303비전꿈나무장학회

펴낸곳　　규장

주소 06770 서울시 서초구 매헌로 16길 20(양재2동) 규장선교센터
전화 02)578-0003　팩스 02)578-7332
이메일 kyujang0691@gmail.com　　홈페이지 www.kyujang.com
페이스북 facebook.com/kyujangbook　　인스타그램 instagram.com/kyujang_com
카카오스토리 story.kakao.com/kyujangbook
등록번호 1922-2461
since 1978.08.14

ⓒ 저자와의 협약 아래 인지는 생략되었습니다.
이 출판물은 저작권법에 의해 보호를 받는 저작물이므로 무단 전재와 무단 복제를 할 수 없습니다.

책값　뒤표지에 있습니다.
ISBN 979-11-6504-673-6 03230

규 ∣ 장 ∣ 수 ∣ 칙

1. 기도로 기획하고 기도로 제작한다.
2. 오직 그리스도의 성품을 사모하는 독자가 원하고 필요로 하는 책만을 출판한다.
3. 한 활자 한 문장에 온 정성을 쏟는다.
4. 성실과 정확을 생명으로 삼고 일한다.
5. 긍정적이며 적극적인 신앙과 신행일치에의 안내자의 사명을 다한다.
6. 충고와 조언을 항상 감사로 경청한다.
7. 지상목표는 문서선교에 있다.

하나님을 사랑하는 자 곧 그의 뜻대로 부르심을 입은 자들에게는 모든 것이 合力하여 善을 이루느니라(롬 8:28)

 Member of the Evangelical Christian Publishers Association

규장은 문서를 통해 복음전파와 신앙교육에 주력하는 국제적 출판사들의 협의체인 복음주의출판협회(E.C.P.A:Evangelical Christian Publishers Association)의 출판정신에 동참하는 회원(Associate Member)입니다.